华章经管
HZBOOKS | Economics Finance Business & Management

危机共存

后红利时代的管理法则

COEXISTENCE OF CRISES AND OPPORTUNITIES

路江涌 著

机械工业出版社
China Machine Press

图书在版编目（CIP）数据

危机共存：后红利时代的管理法则/路江涌著 . —北京：机械工业出版社，2020.9

ISBN 978-7-111-66416-1

I. 危… II. 路… III. 企业危机 - 企业管理 - 研究 IV. F272.35

中国版本图书馆CIP数据核字（2020）第160741号

危机共存：后红利时代的管理法则

出版发行：	机械工业出版社（北京市西城区百万庄大街22号　邮政编码：100037）			
责任编辑：	闫广文	责任校对：	李秋荣	
印　　刷：	中国电影出版社印刷厂	版　　次：	2020年9月第1版第1次印刷	
开　　本：	170mm×230mm　1/16	印　　张：	19.75	
书　　号：	ISBN 978-7-111-66416-1	定　　价：	69.00元	

客服电话：（010）88361066　88379833　68326294　　投稿热线：（010）88379007
华章网站：www.hzbook.com　　　　　　　　　　　　　读者信箱：hzjg@hzbook.com

版权所有 • 侵权必究
封底无防伪标均为盗版
本书法律顾问：北京大成律师事务所　韩光/邹晓东

| 目 录 |

赞誉

推荐序一

推荐序二

前言

第一部分 理念篇

第一部分读前思考题 / 2

第一章 危机的本质：不确定性和不连续性 / 3

人类的大敌：不确定性和不连续性 / 3

在 VUCA 时代，重新理解 VUCA / 7

扑面而来的黑天鹅和灰犀牛 / 9

面对危机，不仅要活着，而且要活好 / 19

第二章　危机的挑战：认知、实践、时间和空间　/ 26

"危"字当头，智者胜　/ 27
认知挑战："危机" vs. "危难"　/ 29
实践挑战："危言" vs. "危行"　/ 34
时间挑战："危急" vs. "危重"　/ 39
空间挑战："危局" vs. "危地"　/ 42

第三章　危机的应对：共存和共演　/ 45

与病毒共存，人类的宿命　/ 46
与危机共生，企业的宿命　/ 48
进行无限游戏，才能基业长青　/ 50
创业维艰，守业更难　/ 55
四类危机，危机四伏　/ 59

第二部分　实践篇

第二部分读前思考题　/ 70

第四章　客户价值危机：退潮之后，谁在裸泳　/ 72

基本上不赚钱，交个朋友　/ 72
天网恢恢，疏而不漏　/ 76
联^{1}互^{2}网^3　/ 79
退潮之后，谁在裸泳　/ 81

第五章　危机领导力：不惧风险，永不言弃　/ 86

领导者：站在山峰，还是走在刀锋　/ 87
命运迥异的三位南极探险家　/ 89

沙克尔顿，危机领导力的传奇 / 93

从泥坑里爬出来的才是圣人 / 103

边缘领导力：边缘即中心 / 105

领导力，行走在危机边缘 / 107

第六章　危机韧性组织：生命不息，折腾不止 / 110

终结者：我会回来的 / 110

从水样组织，到三态叠加 / 112

从濑尿牛丸，到细胞组织 / 116

戴着六顶思考帽的高可靠性组织 / 121

数字孪生，并蒂之莲 / 127

第七章　危机学习力：坎坷之路，英雄之旅 / 128

苦寒梅花香，危机造英雄 / 128

乔布斯的英雄之旅 / 129

在危机中应用 U 型理论 / 134

知、止、定、静、安、虑、得 / 139

跨越不连续性的三大工具：PDCA、OKR 和复盘 / 141

学习：坎坷之路，英雄之旅 / 145

第八章　危机情景规划：运筹帷幄，决胜千里 / 147

烈火、无人机和海豹突击队 / 147

诺基亚，凭借情景规划绝处逢生 / 151

大处着眼全情景，小处着手细规划 / 157

第九章　业务连续性危机：永续经营，连续业务 / 164

业务可连续，才能活下去 / 164

价值，价值，网中求 / 168

横看成岭侧成峰，需求供给各不同 / 170

脆弱的地壳，坚韧的供应链 / 174

直面危机，绝地反击 / 179

第十章 危机公关策略：危机重重，公关冲冲 / 190

大多热点，都是危机 / 190

昔日秘密，今日危机 / 192

危机重重，如何能"赢" / 194

息事宁人，从热点恢复平静 / 201

因势利导，从大混乱到单热点 / 202

力排众议，从混乱到有序 / 204

善罢甘休，从多声音到单旋律 / 206

第十一章 危机生态流变：天光云影，源头活水 / 208

万物皆流变 / 208

公司生态，人事内外 / 212

生命在于运动，生态在于流动 / 215

危机中的生态流变 / 221

第十二章 危机周期思维：周期危机，危机周期 / 229

明朝那些危机周期的事儿 / 230

历史车轮之周期性危机 / 234

政权结构和政权生命周期 / 238

企业结构和企业生命周期 / 242

不尽长江滚滚流 / 249

附录 A　评估工具　/ 251

附录 B　读前思考题答案　/ 286

附录 C　三个月打造一支高水平危机管理团队　/ 287

赞誉

变局之下，与危机共存可能比高速增长更关键。战略共演加危机共存，才能帮助我们穿越危机的隧道，迈入新的天地。

秦朔　秦朔朋友圈创办人

自从读了《共演战略》，我就开始痴迷于各种框架理论模型在商业实战中的运用。《危机共存》又让我领略到了路教授拥抱变化的风范。如果你生于忧患，如果你正面临危机，请一定不要错过这部杰出的思考与行动指南。

吴婷　嘉宾大学创办人

驾驭不确定性、破解不连续性是企业家的必修课，一次次化危为机是企业进化的路径。路教授用共演战略的逻辑全面阐释危机的本质，并给出了体系化、模型化、工具化的方法与策略，对企业当下应对危机挑战具有很强的指导价值！

徐石　致远互联董事长

我们1970年后成长起来的这几代人，早已经习惯了"连续性增长"。与危机共存，才是自然与社会发展的常态与真相。路教授的这本新书理论与实践兼备，堪称我们在这个"乌卡时代"生存的教科书。

曲向东　玄奘之路活动创办人、行知探索文化发展集团董事长在这样一个充满"危"与"机"的年代，学会与危机共存，具备危机领导力，打造危机韧性组织，是每一个企业家和企业应当具备的能力。路教授从多角度探讨危机的本质和应对之道，对创业者和企业家在后红利时代的生存、发展提出了具有实操性的建议，普通读者读之也能获得思想启迪。

南立新　《创业邦》创办人

长期以来，危机管理被视为工具性的技能。近10年，我们才认识到它的战略价值。本书从理论到实践将危机管理的战略思考和战术执行两个方面有机地结合起来，值得反复阅读。

鲍勇剑　加拿大莱桥大学管理学院终身教授

本书浓缩了在后红利时代企业可能面临的各种危机，从战略管理、市场学、经济学等领域深入展开探讨，将作者对危与机的独到见解娓娓道来。细品此书，方能在"行至水穷处"，仍有"坐看云起时"的从容。

田轩　清华大学五道口金融学院副院长、教授

在过去几十年里我们经历了长期繁荣，没有应对危机的丰富经验，导致很多企业、个人面对2020年的危机都措手不及。企业应该如何应对危机，与危机共存并进行相应的管理改变？本书提供了新的视角，值得一读！

郑毓煌　清华大学博士生导师、世界营销名人堂中国区首位评委

纵观商业文明史，优秀而成功的企业一定是具有强大的危机管理能力，能够驾驭资源、迎接挑战，最终在危机中生存下来的企业。复杂的社会系统存在各种不确定性，路江涌教授的新书从认知、实践和方法等维度告诉我们如何直面危机、转危为机，值得认真研读！

乔晗　中国科学院大学经济与管理学院副院长、教授

| 推荐序一 |

危机中的新生

2020年的这个春天一开始，疫情危机就持续地影响每一个人的生活与工作。与疫情伴生的各种政治、经济、社会问题，层出不穷且复杂多变，远远不是停顿之后复工这样简单，我们的真实感受是，一切都与疫情发生之前不一样了，我们似乎来到了一个不再熟悉的世界。在这样一场全球性的巨大危机里，企业如何生存并且转危为机，是一个紧要的问题。所以，本书第一章的开篇就写道，2020年初开始的这场全球性公共卫生危机，几乎影响了世界上的每一个国家、每一家企业和每一个人。这场全球性危机迫使所有相关方深入思考三个问题：危机的本质是什么？危机为什么会发生？应该如何应对危机？

江涌老师的这本书对此进行了系统性的思考，提出了很多有意思的观点，对我也很有启发。这里仅谈几点我的想法，更完整和更丰富的内容还请大家读这本书。

首先，对于危机，企业管理者应有清醒且明确的认识。企业就是应对危机、解决问题的，这是企业的价值所在，也是企业管理者的价值所在。

危机的本质就是不确定性和不连续性，而人类的天性是喜欢规避不确定性和不连续性的。为了减少政治和社会生活中的不确定性和不连续性，人们成立了政府和各类社群组织；为了减少经济中的不确定性和不连续性，才有了企业。企业的天职就是直面挑战，与黑天鹅和灰犀牛共舞的企业才是最成功的企业。

其次，不仅要关注危机中的业务恢复，更要关注对战略机遇的把握。危机带来了经营的停顿，这是不连续性；危机改变了经营的环境，带来了发展方面的迷茫，这是不确定性。在危机面前，并不是所有企业都能迎来业务的恢复，而且只有少数企业才能够调整到新的战略方向上来。企业的管理人员和领导者，在合理应对眼前的挑战的同时，应把更多精力放在危机所带来的机遇上。

再次，在应对危机的策略上，应把握阶段性重点。江涌老师在本书中提出，企业在危机来临之前应强化组织能力，在危机早期应重点抓执行，在危机中期应重点抓使命、愿景、价值观，在危机晚期应重点抓战略规划。这个提法很有道理，企业可以根据所处的阶段加以判断。有些行业可能恢复得比较快，有些行业受到的影响比较大，恢复的过程会长一些，应对危机的策略也会不一样。但大体来说，前期的重点在执行，包括一系列减少开支的措施要迅速有效地实施起来；中期的重点在于聚焦盈利业务，增加现金流；后期的重点在于抓住新的发展机会，为下一次腾飞准备跑道。

最后，还是要强调领导力。乱世起豪强，危机见英雄。巨大的危机可能会使企业片瓦不存，企业领导者的权力资源可能枯竭，但领导者的乐观、定力和远见可以振奋人心，使队伍不散、组织不乱，并保持旺盛的战斗力。危机可以看作企业领导者的一次修炼、一次成长的机会，也是企业的一次新生的机会。

江涌老师以其独特的视角和扎实的研究，不仅仅帮助我们梳理出与危机共存的理念、认知与准备，更重要的是给出了方法和工具。本书运用了很多模型与工具，一方面可以帮助读者更好地理解书中的观点，另一方面可以使读者借助这些模型与工具将书中的观点更好地运用到企业实际工作中，这也是本书的独特之处。作为研究者，我们都希望自己的研究可以真正地帮助到企业，同时更希望自己的研究成果能够运用到企业的实践中去，至于如何实现这个愿望，是需要研究者自己做出努力的。而江涌老师持续探索的一个方向，就是如何将研究工具化、方法化，这是极为有意义的努力。我很期待读者在阅读本书时，能够感受到这一点，并愿意在实践中去尝试运用。

当我拿到本书初稿展阅之时，深为江涌老师写作此书的另一层用心所感动，他尽量以文字、以诗句的美，带给读者更好的阅读体验，让读者能够静下心来，好好阅读，深入思考，并从中获得启示。

当危机来临的时候，我们每一个人都需要面对，也都需要做出应对的选择，我自己也是一样。在疫情爆发后，我同样要面对危机做出选择，基于自己的积累，我快速投入对企业应对危机的研究之中，并在2020年3月出版了有关企业危机自救的书。现在江涌老师应对危机的研究，呈现在了各位读者面前，我们用各自的行动诠释了书中的核心思想：面对危机，只要你愿意与危机共存，并做出自己的选择和价值创造，那么的确可以在危机中找到新生的机会。所以，重要的不是危机带来的挑战，而是面对危机时所做出的选择与行动。

以上是阅读此书的一些感想，期待各位读者也能从中得到启发和帮助。

陈春花
北京大学王宽诚讲席教授
北京大学国家发展研究院 BiMBA 商学院院长

| 推荐序二 |

在不确定性和不连续性环境中，与危机共存的共演之道

路江涌教授的新著《危机共存》，理念与实践相结合，不仅揭示了危机的本质及后红利时代与危机共存的逻辑，而且指出了企业所面临的客户危机、组织危机、业务危机和环境危机，从历史发展的角度探寻了企业在生命周期各个阶段的变化以及应如何与危机共存，并以此创设工具，以期为企业提供应对危机之道。全书读下来，既有理论高度，又有工具实操性，还有翔实的案例佐证，深入浅出，文字优美，很值得专家学者、企业家和企业高管阅读。

《危机共存》一书在我看来，至少有三大亮点值得关注。

第一点，本书利用"浪"的不确定性和不连续性诠释了后红利时代发展的"慢、断、乱、变"，揭示了危机的本质就是不确定性和不连续性的集中爆发，系统性地说明了危机之下人们在认知、实践、时间和空间四个方面会遭遇的挑战。本书从时间维度和空间维度探讨了企业的有限游戏和无限游戏，总结出四种企业类型，分别为速生保守型、速生激进型、长寿专注型、长寿演化型。

与危机共存是后红利时代的基本特征，应对危机就是与危机共存共演，对于企业而言，在时间和空间两个维度同时演化，才能实现企业的永续经营。在危与机的共存、有限与无限的游戏中，路教授以独特的智慧和思考启发着我们探寻"基业长青"之道。

第二点，基于危机引发的不确定性和不连续性，路教授列出了事物的四种状态——混沌、未知、动荡、恒常，并提出了企业应对危机的四种发展策略。在危机早期，企业应该做的重点管理工作是抓执行；在危机中期，企业应该抓使命、愿景、价值观；在危机后期，企业应该抓战略；当危机结束之后，企业应该把管理工作的重点逐步转移到组织架构调整和组织能力提升上。我们可以发现，应对危机的策略实质上也是企业商业模式和治理模式的发展策略。

路教授将危机发展阶段与企业管理重点形成了一定的对应关系，探讨了其原理，这就为企业思考应对危机的策略定下了一个很好的坐标系。在解决未来发展方向的不确定性、未来发展路径的不连续性上，本书提供了体系化的思考框架，可帮助企业家和企业在复杂、动态的竞争环境中找到自己的决策坐标点和对应的决策工具。

第三点，本书将理论与实践相结合，从"后浪""新冠疫情""后红利时代"等实际环境和背景出发，总结企业经验，提炼危机的原理与应对策略，同时通过理论分析指导企业管理经营实践，提出在应对危机过程中打造"危机领导力、危机韧性组织、危机学习力"，进行"危机情景规划、业务连续性规划、危机公关"等实操性方法论，并与PDCA、OKR等实用工具相结合，帮助企业应对危机的不确定性和不连续性。本书实现了"道、术、器"三个层面的完美融合，让我们在阅读中可以不断领略实践的生动和丰富，以及作者缜密的思维和深刻的洞见。

综上所述，我非常乐意向大家推荐路教授的这本新书。本书有机结合了理论框架、管理工具、企业实践案例，同时文笔优美、内容精彩，具备很高的实践指导意义，并能为读者带来美好的阅读体验，相信会让大家爱不释手。

魏炜

魏朱商业模式理论创始人

北京大学汇丰商学院管理学教授

| 前 言 |

再见红利，你好危机

危机

[明] 祝允明

世途开步即危机，鱼解深潜鸟解飞。
欲免虞罗惟一字，灵方千首不如归。

―

前浪后浪，还有中浪

2020年5月3日，视频《后浪》在B站刷屏后，很多前浪把这个视频看成自己对后浪的真情告白，希望后浪奔涌，掀起滔天巨浪。很快，另一拨儿人跳出来说："别急，还有我们——中浪。"等等，中浪是谁？为什么会有人自认是中浪？

自认是中浪的，大多是前浪算不着，后浪看不上，直接被前浪望向后浪的充满"羡慕、敬意和感激"的目光掠过的，在《后浪》中难觅踪影的大哥哥们和大姐姐们……

要想理解中浪的心情，需要先了解一下阿里巴巴前参谋长曾鸣教授提出的"三浪叠加"。在曾教授的"三浪叠加"里，传统零售模式为1.0，国美、苏宁模式为2.0，淘宝模式为3.0。曾教授强调的不仅是前、中、后三浪，而且是上、中、下三浪；强调的不是三种商业模式谁取代了谁，而是**三种模式同时存在，彼此交互、相互融合，三者之间存在复杂的非线性关系，形成了异常巨浪**。

在"三浪叠加"里，谁最不好受？可能都不好受，但最不好受的应该是中浪。采用传统零售模式1.0的社区门店很难被取代，赢在方便。采用淘宝模式3.0的电商来势汹汹，强在效率。而采用国美、苏宁模式2.0的大卖场被夹在中间，思来想去，只能向线上转，正面迎战后浪淘宝。

和"三浪叠加"很像的一个提法是"三期叠加"。"三期叠加"指的是，增长速度换挡期、结构调整阵痛期和前期政策消化期的叠加——换挡可能很颠，阵痛可能比较长，消化可能不良。**更麻烦的是，"三浪叠加"遇到了"三期叠加"**，正所谓**"前浪有房住，中浪刚首付，后浪未起步"**。

前浪为什么有房住？主要可能是因为迎面赶上了红利时代。这些20世纪六七十年代出生的前浪，在八九十年代抓住了改革开放后最容易抓的几波红利：全球化红利、改革红利、制度红利、人口红利。

中浪为什么刚首付？因为也赶上了红利时代。这些20世纪八九十年代出生的中浪，在2000～2010年抓住了改革开放深化后不那么容易抓的几波红利：教育红利、创业红利、创新红利。毋庸置疑，中浪浪了起来，而且更快、更高、更强。

不过，中浪赶上的可能是浪尖，会很快摔下来。2020年不期而遇的各种黑天鹅事件，形成了强大的"地心引力"，前浪和中浪，都成了"浪花一朵朵"。

值得期待的，可能还真的是后浪，这些后红利时代的原住民。正如移动互联网的原住民那样，这些出生于 2000～2010 年的后浪们，享受着前浪和中浪带来的红利，也在即将步入社会时看到了危机。

乘风破浪，穿越周期

为了理解红利和危机，我们可以仔细观察两种不同的浪：普通浪和异常巨浪。普通浪和异常巨浪有两个重要区别：一是高度，二是形状。普通浪没有异常巨浪高，这很好理解。但普通浪在观感上是连续的，异常巨浪是非连续的。

试想一叶扁舟在普通浪中漂荡，一般不会因为巨大的落差而倾覆。而仅在 20 世纪下半叶，海上的异常巨浪就曾有 22 次让航空母舰遇到危险。异常巨浪的破坏力，不在于它规模大、冲得高，而在于它落差大、摔得狠。

科学家曾尝试用传播方向相同的波浪来重现巨浪，然而，这些波浪在远未达到预期高度前就破碎了。接着，科学家又用两组较小的波以一定的夹角交叉来重现巨浪，结果发现，这样做是可以造出异常巨浪的。

打个比方，科学家造浪用的波好比一波波的红利，传播方向相同的波好比"前赴后继"的红利，一波红利用尽，另一波红利再来。这样造不出巨浪，而且波浪也比较平缓。以一定夹角交叉的波好比同时到来的几波红利，相互作用、彼此加强，合力更大，容易形成巨浪。但和"三浪叠加"如影随形的，可能就是"三期叠加"。

红利时代，在到达浪峰之前，人们习惯于快起步、猛加速、倍速、10 倍速（见图 0-1）。这也没有错，很多"成功"的企业家和个人就是这么做的：抓机会、赚快钱。但也有像任正非、张瑞敏、王石这样的企业家，坚持不赚快钱，不赚大钱，几十年如一日，向着一个垛口冲锋。

这些企业家为什么不冲上风口浪尖，成为时代"弄潮儿"？找一部描写船只在狂风巨浪中成功脱险的电影，仔细看一看船只是怎么脱险的，就会明白了。

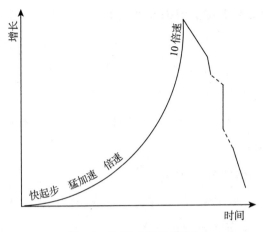

图 0-1 红利时代的"浪"

可以看看汤姆·汉克斯主演的《荒岛余生》。该影片讲述了一家快递公司的系统工程师在所乘坐的货运飞机失事后,流落到一座荒岛上,经历 7 年时间,终于回到文明世界的故事。在影片最后,主人公划着一艘拼凑起来的木筏,试图突破涌向荒岛的巨浪。他没有冲到浪尖,而是在到达巨浪一半高度时就打开了加速用的"铁皮风帆",从巨浪的中部穿了过去。

可以说,华为、海尔、万科等一批"前浪"企业,之所以不赚快钱、不赚大钱,就是不想从浪尖上摔下去,成为浪花一朵朵。**正因为如此,我们在形容成功企业时,往往说"穿越周期",而不是"跨越周期"。**

所谓穿越周期,就是从一浪又一浪的中间穿过去,而不是一味地往浪尖上冲,寄希望于从一个浪尖跨越到另一个浪尖。也正因为如此,诺兰的那部科幻电影的名字才叫作《星际穿越》,而不是《星际跨越》。

前浪不忘,后浪之师

如果前浪已成功上岸,那么中浪和后浪可以向前浪学些什么呢?

首先，不要总想着把前浪拍到沙滩上。岸边或者沙滩边上的海岸波浪只有两种。一种是拍在礁石上的小浪。如果立志成为惊涛拍岸的"巨浪"，那是因为你没有见过真正的巨浪。另一种是真的巨浪，就像2011年日本东部大地震引发的海啸以及电影《2012》里描绘的海啸那样——估计你也不想成为这样的巨浪。所以，不要总想着把前浪拍到沙滩上，因为你拍前浪的同时，自己也上岸了。

其次，要向前浪学习"浪的原理"。

（1）**要有浪，先有水**。实验中，水从水流发生器中出发。大海中，水就在那里。生活中，知识就是你的水。

（2）**要起浪，会受伤**。实验中，科学家会造出各种阻碍促进浪的形成。大海中，无风不起浪，遇（海底的）山浪更高。生活中，无挫折，不成长。

（3）**要大浪，得迷茫**。实验中，科学家用交叉水流激发非线性效应。大海中，洋流汇集处常常形成巨浪。生活中，不经历风雨，无法见彩虹。

（4）**浪得高，摔得狠**。实验中，科学家发现可能形成巨浪的水波更容易破碎。大海中，异常巨浪也叫"疯狗浪"，常常导致船毁人亡。生活中，不能一直浪，因为浪过之后，尘归尘，土归土。

"前浪"给出的这四条基本原理，中浪和后浪应该怎样认真体会呢？平静的海面上，突然有了浪，明眼人一看，就能发现两个特点：不确定性和不连续性。

什么时候起浪，尤其是异常巨浪，是不确定的，要不然就不叫"异常巨浪"或"疯狗浪"了；浪在平静的水面上制造了不连续性，这一点可能在科学上不是很严谨，但在感观上很真实。

利用浪的不确定性和不连续性，我们可以从"浪奔"和"浪流"两个角度来理解浪的原理。"浪奔"说的是不确定性——奔向何方，恐怕连浪自己都不知道。"浪流"说的是不连续性——流到哪里为止，不仅取决于水，更取决于沟。

在图0-2中,水从左下角出发,不确定性和不连续性都很低;然后水向右下角流去,遇到阻碍,形成水波,这展示的是不连续性;接着,水向右上角流去,遇到其他方向来的水流,不确定性上升,形成湍流,在非线性机制的作用下,形成巨浪;最后,水向左上角流去,虽可能分道扬镳,但终究百川入海。

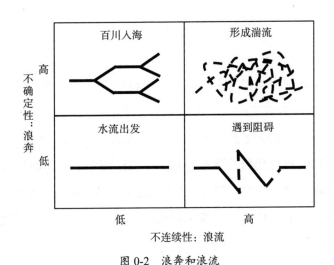

图 0-2 浪奔和浪流

了解"浪的原理"有什么用?前浪不忘,后浪之师。在后红利时代,按照红利时代的方法,是浪不起来的,也浪不长久。因为,水流变了(见图0-3)。

第一,和红利时代的"天下武功,唯快不破"不一样的是后红利时代的"慢就是快"。还记得科学家在实验中造异常巨浪时用的水流吗?他们用的不是最快的水流,因为如果水流太快了,相撞之后容易破碎。他们用的是呈120°交叉角的小水波。这正是大海中的异常巨浪会毫无征兆"拔水而起"的原因。

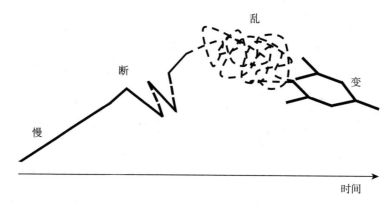

图 0-3 后红利时代的"浪"

第二，和红利时代的"十倍速度，一骑绝尘"不一样的是后红利时代的"断点续传"。在红利时代，人人都想一飞冲天。在后红利时代，断断续续、纠纠缠缠、黏黏糊糊才是跨越不连续性从而活下去的方法。

第三，和红利时代的"赢家通吃，一统江湖"不一样的是后红利时代的"一桶糨糊"。红利时代，是狮王争霸的时代，是英雄的时代。后红利时代，是烽烟再起的时代，是枭雄的时代——天花乱坠、眼花缭乱、心乱如麻、活蹦乱跳，怎一个乱字了得？

第四，和红利时代的"千变万变，发展不变"不一样的是后红利时代的"不变万变"。在红利时代，发展是硬道理，万变不离其宗。在后红利时代，唯一不变的就是变。

危机共存，时代共演

多年以后，当人们回首往事时，一定会记起 2020 年这个已被载入人类文明史的年份，一定会记起全球数十亿人同时放慢奔跑的脚步，一同进入危机共存的后红利时代。

危机共存是后红利时代的基本特征。**首先，"危机共存"意味着"危"**

和"机"共同存在，且相互转化。在红利时代，也存在风险，但这种风险往往是非系统性风险。在红利时代，只要你抓住一波红利，就能够享受到系统性机会。然而，想在后红利时代抓住机会的人，要首先考虑风险，考虑与机会同时存在的甚至随机会而来的各种风险，包括非系统性风险和系统性风险。可以说，在后红利时代，机会更多来自风险而不是机遇，更多的富贵要在"险"中才能求得。

其次，"危机共存"意味着我们要和危机共同存在、共同演化。如果从生态系统的角度来看待我们所依赖的自然、社会、经济、政治等环境，这些环境在后红利时代进入了一个相对波动的阶段，而且一种环境的波动会加剧其他环境的波动。因此，我们需要学会、习惯运用甚至精通与危机共存的方式方法，只有与环境共同演化，才能成为物竞天择中的适者。

为此，本书分为理念篇和实践篇，分析在后红利时代危机共存的逻辑以及如何与危机共存。

在理念篇，本书从危机的本质、危机的挑战和危机的应对三个方面入手进行分析。关于危机的本质（第一章），本书认为危机本质上是不连续性和不确定性的交互作用和集中爆发。不连续性好比我们平常说的灰犀牛，而不确定性就好比黑天鹅，所谓危机共存就是与灰犀牛和黑天鹅共舞。

关于危机的挑战（第二章），本书认为危机当前人们面临 4 个基本的挑战：认知挑战、实践挑战、时间挑战和空间挑战。认知挑战说的是既要把握危机可能带来的机会，又要重视危机所带来的风险。实践挑战强调的是面对危机要知道如何做和如何说。时间挑战讲的是危机当前要能够分清轻重缓急。空间挑战则强调从终局、全局、时局和变局四个方面系统地、动态地理解危机。

关于危机的应对（第三章），本书强调首先要有与危机共存和共演的思想准备，需要认识到危机在后红利时代存在的普遍性和多样性。对于企业而言，危机存在于企业管理的方方面面，企业所要面对的危机包括客户危机、组织危机、业务危机和环境危机四大类，对这些危机的具体分析和应对将在实践篇的章节中展开。

企业在后红利时代面临的第一类危机是，增长变慢了，新客户开发不足。企业在红利时代习惯的那种补贴换流量的方式，在后红利时代往往无法延续。因此，企业首先就面临着客户价值危机，即只有持续有效地创造客户价值，才能避免在退潮之后成为裸泳者（第四章）。

企业在红利时代享受着快速的增长，一快遮百丑，很多组织发展方面的问题被快速增长掩盖了。进入后红利时代，增长趋缓甚至下降会让很多潜在的组织问题暴露出来。本书重点讨论了三方面的组织危机：领导力危机、组织韧性危机和组织学习力危机。

第五章探讨了关于领导力危机的一个简单的问题：领导者应该站在组织的中间还是边缘？结论很简单，领导者应该吃苦在前，享受在后。换句话说，进攻时领导者应该冲锋在前，防守时领导者应该撤退在后。与此相对应，领导者在危机中应该有边缘领导力。

第六章分析了韧性组织的形态。韧性组织不应该是由一种"材料"构成的，也不应该以单一形态存在。具有韧性的组织应该是一种混态组织，包括固态、液态和气态。只有像濑尿牛丸那样的韧性组织才能够在危机中保持活力，从容应对。

第七章进一步讨论了危机学习力。与其说时势造英雄，不如说危机造英雄。所有的百年企业都是经历了各种危机之后的幸存者，所有的成功企业家都是在危机中不断学习、在英雄之旅中不断成长的终身学习者。

企业所面临的危机，常常集中表现在业务方面。本书第八章和第九章分别从情景规划和业务连续性两个方面分析了企业如何应对业务危机。情景规划是非常有效的战略规划方法，特别适用于身处危机中的企业，其可以有效地针对企业在未来发展中所面临的不确定性和不连续性，为每一种情景制定相应的应对措施。业务连续性管理则是被很多在红利时代成长起来的企业所忽视的重要管理方法。英特尔、华为等全球布局且要面对多变的技术、经济和政策环境的企业，都有非常完备的业务连续性管理体系，该体系帮助这些企业度过了一次又一次的危机。

曾几何时，娱乐明星们都争着上头条，但随着移动互联网的普及，明星和名企都在想方设法避免上头条，因为头条上的新闻往往是负面新闻。随着这种现象的普遍化，危机公关成为企业的必修课。本书第十章分析了企业在互联网环境下的危机公关策略。

如果说互联网把人们联系在一起，那么产业互联网则把企业联结成一个又一个的生态体系。企业与企业之间的联系前所未有地紧密，一荣俱荣，一损俱损。当危机来临，危机不再是一家企业的危机，而是企业所在生态体系的整体危机。本书第十一章从生态角度分析了企业应该如何应对危机所带来的客户变化、组织变化、业务变化以及环境变化。

最后，本书第十二章从历史发展的角度，分析了中国历史上多个古代政权所经历的周期性危机以及政权更迭危机的过程。在此基础上，引申讨论了企业生命周期以及企业在生命周期各个阶段的变化，为理解如何与危机共存提供了动态性的视角。

此外，本书是国家自然科学基金杰出青年基金（编号：71525004）、北京大学"中小企业危机管理能力研究"项目，以及北京大学光华思想力"企业协同管理研究"项目的阶段性成果。所获支持，一并感谢。

路江涌

| 第一部分 |

理 念 篇

第一部分读前思考题①

1. 人们常用"黑天鹅"和"灰犀牛"来形容危机事件。请问,"黑天鹅"和"灰犀牛"主要强调危机事件的哪些特性?
   A. 不确定性　　B. 不连续性　　C. 多发性　　D. 普遍性

2. 面对危机,人们往往会遇到哪些方面的挑战?
   A. 认知挑战　　B. 实践挑战　　C. 时间挑战　　D. 空间挑战

3. 对于企业而言,其所面临的危机主要包括哪几类?
   A. 客户危机　　B. 组织危机　　C. 业务危机　　D. 环境危机

---

① 读前思考题均为多选题,答案见附录B。

| 第一章 |

危机的本质
不确定性和不连续性

烟波即事·其五

[宋]陆游

雕胡炊饭芰荷衣，水退浮萍尚半扉。
莫为风波羡平地，人间处处是危机。

———

2020年初开始的这场全球性公共卫生危机，几乎影响了世界上的每一个国家、每一家企业和每一个人。这场全球性危机迫使所有相关方深入思考三个问题：危机的本质是什么？危机为什么会发生？应该如何应对危机？以上三个问题，都与不确定性和不连续性密切相关。

人类的大敌：不确定性和不连续性

从古到今，人类社会的演进和科学的发展，在很大程度上是为了降低不确定性和不连续性。例如,人类从茹毛饮血的狩猎时代进入刀耕火种的农耕时代,初期并不是因为农耕的方式比狩猎的方式获得能量的效率更高,而是因为农耕获得能量的确定性和连续性更高。换句话说,人们更容易从农田里获得确定性的收成,这些收成也更容易存储,以提供连续性的能量供给。

再如,人类发展科学是为了掌握一些确定性的规律,并利用这些规律来帮助人类获得确定性和连续性的结果。牛顿经典力学被认为是人类认识世界确定性和连续性的巅峰之作。科学家曾断言,根据牛顿三大定律,只要知道宇宙中所有粒子的当前位置和速度,原则上就有可能预测宇宙任何时刻的情况。

然而,人类关于世界的确定性和连续性的认知在 20 世纪初曾面临空前的危机。先是物理学家普朗克发现,自然界能量的传输一次至少要达到一个量——"普朗克常量",可以是这个量的整数倍,但不可能比这个量小。接着,物理学家海森堡提出了"不确定性原理",证明不可能在准确测量粒子位置的同时准确测量其动量。"不确定性原理"和"普朗克常量"说明,不确定性和不连续性是物理世界所遵循的底层规律。

那么,不确定性和不连续性与危机有什么关系呢?我们来看一张图。在图 1-1 中,纵轴表示事物未来发展方向的不确定性,横轴表示事物未来发展路径的不连续性。不确定性的高低指的是事前能否确定事物未来发展的具体方向,不连续性的高低指的是事前能否确定事物会沿着某个发展方向顺利达到目标。⊖

图 1-1 左下方象限中的图形(一条直线)代表着不确定性和不连续性都低的情况,这是追求确定性和连续性的人们最希望看到的。在这种情况下,个人的努力能够持续得到确定性的回报,企业的投入能够产生

⊖ 路江涌. 共演战略 [M]. 北京:机械工业出版社,2018.

稳定的收益，社会的结构能够长久维持平衡，国家也能够保持长期稳定发展。

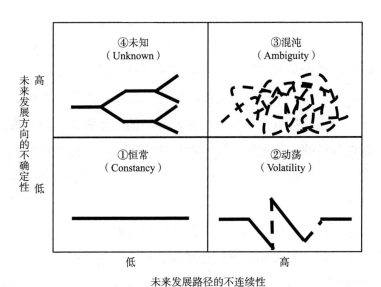

图 1-1 危机引发不确定性和不连续性

然而，现实世界中的每一个微观个体都存在于一个或多个宏观系统之中：个人存在于组织之中，组织存在于社会之中，社会存在于国家之中，国家存在于人类世界之中，人类世界存在于地球生态之中。个体与个体之间、个体与群体之间、群体与群体之间的复杂关系，使得微观个体层面的不确定性和不连续性在宏观层面得以不断地积累和放大，形成系统层面的不确定性和不连续性。

在由众多不同层级的子系统构成的复杂系统中，个体子系统内部的确定性和连续性平衡往往会被来自其子系统或更高层级系统的因素打破。当子系统内的基础平衡被打破时，危机就形成了。尽管危机会在何时形成、以何种方式出现，都具有高度的不确定性，但危机必定会进一步增加子系统的不确定性和不连续性。

新冠疫情给中国带来了巨大的冲击，改变了十几亿中国人在2020年春节期间以及之后一段时间内的生活和生产方式，至少在短期内，给无数个人、家庭、社区、企业乃至城市的发展带来了严重的不连续性冲击。这种影响，用图1-1右下方的图形表示，就好像一条中间有很多断点的、剧烈波动的折线，意味着从折线的一端出发的企业或个人可能无法顺利地到达折线的另一端，企业可能破产，个人甚至可能失去生命。

然而，不连续性只是危机所带来的冲击的一个方面，冲击的另一个方面是紧随其后的不确定性：既不知道危机会持续多长时间（长度），也不知道危机会蔓延到多大范围（广度），更不知道危机会造成多大程度的破坏（强度）。

例如，流行疾病引发的公共卫生危机在长度、广度和强度等方面均有很高的不确定性。首先，危机将持续多长时间是不确定的。从病毒本身的传播规律来看，病毒往往存在一定的潜伏期，再加上有数量众多的疑似和确诊患者，所以病毒在最后一位患者治愈之前都有可能重新开始传播。

其次，危机将波及多大范围是不确定的。即使有的地方很快采取措施防止病毒的大范围传播，但其他地方对疫情防治的不同态度可能会给病毒的扩散带来不确定性。

最后，严重的公共卫生危机会造成多大程度的破坏也是不确定的。一方面，不确定危机会给医疗卫生系统带来多大的冲击以及会夺去多少人的生命；另一方面，不确定所引发的经济动荡将给全球带来多大的损失。

不难看出，随着危机的发展，外部冲击首先会带来不连续性，打破系统内部原有的平衡。接下来，危机会进一步增加系统内部的不确定性，造成图1-1右上方的不确定性和不连续性双高的局面，形成一种混沌的状态。

我们知道，在混沌系统中存在"蝴蝶效应"，即由于系统的高度复杂性，局部的微小变化会造成系统其他部分乃至系统整体的剧烈变化。因此，应对系统性的危机，不能仅仅着眼于局部子系统，而应着眼于全局母系统，在整个系统内部对危机进行监控和管理。例如，虽然疫情最初往往在一个点爆发，但需要在国家层面进行整体防控，再进一步则需要各国在全球范围内进行协作，以消除系统性危机带来的不确定性和不连续性。

我们还知道，危机作为一个系统，其本身也有不连续性，任何危机都不会永远持续下去。例如，随着疫情防控的发展，疫情所带来的不连续性最终会下降，企业将陆续复工，人心终将趋稳。这时候，危机就发展到了图 1-1 左上方象限的局面，即未来路径的不连续性降低，而未来发展方向的不确定性仍较高。

这里所讲的不确定性，主要指的是一些子系统和个体面临的不确定性。例如，一些虽然生存下来但面临巨大困难需要转型的企业以及一些失去原来的工作而需要转换行业的个人等，这些企业和个人的发展方向在一段时间之内是难以确定的，他们需要在不确定性较高的环境中选择未来的方向，正如图 1-1 左上方象限中的图形所展示的那样。

在 VUCA 时代，重新理解 VUCA

近几年，"VUCA"（音"乌卡"）成为中国人尤其是商业界人士的一个常用词。VUCA 一词最初是美军为了描述冷战后期错综复杂的国际局势而发明的缩略词，它对应四个单词：不稳定性（Volatility）、不确定性（Uncertainty）、复杂性（Complexity）和模糊性（Ambiguity）。VUCA 在 2001 年"9·11"事件之后开始在军事领域被广泛使用，并迅速扩散到商业、社会、政治等诸多领域。

在百度上搜索VUCA，返回了233万条结果；在谷歌上搜索VUCA，返回了234万条结果。[⊖]然而，仔细阅读那些使用VUCA的新闻、演讲文稿、报告甚至学术论文，会发现人们通常只是把VUCA作为一个时代背景甚至一句口头禅来使用，并没有认真探究VUCA的含义以及VUCA与使用者所讨论的问题的关联性。作为一个使用频率如此高的词，VUCA的含义及其在商业分析中的运用，值得我们重新审视。

VUCA和冷战、"9·11"事件等危机密切相关，但业界和学术界在讨论和使用VUCA时，并没有把它和危机直接联系起来。通过图1-1的分析，不难发现危机的本质就是不确定性和不连续性的集中爆发。**我们可以用4个分别以"V""U""C""A"开头的单词来代表危机的不同阶段，以进一步理解危机发生的过程。**

如图1-1所示，在危机发生之前（左下方象限），系统未来发展方向的不确定性低，未来发展路径的不连续性也低，这种情况可以用"Constancy"（恒常）来描述。在危机开始之后，系统的不连续性骤然升高，这种情况可以用"Volatility"（动荡）来描述。危机加剧之后，在系统的不连续性居高不下的同时，不确定性快速上升，这种情况可以用"Ambiguity"（混沌）来描述。危机开始消退时，系统的不连续性明显下降，但不确定性仍然会在一段时间内维持在高位，这种情况可以用"Unknown"（未知）来描述。鉴于VUCA已经成为一个惯用说法，我们仍用其来表述危机的本质和过程，但读者应注意图1-1所表达的内容和逻辑与大家习惯的VUCA有所不同，而且比把VUCA简单排列在一起有更好的理论逻辑性和实践操作性。

我们还可以把图1-1的4个象限中的图形重新排列一下，以更好

⊖ 该数据为2019年5月26日的检索数据。

地理解在危机发生的过程中不确定性和不连续性的变化。在图1-2中，最左边那条笔直的长实线代表着危机到来之前的状况，即未来发展方向的不确定性低且未来发展路径的不连续性也低。危机爆发早期，长实线变成了波浪状的虚线，代表着动荡的开始和不连续性的提高。随着危机的加剧，波浪状的虚线变成了乱麻状的虚线，意味着系统进入了混沌状态。接着，伴随着危机的消退，乱麻状的虚线变成了树杈状的实线，意味着在危机中生存下来的个体中的大多数将有一个连续性的道路可走，但道路究竟通向何方，仍具有巨大的不确定性。

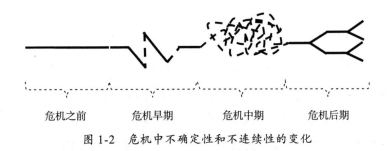

图1-2 危机中不确定性和不连续性的变化

理解了不确定性和不连续性是客观世界的基本属性，以及危机本质上就是不确定性和不连续性的集中爆发之后，我们就不难接受危机一定会出现这个自然规律。接下来，我们需要理解危机为什么会发生。

扑面而来的黑天鹅和灰犀牛

物种为什么会灭绝

考古学家对地球上曾经出现过的物种做过一个大致的统计：地球上曾经出现过40亿个物种，但其中的99%已经灭绝了。史上的物种大灭绝一共发生过5次，分别发生在4.4亿年前（86%的物种灭绝）、3.6

亿年前（75%的物种灭绝）、2.5亿年前（96%的物种灭绝）、2亿年前（80%的物种灭绝）、6500万年前（76%的物种灭绝）。对于地球上的物种来说，这几次物种大灭绝绝对称得上是危机。

为什么物种会灭绝呢？科学研究表明，这5次物种大灭绝主要是因为天体撞击、气候变化和地质变化等。无论是哪种原因，物种大灭绝发生之前，情况都如同图1-2所示的危机之前的阶段，可以用一条长实线来表示。例如，发生在3.6亿年前的那次大灭绝的原因是气候变化。在那之前，陆地和海洋把生物分割在不同区域内，每个区域内的生物形成了相对独立的生物圈和食物链，生物面临着相对较低的不确定性和不连续性。然而，随着全球气温的上升，海平面持续上涨，最后地球上竟然只剩下了一块陆地。于是，地球上的各个生物子系统被整合成一个全球性的生物系统，陆生生物被迫挤在同一块土地上，海洋也变成一个大的生态圈。无论是在陆地上还是海洋里，生存竞争都迅速变得更加激烈，最终，只有少数适应环境的生物存活了下来。

不难想象，每次物种大灭绝都始于环境突变带来的不连续性。进而，在环境持续变化的过程中，物种之间原来的平衡关系被打破了，生物系统内原有的确定性丧失了，不确定性迅速提高。在这种情况下，有些物种发生了基因突变，因此能够快速适应环境，而大多数物种没来得及适应环境变化带来的不确定性，从而被危机的不连续性消灭了。幸存下来的物种因为能够较好地适应已经变化的环境，取得了较好的生存连续性，但它们所面临的发展不确定性并没有消失。这些物种不断地演化，向不同的方向发展，最终形成了地球上丰富的物种体系。

从历史上的几次物种大灭绝来看，物种灭绝的原因主要是地球外部因素导致的剧烈变化，这正说明了地球作为宇宙中一个微不足道的子系统，要面对来自母系统的不确定性和不连续性所带来的挑战。如果把视角放得更小一点，人类社会作为地球生态系统中的一个子系统，所面临的危机正是由地球这个大系统输入的不确定性和不连续性造成的。

历史上的重大疫情往往是因为人类活动对环境的过度索取，很大程度上压缩了其他子系统中生物的生存空间，使这些子系统和人类之间的关系变得更加脆弱。人类在不断扩大自身活动范围的过程中，就像 3.6 亿年前那次海平面上升一样，使地球上的其他生物被迫挤在同一块陆地上，最终可能造成三种结果：第一，其他生物子系统中的物种大量灭绝；第二，人类子系统的竞争空前激烈；第三，其他生物子系统反攻进入人类子系统。

如果我们能够从动态的和系统的视角来看待危机发生的原因，就会发现危机的结果都是达到新的系统平衡，或者说危机本身就是围绕系统的平衡点发生的剧烈震荡。 我们可以把图 1-2 所展示的危机发生过程图延展开来，成为图 1-3。

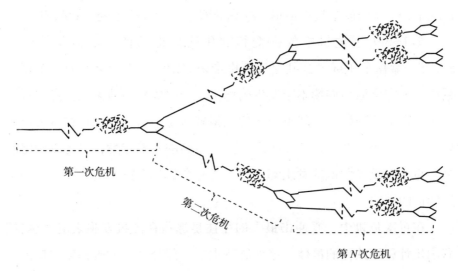

图 1-3　危机：突变与演化

不难发现，图 1-3 中的危机路径图在一定程度上和地球上物种演化的规律相吻合。如果我们把每次危机的过程都想象成地球上的一次物种大灭绝，就会发现，当物种整体缺乏多样性，或者某一种或几种物种因为占据了绝对优势地位而"享受着"很低的不确定性和不连续性的时候，危机可能就要来了。来自系统外部或者内部的冲击首先会带来巨大的不连续性，造成物种大灭绝，接着，幸存下来的物种争夺环境恶化后极其有限的资源，而那些能够胜出的物种战胜了不连续性，并在后续的演化竞争中胜出，战胜了不确定性，成为下一轮生物演化竞赛的种子选手。

由于危机带来了灭绝和演化，下一轮生物竞赛的种子选手彼此间的差异往往更大，而系统作为一个整体，其生物多样性更高。在接下来的演化竞争中，可能是某一个生物子系统也可能是生物子系统整体遇到新危机，新危机和之前的危机的过程大致相同，都会经历"动荡""混沌""未知"等阶段，继而进入"恒常"状态。不过，恒常状态不会永远持续下去，上一轮危机的消退往往意味着下一轮危机已经开始酝酿。

图1-3关于危机中的突变和演化的讨论同样可以为我们应对SARS、金融危机或者公共卫生危机带来启示。人类社会作为一个复杂系统，一定会面临持续不断发生的危机，一次危机的结束往往意味着另一次危机即将开始。虽然下一次危机将来自哪个领域以及将在多大范围内产生影响等问题在危机发生之前具有很高的不确定性，但可以确定的是，每一次重大危机的发生都将给人类社会的某个方面甚至整体带来不连续性的影响。

在每次危机中，受冲击最大的往往是那些在危机发生之前"享受"着确定性和连续性的群体。这些群体中的一部分会被危机初期严重的不连续性消灭，群体中的剩余部分则面临随着危机的进一步发展而来的更高的不确定性的强大冲击。当危机逐渐消退时，只有那些能够较好地适应危机带来的不连续性和不确定性的群体，才能度过本次危机，进入一段不确定性和不连续性都相对较低的时期,并为迎接下一次危机的到来做准备。在人类社会中,无论是个人、企业,还是社会、国家、文明,在面对一次又一次危机时都遵循着这个规律。

黑天鹅和灰犀牛为何越来越多

通过对地球历史上生物大灭绝和人类社会所面临的危机的分析,我们可以理解,危机是我们作为复杂系统的一分子所必须面对的基本生存环境。我们必须接受的事实是,危机总是会来的,只是表现形式和影响程度不同。马克·吐温曾经说过:"历史不会重演,但总是惊人的相似。"

当然,任何事情都有两面性,正如危机一词既代表危险也代表机会一样,"彼之砒霜,吾之蜜糖",正是因为一些生物的灭绝,另一些生物才能获得发展空间。没有恐龙的灭绝,就很难有哺乳动物的兴盛。面对危机,我们应该学习那些在多次生物大灭绝中幸存下来的物种,提高自己的反脆弱性。

像所有的个体生命那样,人类喜欢确定性和连续性。然而,我们也知道,确定性所存在的范围和连续性所存在的时间都是有限的。也就是说,**我们只能在较小的范围内获得一定程度上的确定性,或者在较短的时间内获得较高的连续性。**

《风险、不确定性和利润》的作者,著名经济学家富兰克·奈特认为:不确定性指的是"我们不知道我们不知道的事情"(Unknown Unknowns);风险包括两类,其一是"我们知道我们不知道的事情"(Known Unknowns),其二是"我们不知道我们知道的事情"(Unknown Knowns);除此之外,还有"我们知道我们知道的事情"(Known Knowns)。我们可以从图1-4所示的人类对客观事物认知的局限性以及对自身能力认知的局限性两个维度进行分析,直观地理解不确定性、风险和确定性之间的关系。

图1-4 黑天鹅、灰犀牛和认知局限性

当人们对某类客观事物的认知存在较高的局限性，同时对自身能力的认知也有较高的局限性时，我们不知道自己不知道某类事情发生的可能性和后果。这种情况处于图1-4右上方象限的位置，也就是奈特所说的严格意义上的不确定性。如果换成纳西姆·塔勒布的说法，那么具有这类严格意义上的不确定性的事件就是黑天鹅事件。

纳西姆·塔勒布的著作（如《黑天鹅》《反脆弱》《非对称风险》）每隔几年都会因危机的发生而大火一次，最近这个频率越来越高了。在华为突然遇到美国政府的打压之后，华为高管表示，《反脆弱》一书帮助他们理解了华为多年实践的理论基础。在公共卫生危机发生之后，纳西姆·塔勒布的著作又一次成为企业家群体自救求存的精神食粮。

塔勒布在《黑天鹅》一书中认为，**黑天鹅事件有三个特点：第一是意外性，也就是说通常发生在预期之外；第二是极端性，也就是说会产生极端的影响；第三是事后可预测性，也就是说在黑天鹅事件发生之后，人们会找出各种各样的理由来解释，显得自己好像事前就知道黑天鹅事件会发生似的。**

人们之所以会在事后寻找和强调黑天鹅事件发生的原因，是因为不想承认自身认知能力的局限性，希望能够表明自己在事前就已经知道这类事件可能发生。这种"知道自己不知道"位于图1-4左上方象限的位置，属于奈特说的第一类风险。比如说，人类承认自己不知道是否存在外星生命，并不断通过科学研究去寻找外星生命存在的证据，以降低外星生命突然降临地球带来的风险。

奈特说的第二类风险是人们不知道自己知道某些事情所带来的风险。如果用作家米歇尔·渥克的话来说，这类风险叫作灰犀牛风险，也就是大概率会发生且影响巨大的潜在危机。渥克认为，灰犀牛风险有三个特征：一是可预见性；二是发生概率高，具有一定的确定性；三是波及范围广、破坏力强。因为人们往往选择性忽视灰犀牛风险，所以灰犀牛风险也是那些人们不知道自己知道会发生的风险，这种情况处于图1-4右下方象限的位置。

和人类对客观事物认知的局限性以及对自身能力认知的局限性相关的最后一种情况是"知道自己知道"，这种情况处于图1-4左下方象限的位置，代表着人类已经获得的确定性知识。正如我们可以用黑天鹅来代表"不知道自己不知道"、用灰犀牛来代表"不知道自己知道"一样，我们可以用外星生物来代表"知道自己不知道"的情况，用白天鹅来代表"知道自己知道"的情况。

向黑天鹅和灰犀牛学习危机

有了图1-4这个思维模型，我们就有了应对黑天鹅事件和灰犀牛事件的思路。**面对黑天鹅事件，我们需要首先承认自己认知能力的局限性，不要只是在事后去寻找理由进行解释，而是要分析黑天鹅事件的发生到底是完全超出了我们的认知能力范围，还是我们在事前忽视了事件可能发生的征兆。**

换句话说，如果黑天鹅事件具有外星生物的特点，是我们事先完全不知道的，我们就应该首先承认自己的无知，并以科学的态度在事后总结规律，力争把黑天鹅事件所反映出的规律变成确定性的知识。如果黑天鹅事件具有灰犀牛的特点，我们事先可以知道事件会发生，但是因为自身认知能力不足选择性忽视了事件发生的可能性，我们就应加强针对此类事件的预警机制和危机应对机制。

我们可以用这个思维框架来分析公共卫生危机这类黑天鹅事件，并得出两个主要的思路。思路一关乎公共卫生危机中的科学性部分，思路二关乎公共卫生危机中的社会性部分。

首先，因为引发公共卫生危机的病毒往往是人类原来不了解的病毒，所以科学家在病毒最初出现的一段时间内，难以对病毒的特点、传播机理和潜在的威胁做出科学的判断。对于这种风险，我们需要采取的是"知道自己不知道"的态度，以严谨的科学研究认清病毒的特性，找到病毒的弱点。因此，国内外很多科学家进行的相关学术研究非常重要，可为我们采取具体措施应对疫情提供科学依据。这是思路一。

其次，当知道了病毒会在人与人之间传播之后，决策者应该及时防止疫情演变成灰犀牛事件。同样地，防控疫情不是少数人可以单独完成的，需要让普通民众都认识到疫情的严重性，通过信息透明公开，避免人们假装"不知道自己知道"。从这个角度来理解，在疫情爆发之后，各地采取严格管控措施是非常有必要的。这是思路二。

结合思路一和思路二，面对公共卫生危机这样的黑天鹅事件，我们既要有科学的态度，对病毒的原理和传播机制进行理性分析，也要有决断的胆量和担当的勇气。随着疫情的发展，我们通过科学研究对病毒的特点和防治的措施有了更大把握，同时做好自我防护的重要性也深入人心。人们知道了自己对疫情未来的发展还有很多不知道的方面，就不会假装不知道自己知道病毒的危害。

根据图1-4的分析，随着时间的推进，我们成功防控疫情扩散的确定性越来越高了，我们知道自己知道的东西也越来越多了，公共卫生危机不再完全是一只黑天鹅，未来也可能会变成一只能被科学家理解的白天鹅。因此，在下一个阶段，我们需要在巩固疫情防控成果的基础上，逐步把重点转移到恢复正常的生活生产秩序上来。

之所以需要这样做，是因为和公共卫生危机等突发事件不同，经济增长放缓后很难在短期内恢复。我们可以用图1-5进一步理解黑天鹅效应和灰犀牛效应：简单而言，黑天鹅效应可以理解为不确定性，灰犀牛效应可以理解为不连续性。

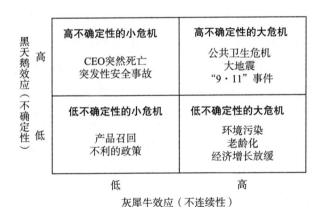

图1-5 黑天鹅效应与灰犀牛效应

按照不确定性和不连续性两个维度，可以把危机分成四类。第一类是高不确定性的大危机（如公共卫生危机、大地震、"9·11"事件），这类危机的不确定性和不连续性都高，同时具备黑天鹅和灰犀牛两种危机特性。**第二类是低不确定性的大危机**（如环境污染、老龄化、经济增长放缓），这类危机的不确定性较低而不连续性较高，属于典型的灰犀牛危机。

公共卫生危机在爆发的初期，属于高不确定性的大危机，但随着疫情基本得到控制，公共卫生危机就会变成低不确定性的大危机。不幸的是，和公共卫生危机同时摆在我们面前的还有经济增长放缓这样一个低不确定性的大危机。正因为如此，如果我们不能及时把工作的一部分重心转移到经济增长的恢复上来，那么两个危机就会叠加，对我国的经济发展和社会生活造成巨大的冲击。

图 1-5 中的**第三类是高不确定性的小危机**。比如，一家企业的 CEO 可能因为交通事故等原因突然死亡，企业出现突发性安全事故。这类危机发生的不确定性非常高，但对企业的影响通常不会特别大。如果一家企业拥有完善的接班人计划或领导者轮值方案，就不会因为 CEO 突然死亡而导致企业生产经营出现巨大的不连续性。

图 1-5 中的**第四类是低不确定性的小危机**。比如，一家企业因产品质量出现问题不得不召回大批产品。这类危机虽然有时会对企业的短期利润造成负面影响，但有助于维护企业的长期声誉，而且这类危机的出现往往是企业的产品生产过程存在缺陷造成的，不确定性相对较低，企业可以通过加强生产过程中的质量控制减少这类不确定性。此外，不利的政策也可能对企业产生影响。

从黑天鹅事件到灰犀牛事件，从高不确定性的大危机到低不确定性的大危机，从高不确定性的小危机到低不确定性的小危机，在 VUCA 时代里，危机似乎无处不在。创业者和企业家所面对的危机和要承受的压力更是普通人难以想象的。

阿里巴巴创始人马云在创立湖畔大学时说，来湖畔大学不是为了学习如何成功，而是为了向失败学习，学习如何避免失败，如何从失败中重新站立起来。实际上，我们在"向失败学习"的同时，也应该"在危机中学习"。那么，创业者和企业家应该如何向危机学习，应对危机带来的不确定性和不连续性呢？

面对危机，不仅要活着，而且要活好

面对危机，每个人都应（重）读《活着》

针对黑天鹅事件，反脆弱理论给出的应对方案主要有两个，一是杠铃策略，二是利用非对称风险。要理解这两个概念，你可以想象一副杠铃，主要的配重分布在两端，中间杠铃杆部分的配重相对较少。面对危机，纳西姆·塔勒布给出的建议是利用收益和损失的非对称性，在某些领域采取保守策略（从而在"黑天鹅"带来的不连续性面前保持强韧性），在其他领域承担很多小的风险（从而增加抓住"黑天鹅"带来的正面不确定性的机会），从而增强反脆弱性。

接下来，我们将利用不确定性和不连续性的模型，以企业为例，从活着和活好两个维度分析一下我们应该如何增强应对危机的反脆弱性。

面对危机，我们每个人，尤其是企业家都应该（重）读一下作家余华的小说《活着》。《活着》讲述了一个叫福贵的人从解放战争到改革开放初期的人生历程。新中国成立前，福贵家是地主，但福贵是个败家子，在赌博中把家里的田地给输光了，接着把家里的祖宅也给输了。因为输光了田地和房产，福贵成了贫农，躲过了"打土豪，分田地"，而赢了他田地和房产的那个龙二被作为地主恶霸枪毙了。

俗话说，人生苦短。苦，源于人生的不确定性；短，说的是人生的不连续性。我们可用一张图来理解福贵的人生。

图1-6的纵轴代表着人生的不确定性（苦），横轴代表着人生的不连续性（短）。福贵人如其名，在输掉田地和房产之前，他的生活既福且贵，有钱有闲，没有什么不确定性和不连续性，正如图1-6的左下方象限那样。

后来，福贵的人生走到了图1-6右下方的那个象限，之前那种地主少爷的生活一去不复返，福贵的生活遭遇了不连续性。

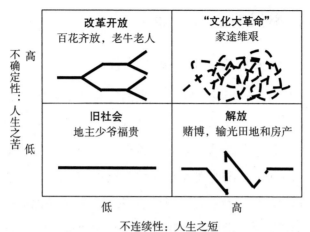

图 1-6 《活着》：人生苦短

福贵输掉了家里所有的财产。没错，输光财产这个小危机让福贵躲过了"打土豪，分田地"这个大危机。用纳西姆·塔勒布的说法就是，福贵通过输光财产这个小危机，增强了自身应对"打土豪，分田地"这个大危机的反脆弱性。

接下来的故事是这样的：福贵从地主变成了贫下中农，被国民党军队抓了壮丁去拉大炮，九死一生在战场上捡了一条命，好不容易才回到家里。不幸的是，福贵不在家的这段时间，福贵的双亲去世了，女儿凤霞变成了哑巴，但福贵终究是活着回来了，能够继续和妻子家珍带着女儿凤霞和儿子有庆把日子过下去。

生活好像平静了下来，然而不确定性和不连续性接踵而来，剧情进入图1-6右上方象限。"文化大革命"开始了，家途维艰。先是儿子有庆因为在医院给难产的县长夫人献血而死，接着是女儿凤霞难产死在了有庆死的同一家医院，然后妻子家珍也去世了。长命的福贵在家人接二连三的去世中，体会到了人生苦短的滋味。

故事的最后，经历了一系列危机的社会进入了图1-6左上方象限,即百花齐放和持续发展的改革开放阶段。进入暮年的福贵买了一头老牛,老人和老牛相依为伴,在小说里给一个年轻人讲述了他的人生故事。

福贵的故事讲完了。我们每个人、每个企业都是福贵,在个人和企业的生命周期中都会经历各种危机,眼前的公共卫生危机可能只是增加我们反脆弱能力的一次小危机而已。为此,面对危机,我们不仅要活着,而且要活好!

活着,应对危机的生存策略

危机当前,企业如何才能够活着?当然不是像福贵那样输掉所有的财产,而是要有以"现金为王"为特点的生存策略。"现金为王"在福贵的案例里也有体现:如果福贵只输掉田地,他还会因为有一个大宅子而被划成斗争的对象。更严重的是,为了维持这个大宅子,他家必须雇用人。如果既没有来自田地的收入,又必须付出维持大宅子的支出,那么,福贵的境遇和危机下中小企业的境遇何其相似!所以说,福贵很幸运,他输掉了所有的东西,从而能够保持一个低水平上的现金收支平衡。

我们再回到企业的角度,用图1-7来分析企业应对危机的现金策略。图1-7的横轴是和现金相关的不连续性,即企业现金流断裂的可能性;纵轴是和现金相关的不确定性,即使用现金获得差异化回报的可能性。

企业家在危机早期做每一项决策的时候,头脑中都要有"－现金"的概念,也就是说,要对每一项决策减少现金的数量非常敏感。在危机早期,企业面临着现金流入中断而现金流出无法停止的局面。在这种情况下,使用现金的回报率的不确定性是低的,因为现金流入的中断是确定的,而需要流出的现金中有相当一部分是必须付出的。**在危机早期,**

企业应该用"减法"作为自身的现金策略,也就是在合理范围内尽量减少现金开支,能不开支的尽量不开支,能不用现金的尽量不用现金。

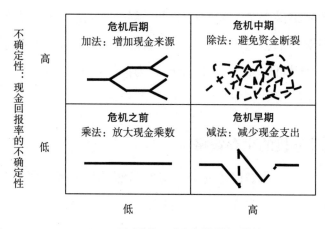

图1-7 活着,应对危机的生存策略

在危机中期,企业的现金状况可能并没有得到改善,但这个阶段幸存的企业会发现很多同行已经倒下了,市场上出现了一些空间,企业好像迎来了快速发展的机会。然而,在这个阶段,企业应该谨慎评估自身面临的不确定性和不连续性。危机中期的不连续性仍然主要源于企业自身的业务流和现金流,企业需要根据自身业务的恢复情况以及现金的储备情况来决定是否抓住市场上出现的这些机会。如果企业在这个阶段不能很好地解决现金流的不连续性和业务流的不确定性问题,仓促地去抓市场上的机会,则可能面临来自不连续性和不确定性的双重打击。

因此,**当危机发展到中期阶段时,企业的现金策略应该是"除法"**,也就是进一步聚焦能够持续经营、盈利且现金流良好的业务,停止一些不能持续经营、亏损或现金流不良的业务。企业家在危机中期做每一项决策的时候,头脑中要有"÷现金"的概念,这是因为当危机发展到中期阶段后，往往会达到最严重的程度。任何一个决策，不管其对企业的战略有什么样的长期影响，如果会导致企业现金流断裂，那么分母就等于0，所有的决策也就都没有了意义。

企业家在危机后期做每一项决策的时候，头脑中要有"＋现金"的概念。这是因为，当危机发展到后期，企业面临的不连续性下降，但不确定性仍然较高。在这种情况下，企业选择发展方向的一个重要原则是业务应能增加企业的正向现金流。在经历了危机的早期和中期阶段之后，即使那些在危机发生前现金流非常充沛的企业，也有可能遇到现金流方面的困难。因此，企业家在这个阶段千万不能因为危机看似即将过去，曙光即将到来，就盲目大干快上，不考虑业务的现金流状况。

当企业成功地在一次危机中生存下来之后，在下一次危机到来之前，往往会进入一段平稳的发展时期。在这个时期，企业发展的不确定性和不连续性都比较低。**企业家在危机后期做决策时，头脑中要有"×现金"的概念**。也就是说，企业要利用这一段黄金发展期，放大发展机会，提高现金周转率，在安全边际内尽量为应对下一次危机储备足够的"弹药"。

活好，应对危机的发展策略

上面我们讨论了面对危机如何通过"现金为王"的策略"活着"。然而，很多企业要达到的目标不仅仅是在危机中生存下来，更是如何在危机中找到发展的机会，如何在危机中"活好"。

想在危机中获益并取得更大发展的企业，肯定不能把眼光局限于危机本身，而是需要在保证自己能够度过危机的基础上，有更长远的眼光，利用危机重塑企业的使命、愿景、价值观，提高企业的战略水平、组织和执行能力。企业要想通过危机全面提升自己的管理，就需要对危机的本质有深刻的理解，并在危机的各个阶段有重点地做应该做的事情。

图 1-8 展示了企业在危机各个阶段的管理工作的重点。可以把危机分成危险和机会两个维度，图 1-8 的横轴表示危险的大小，即企业在危机中实现发展路径的困难性高低；纵轴表示机会的大小，即企业在危机中寻找发展方向的重要性高低。

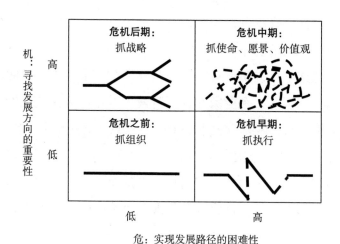

图 1-8　活好，应对危机的发展策略

在危机早期，企业应该做的重点管理工作是抓执行，抓执行的目的是应对不连续性的快速上升。有了执行能力的保障，企业就可以接着着手应对危机带来的不确定性。应对不确定性的一个有效手段是重塑企业的使命、愿景和价值观。企业的使命回答了企业为什么存在，企业的愿景描述了企业在中长期想成为什么样子，而价值观是企业的使命和愿景入人心、入人脑的具体体现。在没有危机的时候，企业往往很难找到契机让企业的成员一起深入思考企业存在的目的和未来的愿景。危机往往能够给企业提供宝贵的契机，促使企业上下同心同欲，用使命、愿景和价值观应对危机带来的不确定性。

在危机即将结束之前，企业已经通过危机管理提高了执行能力，重塑了使命、愿景和价值观，为未来更大的发展做好了准备。在这个时候，企业应该把管理的重点放在战略方向的选择上。这一方面是因为企业未来发展的具体方向仍然不确定，另一方面是因为企业在危机中形成了新的使命和愿景，提升了执行力，为战略方向的确定和战略的实施打下了良好的基础。

当危机结束之后，企业应该把管理工作的重点逐步转移到组织架构调整和组织能力提升上来。这样做的原因在于，企业可能在下次危机到来前的比较长的一段时间内有一个发展的黄金窗口期，而企业需要强大的组织能力来把握这样的发展机会。

危机当前，无论是个人还是企业都不能乱了阵脚，应该把危机看作难得的机会，思考一下危机的本质，提高自身应对危机的能力。我们需要从危机是什么、为什么发生和怎么办这三个角度来理解危机，才有可能做到从容应对。

面对危机，我们可以一起从《活着》的几句话里体会一下危机的本质：危机是什么？为什么有危机？面对危机怎么办？

- "一个人命再大，要是自己想死，那就怎么也活不了。"（危机是什么？）
- "我们会来到这个世界，是不得不来；我们最终会离开这个世界，是不得不离开。"（为什么有危机？）
- "以笑的方式哭，在死亡的伴随下活着。"（面对危机怎么办？）

是的，面对危机，只要活着，就会像福贵对儿子有庆说的那样："这两只鸡养大了变成鹅，鹅养大了变成羊，羊大了又变成牛。我们啊，也就越来越有钱啦。"

| 第二章 |

危机的挑战
认知、实践、时间和空间

沁园春·雪

毛泽东

北国风光，千里冰封，万里雪飘。

望长城内外，惟余莽莽；大河上下，顿失滔滔。

山舞银蛇，原驰蜡象，欲与天公试比高。

须晴日，看红装素裹，分外妖娆。

江山如此多娇，引无数英雄竞折腰。

惜秦皇汉武，略输文采；唐宗宋祖，稍逊风骚。

一代天骄，成吉思汗，只识弯弓射大雕。

俱往矣，数风流人物，还看今朝。

——

中国人习惯用"祸兮福之所倚，福兮祸之所伏"来说明危险和机会的相互伴生与彼此转化的关系。然而，**接踵而来的黑天鹅事件提醒我们，面对巨大的危险，"机"不会自动到来。我们需要全面理解和认真应对**

"危",才能争取到"机"。本章从"危"的本义切入,分析企业应如何应对"危"带来的挑战。

"危"字当头,智者胜

"危"字在甲骨文里的形状由一个代表悬崖的部分和一个代表坠石的部分组成(见图 2-1)。《说文解字》中的解释是:危,在高而惧也。意思是,人因站在高崖边或崖下而害怕,担心自身坠崖或被坠石砸到。

我们可以想象一个场景:一群人站在高崖边或崖下的时候,通常会面临着几个方面的挑战。

图 2-1 "危"字的甲骨文字形

第一个挑战是认知挑战,这群人首先要能够认识到眼前的危险和可能的机会。如果这群人是要越过悬崖,悬崖对他们来说就是危险。如果这群人是到悬崖上寻找能够躲避野兽的山洞,悬崖对他们来说就是机会。可以用"危机"和"危难"表示这群人面临的认知挑战,"危机"代表着机会,"危难"代表着危险。

这群人面临的**第二个挑战是实践挑战**。他们需要采取应对危险或抓住机会的具体措施,而这些措施可以分为言和行两类。面对危机,人群中的领导者需要用语言稳定自己和他人的情绪,在群体内部沟通情况。此外,这群人还需要采取实际行动安全地越过悬崖。可以用"危言"和"危行"来概括这群人面临的实践挑战,"危言"代表着怎么说,"危行"代表着怎么做。

这群人面临的**第三个挑战是时间挑战**,他们需要在特定时间内应对威胁或抓住机会。我们可以从轻、重、缓、急四个角度,把事情分为重要且紧急、重要不紧急、紧急不重要、不紧急且不重要四个类型。可以用"危急"和"危重"来概括这群人面临的时间挑战,"危急"代表紧急,"危重"代表重要。

这群人面临的**第四个挑战是空间挑战**,他们不仅需要思考眼前,而且要考虑更大范围的危险和机会。也许这群人有一个更大的目标,如果他们用所有精力应对眼前的危险和机会,可能会影响更大目标的实现。所以说,面对危险和机会,必须有大局观,有更大的格局和更远的视野。可以用"危地"和"危局"来概括这群人面临的空间挑战,"危地"代表局部,"危局"代表全局。

可以从格局和视野两个维度分析危险之下企业面临的四大挑战。图 2-2 的纵轴表示格局,分为总体和局部两个情形;横轴表示视野,分为现在和未来两个时点。格局的另一个含义是系统性,有大格局意味着能基于系统的观点来看问题。视野的另一个含义是动态性,有大视野意味着能够用动态的眼光来看事情。

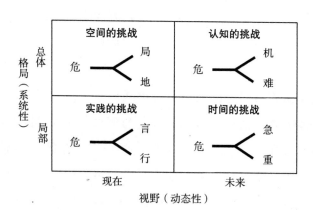

图 2-2 "危"之下的四大挑战

危机当前,人们往往最重视眼下应该怎么做,也就是图 2-2 左下角象限的"危言"和"危行"。然而,危机带来的更大挑战往往是认知方面的,也就是图2-2右上角象限的"危机"和"危难"。想要应对危机下的实践挑战和认知挑战,人们还必须应对危机带来的时间和空间两个维度的挑战。在时间方面,需要能够分清轻重缓急,也就是图2-2右下角象限的"危急"和"危重"。在空间方面,要能分清局部和总体,也就是图2-2左上角象限的"危局"和"危地"。

认知挑战:"危机"vs."危难"

如何才能反脆弱

"危"有两个极端结果,一是"机",二是"难"。我们常看到一些人在人生岔路口处,能抓住机会登上又一个人生巅峰;而另一些人徘徊在人生悬崖边上,一失足成千古恨。我们也常看到一些企业总能抓住时代机遇,从时代的范式变迁和重大变革中获益;而另一些企业面对时代的大浪淘沙,却被拍死在海滩上。

理解"危机"和"危难",纳西姆·塔勒布的《反脆弱》具有很高的参考价值。《反脆弱》的副标题是"从不确定性中获益",讲的就是怎么样抓住"危"中之"机",避免"危"中之"难"。

可以通过图2-3a和图2-3b来理解危机和危难的区别。图2-3a说的是随着变量X的增加,损失会非线性地增加;而随着变量X的减少,收益会非线性地增加。但是损失的变化速度快于收益的变化速度,同时,最大可能损失远远高于最大可能收益。

公共卫生危机可以帮助我们理解图2-3a的含义。在疫情爆发初期,感染患者主要集中在特定地区,如果此时不对患者集中的地区采取严格的隔离措施,随着人口流动(变量X)的增加,病毒传播带来的直接损失会呈指数式上升趋势。在疫情后期,随着疫情防控工作有效开展,人们对疫情的认知和自我防护做得越来越好，人员流动可能带来的潜在损失会显著降低，反映在图 2-3a 中，就是那条向下的曲线变得不再那么陡峭。

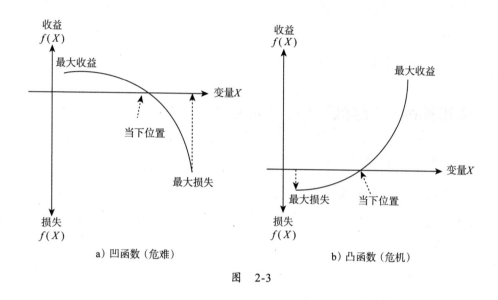

图 2-3

图 2-3b 说的是随着变量 X 的增加，收益会非线性地增加；而随着变量 X 的减少，损失会非线性地增加。但是，收益增加的速度快于损失增加的速度，同时，最大可能收益远远高于最大可能损失。

危机后的复工可以帮助我们理解图 2-3b 的含义。公共卫生危机给很多行业带来了难以估量的影响，随着疫情得到有效控制，企业复工的呼声越来越高。这一方面是因为企业面临生存压力，另一方面是因为复工给企业和经济带来的收益呈非线性上升。如果把图 2-3b 横轴变量 X 看作复工规模，随着越来越多的企业复工，经济协作网络得以重建，企业和社会从复工中获益的规模将呈指数级上升。

因此，如何从公共卫生危机初期的以防控为主，快速、平稳、安全地过渡到以恢复生产为主，尽量减少疫情带来的损失，尽早让企业和经济从复工中获益,体现了整个社会和国家面对不确定性的反脆弱能力。

面对公共卫生危机,不同企业和行业受到的影响不同,虽然大多数企业和行业在危机中受损,但有些企业和行业可能在危机中受益。例如,面对公共卫生危机,旅游、餐饮、线下零售、线下娱乐、线下教育等行业受到的冲击最大,对于这些行业而言,图 2-3a 中横轴的变量可以看作疫情持续的时间。如果疫情持续的时间过长,那么在这些行业里将有大量的企业倒闭。然而,面对公共卫生危机,在线医疗、在线教育、在线娱乐、在线零售等行业则获得了难得的发展机遇,对于这些行业而言,如果把图 2-3b 中横轴的变量看作疫情持续的时间,那么随着疫情持续时间的延长,这些行业的企业所获得的相对优势可能会越来越大。

面对危机,重学 SWOT

企业可以根据自身在危机中更可能受损或更可能受益的属性,借鉴 SWOT 分析方法,制定危机应对策略。图 2-4 列示了危机中可能受损的企业(见图 2-4a)和可能受益的企业(见图 2-4b)在应用 SWOT 分析时的侧重点和分析顺序,面积较大的代表优先和重点分析的部分。

a) 危机中可能受损的企业　　b) 危机中可能受益的企业

图 2-4

对在危机中可能受损的企业来说,首先应该分析在面对威胁时怎样能避免自身的劣势带来更大的损失。例如,面对公共卫生危机,传统零售和餐饮企业面临的最大威胁是收入锐减，而企业的高人工成本也成了劣势，所以这些企业应首先想办法通过临时降薪、员工共享等方式降低用工成本。

其次，在危机中可能受损的企业应考虑如何利用自身优势缓解危机所带来的威胁。例如，一些比较知名的传统零售和餐饮企业利用自身的行业影响力和市场口碑，为行业发声，争取政府的政策支持。

再次，在危机中可能受损的企业应考虑能否利用危机带来的机会弥补自身的劣势。例如，一些领先的传统零售和餐饮企业利用疫情危机带来的机会，加快推进企业线上办公和数字化转型的步伐。

最后，在危机中可能受损的企业可以考虑如何把自身传统优势和危机带来的机会结合起来。例如，传统零售和餐饮行业在危机过后应该会迎来一波企业合并的浪潮，那些具有优势的传统零售和餐饮企业就可以抓住这次机会做大做强。

对在危机中可能受益的企业来说，危机一方面带来了环境变化，另一方面凸显了企业的优势。这些企业在进行 SWOT 分析时，应该侧重分析与机会和优势相关的部分。

首先，在危机中可能受益的企业，应分析在面对机会时如何更好地发挥自身优势。例如，公共卫生危机发生后，一些提供在线办公工具的企业快速迭代产品，为疫情中爆发的巨大在线办公需求提供服务。阿里巴巴旗下的钉钉对 1000 万家企业/组织发布了支持"在家办公"的全套免费解决方案后，迅速成为各大应用商店中排名第一的应用软件。

其次，在危机中可能受益的企业，应考虑如何利用自身优势帮助自己甚至合作伙伴应对危机带来的威胁。例如，从事线上线下一体化零售的盒马鲜生，在疫情爆发后很快就联合了云海肴、青年餐厅等传统餐饮企业，利用这些在疫情期间停业的餐饮企业的员工为数量激增的线上客户提供服务。这一方面为盒马鲜生解决了疫情期间招工难的问题，另一方面帮助这些餐饮企业解决了因停业带来的员工冗余问题。

再次，在危机中可能受益的企业，应考虑如何利用危机带来的机会补足自身的劣势。一些已经实现线上线下业务融合的企业，利用疫情带来的巨大机会，快速发展自身的线下业务。例如，从事水果零售的百果园最近几年持续发力社群电商业务，打造了围绕社区的水果线上线下综合零售平台。所以，疫情期间，百果园的业务不仅没有停滞，而且得到了快速发展。该企业全部4000家门店坚持开业，并且在疫情期间制定了在中国开3万家门店以覆盖所有县级以上城市的战略目标。

最后，在危机中可能受益的企业，应考虑如何应对危机带来的威胁和自身劣势的双重影响。线上教育机构虽然可能从疫情危机中获益，但也可能面临更严格的监管。例如，2020年1月29日，《教育部关于2020年春季学期延期开学的通知》发布后，大批学生以及家长用户涌入各大在线教育平台，好未来、猿辅导等在线辅导平台纷纷冲进AppStore下载排行榜前十位。但是，由于线下传统教育机构暂时还不能像线上教育机构那样充分利用线上平台，线上教育机构可能在一段时间内受到更严格的监管。

企业应该把危机看作对企业的优势和劣势、机会和威胁的一次系统梳理和重新审视的机会，在危机发展的不同阶段，要侧重于不同的方面（见图2-5）。

在危机到来之前，企业往往经营形势一片大好，前途看似非常光明，道路看似非常平坦，就像图2-5中危机之前阶段的那条直线一样。在这个阶段，企业应该更多地分析可能到来的威胁，采用情景规划等方式分析在可以预见的未来可能出现的黑天鹅事件和灰犀牛事件，提前采取应对措施。

在危机早期，企业的日常经营面临严重冲击，企业的劣势被放大。在这段时间，企业应该着重弥补自己的劣势，补足经营管理中的短板，稳住现金流、供应链、关键客户、核心员工等企业生命线，避免被突如其来的危机打垮。

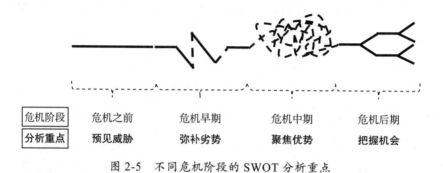

图 2-5 不同危机阶段的 SWOT 分析重点

在危机中期，外部环境会变得越来越复杂多变，不确定性持续上升。企业在危机早期弥补了自身劣势并获得了生存机会之后，应聚焦自身优势，即聚焦核心业务，采用压强原则，争取在核心业务方面形成竞争优势，为危机之后的进一步发展打下基础。

当进入危机后期，企业面临的不连续性下降，但不确定性仍然较高，未来的发展机会逐渐显现。在这个阶段，企业应该注意把握住市场上的机会，取得进一步的发展。

面对疫情，一部分企业主要看到了"难"，另一部分企业主要看到了"机"，而更多企业同时看到了"难"和"机"。以疫情为代表的黑天鹅事件对于每个企业来说是"难"还是"机"，不仅取决于企业的认知能力，也取决于企业的应对能力。

实践挑战："危言" vs. "危行"

"危"有两个特点，一个是突然性，一个是冲击性。面对突然到来的冲击，人们往往会惊慌失措，束手无策。我们可以用"危言""危行"来代表危机对人们情绪和行为产生的影响。

作为一个由人构成的组织，企业在危机时所受到的影响体现在企业家和员工的"言和行"上，而言行又可以分为"内和外"两个方面，所以我们可以从"言和行"以及"内和外"这两个维度分析危机下企业的言行（见图 2-6）。

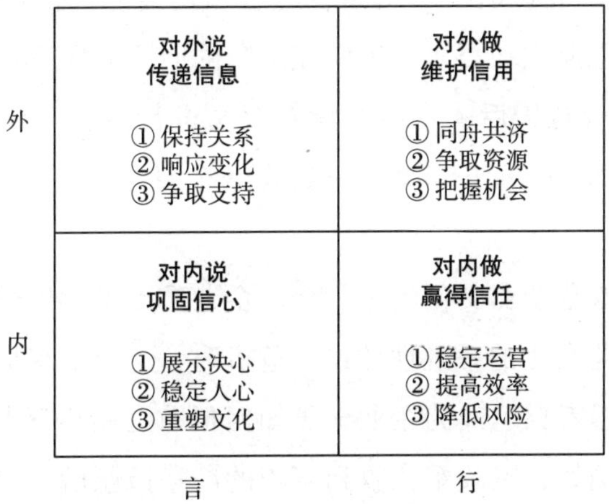

	言	行
外	对外说 传递信息 ① 保持关系 ② 响应变化 ③ 争取支持	对外做 维护信用 ① 同舟共济 ② 争取资源 ③ 把握机会
内	对内说 巩固信心 ① 展示决心 ② 稳定人心 ③ 重塑文化	对内做 赢得信任 ① 稳定运营 ② 提高效率 ③ 降低风险

图 2-6　危机下的危言危行

信息和信心，危机之下这样说

危机来临后，企业应该首先考虑怎么"对内说"，主要目的是巩固员工信心。面对危机，企业应该从三个方面考虑对内怎么说：一是展示核心领导团队的决心，二是稳定员工的人心，三是重塑企业文化。

面对危机，企业中利益受损最严重的往往是企业领导者。因此，企业领导者自己能否在第一时间展示出战胜危机、带领企业继续走下去的决心，对企业应对危机非常重要。在疫情危机中，很多企业家在第一时间对企业内部发声,通过内部分享等形式把温暖和关爱送给坚守工作岗位的每一位员工。比如,老乡鸡董事长束从轩通过视频向 16 000 多名员工传达了共渡难关的决心,并亲手撕掉员工要求降薪的联名信。视频得到传播之后,老乡鸡得到了包括银行在内的社会各界的更多支持。

企业家展示出应对危机的决心的一个重要作用是增强员工信心。员工作为企业的重要利益相关方,其收入、职业前途和企业息息相关,员工需要看到企业领导者战胜危机的决心,从而产生共渡难关的信心。木屋烧烤创始人隋政军在朋友圈表达了和疫情危机抗争到底的决心之后,一名财务总监主动要求"工资减半"的回应激发了木屋烧烤高管的减薪请愿行动。几天后,木屋烧烤对全员进行线上匿名问卷调查,结果表明,92.62%的员工选择"坚持拿 3 个月半薪,和公司一起渡过难关"。

危机也是重塑企业文化的好机会。企业员工平时忙于日常工作,往往无暇进行企业文化的系统性建设。危机时,企业所有员工都被放在同一个环境中,思考自己作为企业一员如何帮助企业活下去,比较容易形成文化认同。例如,隋政军在收到高管的减薪请愿后,向领教工坊创始人朱小斌请教,朱小斌给隋政军的意见是,"危急时刻正是打造企业文化和凝聚团队的好时机,这件事做好了,组织能力一定会上一个新台阶"。

当企业面临危机的时候,不仅需要考虑怎么"对内说",还需要考虑怎么"对外说"。企业在危机之下,对外发声的目的主要有三个:第一,维护与重要的利益相关方的关系;第二,响应环境变化;第三,争取外部支持。

当企业面临危机时,其利益相关方也往往面临同样的危机,企业需要及时和利益相关方沟通,表达自己战胜危机的决心,以维护与利益相关方的合作关系。例如,疫情危机发生之后,很多创业者和企业家都在积极地和客户、供应商、政府等利益相关方保持沟通,有的企业还通过给最重要客户寄送口罩等防疫用具的方式加强联系。

企业在危机之中，只有持续保持与外部利益相关方的沟通，才能更好地争取它们的支持。例如，当一个企业召回不合格产品的时候，很可能会影响核心供应商的利益，企业必须从长期发展、共赢和维护消费者利益的角度出发，和核心供应商进行充分沟通，争取和利益相关方共渡难关。

企业在危机中保持与利益相关方的沟通也是企业承担社会责任的体现。例如，开发管理协同软件的企业致远互联在疫情爆发后，及时上线疫情实时在线报备工具，向社会免费开放，帮助企事业单位做好疫情防控工作，赢得了社会各界的认可。

信用和信任，危机之下这样做

面对危机，企业除了"对内说"和"对外说"，还需要考虑如何"对内做"和"对外做"。在"对内做"方面，企业应该考虑三个问题：一是如何稳定运营，二是如何提高效率，三是如何降低风险。

面对危机，企业首先要做的事情就是稳定运营，可以从稳定运营收入和运营支出两方面入手。危机之下，企业的收入可能面临大幅减少甚至归零的风险，但支出可能维持原状甚至上升。所以说，稳定运营是危机来临后企业应该做的最重要的事情。例如，疫情发生后，京东等电商企业利用自建物流的优势，在危机最严重的时候保持了非常高的开工率，在很大程度上巩固了其在自营电商行业的龙头地位。

危机之下，企业对内应该做的第二件事情是提高效率。危机之前，企业经营的很多问题往往被快速发展的表象所掩盖，当危机到来后增长失速时，很多问题都会暴露出来。企业可以利用危机，采取调整员工结构和业务模式等方式提高运营效率。

危机发生之后，企业对内应该做的第三件事情是降低运营风险。有时候，企业危机的发生是因为过度依赖单一（区域）供应商和客户。例如，受疫情影响，很多供应链主要在中国的国际企业都存在因零部件短缺而无法正常开工的情况。可以预见，这次危机之后，一些国际企业会重新考虑供应链的全球布局。

危机之下，企业"对外做"主要包括三个方面：第一，同舟共济；第二，争取资源；第三，把握机会。首先，企业需要拿出实际行动，让外部利益相关方看到企业愿意和它们共同应对危机的诚意和行动。例如，电梯广告独角兽企业新潮传媒捐出刊例价100亿元的广告资源，赠送给疫情期间进行捐助的爱心企业，每个企业的广告赠送金额与该企业在此次疫情期间的爱心捐款金额相当（最高不超过刊例价5000万元）。

其次，企业通过与外部利益相关方合作，可以争取到平时比较稀缺甚至难以获得的资源。例如，公共卫生危机使电影产业受到了巨大打击，往年超过100亿元的春节档票房，2020年只有100万元左右。面对危机，《囧妈》的制作方和字节跳动合作，将该影片在网上免费播放，前三天播放量合计超过6亿次，共1.8亿人观看，带来了很大的社会影响和良好的口碑。

最后，危机往往会造成稀缺资产的价格走低，为一些有实力获得这些资产的企业提供难得的机会。例如，公共卫生危机对线下餐饮业的打击非常大，很多中小餐饮连锁企业难以为继，而头部餐饮企业则有机会通过兼并收购等方式迅速做大。

不难看出，危机之下企业应该怎么说、怎么做，都围绕着一个"信"字。"信"意味着信息、信用、信任和信心（见图2-7）。

在危机之前，企业应该做的最重要的事情是获取信息，避免因忽视危机可能到来的相关信息而遭受灰犀牛事件的打击。面对危机，那些能够及时甚至提前获取危机信息的企业，往往都能快速抓住危机带来的商机。

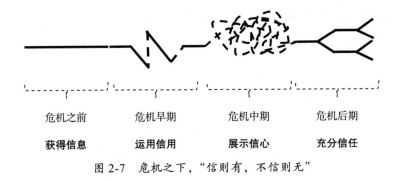

危机之前	危机早期	危机中期	危机后期
获得信息	**运用信用**	**展示信心**	**充分信任**

图 2-7 危机之下,"信则有,不信则无"

在危机早期,企业面临危机带来的巨大不连续性,企业经营、员工心态和客户关系等都面临巨大挑战。企业在这个阶段,可能面临现金不足、资金链紧张、供应链中断等问题。在这种情况下,企业应该最大限度地运用信用,通过在危机中的良好表现,赢得社会的尊重和支持,争取从银行、政府、合作伙伴那里获得更多贷款、政策和业务支持。

在危机中期,危机带来的不连续性和不确定性持续上升。企业应该做的最重要的事情是展示信心,展示企业有信心和能力渡过危机,和利益相关方共同创造更加美好的未来。

当危机即将结束时,生存下来的企业会面临更好的发展机会。企业在这个阶段,最应该做的事情是赢得员工、合作伙伴、社会、政府的信任,并运用对员工和合作伙伴的信任,积极探索可能的发展机会。

时间挑战:"危急" vs. "危重"

在《高效能人士的七个习惯》中有一条要诀是"要事第一",说的是可以把事情分成紧急且重要、紧急不重要、重要不紧急、不紧急不重要四种类型,其中,优先级最高的是紧急且重要的,优先级第二的是重要不紧急的,优先级第三的是紧急不重要的,优先级第四的是不紧急不重要的(见图 2-8)。

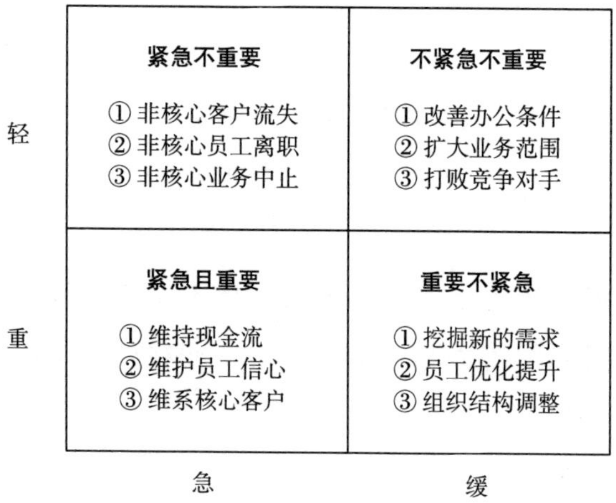

	急	缓
轻	**紧急不重要** ① 非核心客户流失 ② 非核心员工离职 ③ 非核心业务中止	**不紧急不重要** ① 改善办公条件 ② 扩大业务范围 ③ 打败竞争对手
重	**紧急且重要** ① 维持现金流 ② 维护员工信心 ③ 维系核心客户	**重要不紧急** ① 挖掘新的需求 ② 员工优化提升 ③ 组织结构调整

图 2-8 时间挑战:"危急" vs. "危重"

危机中紧急且重要的事情,包括但不限于维持现金流、维护员工信心、维系核心客户关系。现金好比企业过冬的空气,如果过冬的环境空气稀薄,企业可能还没有冻死、饿死,就先憋死了。员工信心好比企业过冬的水,水质的保持有两种方法,一是流动,二是提纯。在危机下,员工流动变得没有平时顺畅,所以加强企业文化建设进行提纯变得非常重要。客户关系好比企业过冬的存储粮,如果维系得好,能够保存较长一段时间,但如果疏于维系,则可能短期内迅速发霉变质。

危机中重要不紧急的事情,包括但不限于挖掘新的需求、员工优化提升和组织结构调整。危机往往会导致客户和市场需求的变化,企业应该借助危机带来的机会,顺应需求变化的趋势,甄别能够把握的新需求。

此外，企业在危机中有更大空间对效率低且不认同企业文化的员工进行优化，对认同企业文化但效率不够高的员工进行提升，对效率比较高但对企业文化认同度不高的员工进行培训，从而达到整体上提高员工效率和企业文化认同度的目的。危机也给企业带来了调整组织结构的机会，企业可以根据市场需求的变化趋势，调整战略方向，改变组织结构，提高组织灵活度，为危机之后把握机会积蓄力量。

危机带来了很多紧急的事情，但也能让企业家慢下来、静下来，深入思考什么事情才是重要的。在外部环境稳定且整体趋势向好的情况下，企业容易过度扩张。在危机来临之时，那些非核心领域可能会先出问题，出现企业要应对的紧急事件。在这种情况下，企业应该考虑的是，这些非核心业务是否紧急不重要，是否真的需要保留。

除上述三个方面之外，还有一些本来企业认为是重要的或者紧急的事情，在危机之下就显得不那么紧急也不那么重要了，如改善办公条件、扩大业务范围、打败竞争对手等。针对这一类事情，企业可以暂时放一放，等到危机结束后再考虑。

紧急性和重要性分析也应该在危机的不同阶段有不同的侧重点（见图2-9）。在危机开始之前，企业应该侧重那些重要但不紧急的事情，如组织结构调整、员工优化提升等。如马云所说，应该在晴天的时候补房顶，不应该在下雨的时候才修房子。企业在危机之前处理这些重要但不紧急的事情，可以做到从容不迫，增强企业应对危机的能力。危机来临之初，企业要重点处理重要且紧急的事情，例如维持现金流、维系核心客户关系等。当危机进入中期，企业应该集中处理一些紧急但不那么重要的事情，以聚焦重点（客户、员工、业务）、集中资源，为危机结束之后的复苏做准备。在危机结束之前，企业可以处理一些不重要且不紧急的事情，把危机的收尾工作做好，迎接新一轮发展机会的到来。

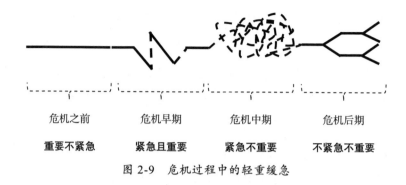

图 2-9 危机过程中的轻重缓急

空间挑战:"危局" vs."危地"

危机管理不仅仅是动态性的,而且是系统性的。企业除了面临时间挑战,要处理"危急"和"危重"的关系之外,也面临空间挑战,要处理"危局"和"危地"的关系。所谓危局,就是企业整体甚至是整个经济社会面临的危机。所谓危地,可以看作企业自身或者企业某一个组成部分所面临的危机。

我们可以从格局和视野两个维度来分析危机之下企业面临的"局面"。图 2-10 的纵轴是格局,横轴是视野。格局可以分为局部和总体,视野可以分为现在和未来。于是,就有了企业在危机下破局的四个视角:见终局、知时局、揽全局、应变局。

见终局,要求企业能够从终局视角,看待危机中的各种挑战,认清危机的发展规律,这有助于企业增强战胜危机的信心。知时局,意味着企业要对自身情况有明确的认知,在危机中活在当下,精打细算,既不能对危机视而不见,也不能过度恐慌。揽全局,要求企业着眼大局,能够和利益相关方同心协力,紧密合作,共渡难关。应变局,说的是企业要能够坦然对待危机带来的变化,不被危机带来的冲击吓倒,能够及时采取必要的应对措施，尽量减少危机中的损失，尽量抓住危机后的机会。

图 2-10 空间挑战："危局" vs."危地"

见终局、知时局、揽全局、应变局这四个视角，在危机的不同阶段也应有所侧重（见图 2-11）。危机到来之前，企业要有见终局的思维，要有危机意识，为可能到来的危机准备好预案。危机是企业发展过程中必然和必须面对的事件，能够基业长青的企业一定是在很多次危机中生存下来的企业。所以说，危机管理能力是企业的基础能力，"剩者为王"思维是企业发展的底线思维。

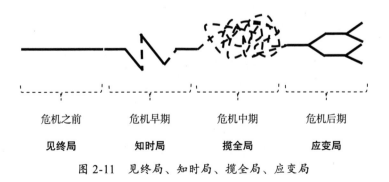

图 2-11 见终局、知时局、揽全局、应变局

危机来临之际，企业应该知时局，也就是说要面对现实，不要说"这次不一样"，假装危机不会来临。企业要立足当下，面向未来，积极应对。到了危机中期，不确定性和不连续性会同时上升，企业应能够总揽全局，不能局限于自己小利益的得失，而不顾全整个生态系统甚至总体经济的大局。在危机后期，曙光即将到来，企业应该更多侧重于如何应对变局，如何把握危机过去之后可能到来的机会。

当今世界不太平，澳大利亚大火、美伊对决、公共卫生危机、非洲蝗灾接踵而来。面对各种各样的危机，习惯于平静生活的人们和稳定发展的企业都需要认真思考"危"到底是什么，我们怎么才能做到临危不乱。

"危"字当头，企业应该用系统性和动态性的方式来应对危机：不仅要有见终局的思维，促危转机，防危成难，而且要有知时局的实践，危言危行，谨言慎行，既能够沉着地总揽全局，力挽危局，也能够从容地应对变局，准确拿捏轻重缓急。

第三章

危机的应对
共存和共演

没有人是一座孤岛
［英］约翰·多恩

没有谁是一座孤岛，
在大海里独踞；
每个人都像一块小小的泥土，
连接成整个陆地。
如果有一块泥土被海水冲刷，
欧洲就会失去一角，
这如同一座山岬，
也如同一座庄园，
无论是你的还是你朋友的。
无论谁死了，
都是我的一部分在死去，
因为我包含在人类这个概念里。
因此，
不要问丧钟为谁而鸣，
丧钟为你而鸣。

2020 年初，两位具有全球影响力的管理大师相继离世。1月23日，有"创新沙皇"之称的克莱顿·克里斯坦森去世；3月2日，被誉为"全球第一CEO"的杰克·韦尔奇去世。这两位管理大师分别以创立了颠覆式创新理论和带领通用电气渡过难关并达到巅峰而闻名于世，两人的理论与实践都和危机管理密不可分，而两人离世后的世界正处在一次由新冠疫情引发的全球性公共卫生危机之中。

与病毒共存，人类的宿命

2020 年的公共卫生危机波及全球。根据科学家的研究，病毒其实并不想杀死宿主，它只是遵循演化的法则，希望能够持续复制自己的 RNA 序列。病毒侵入人的肺部，诱发肺部的天然免疫反应，促使人体通过咳嗽来清除肺部的病毒，而咳嗽把更多的病毒 RNA 传播给下一个宿主。

如图 3-1 所示，病毒在传染人之前，已经存在于其他宿主的体内，并且在同一物种内部的不同宿主之间进行传播。经过在原宿主物种内传播的阶段后，病毒开始传播给新的宿主物种，最终传播给了人。病毒能够在人和人之间快速传播的特性，使得人的感染率迅速上升，并造成较高的致死率。当感染率和致死率突破阈值时，人类社会就会启动干预机制，采取防控、防疫等措施控制病毒的传播，使感染率和致死率最终下降。

同时，病毒在传播的过程中，毒性也会下降，目的是减少对单个宿主的伤害，避免造成宿主的大规模死亡，从而影响自身的传播。毒性下降的同时，病毒的传播力会进一步增强，传播范围会进一步扩大，最终绝大多数病毒都和宿主形成了长期共存的关系。如果我们用生和死来描述病毒和宿主的博弈，那么双方共存就是病毒和宿主博弈的第一种结果。

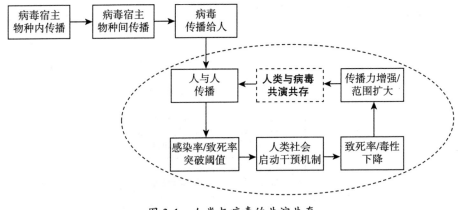

图 3-1 人类与病毒的共演共存

双方博弈的第二种结果是,病毒死,宿主也死。这种情况通常是病毒杀死了所有的宿主,或者宿主被不可抗力杀死,病毒无所依附,进而灭绝。当然,也有一些史前病毒杀死了所有宿主后并没有灭绝,而是保留在了南极的冻土层里。

双方博弈的第三种结果是,病毒死,宿主生。这种情况意味着宿主获得了免疫力,病毒被全部杀死。例如,1980 年世界卫生组织宣布,人类已经彻底消灭了天花,而天花也成为人类迄今为止唯一彻底消灭的传染病。

双方博弈的第四种结果是,病毒生,宿主死。这种情况常见于致死率很高的病毒,例如,如果不及时注射疫苗,狂犬病对人的致死率几乎达到百分之百,但狂犬病毒杀死了人这个新宿主之后,就只能存在于原来的宿主体内了。

地球可以说是一颗被病毒包裹着的星球,其中绝大部分病毒是能与人类和平共处的,甚至发挥了重要的促进生命演化、维持生命机体运转的作用。而在极少部分能够引发人类免疫反应的病毒中,也有绝大部分保持着与人类的微妙平衡。所以,在上述四种结果中,病毒和宿主长期共存是最常见的情况（见图 3-2）。

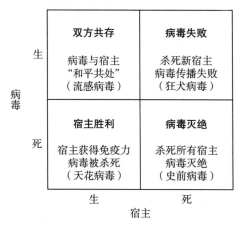

图 3-2　病毒与宿主的博弈关系

与危机共生，企业的宿命

如果把企业比作人，那么危机就是病毒。正如病毒长期和人类共同存在、共同演化一样，危机也是长期和企业共同存在、共同演化的。危机在企业间的传导机制和病毒在宿主间的传导机制非常类似。当一次危机出现时，往往会先影响一部分企业，由于企业之间存在密切而复杂的网络关系，危机会在企业之间传导，由影响部分企业扩展到更多企业，最终可能形成波及整个经济的大危机。

影响力较大的危机会使一部分企业面临经营困难甚至破产的情况。当企业的破产率上升突破正常水平时，社会的干预机制就会启动，社会干预和企业自救措施一起发挥作用，会最终改善企业的经营情况，降低企业的破产率。当危机过去之后，一部分原有的企业会存续下来，同时会有一些新企业出现，经济发展进入一个新的循环，但经济在转好的同时也在孕育新的危机（见图 3-3）。

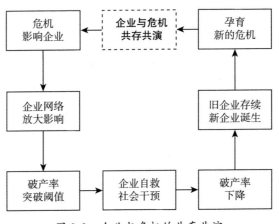

图 3-3　企业与危机的共存共演

企业作为一种组织，正如人类作为一个物种一样，需要和自身所在的复杂系统共同演化，和系统内的其他物种共生共存。在这个过程中，企业也必然和危机长期博弈。为了生存，企业必须度过危机。然而，正如病毒之于人类是无法彻底消灭的一样，危机之于企业也是如影随形、无法彻底避免的。

参照人类和病毒的博弈关系，企业和危机也有类似的博弈关系（见图 3-4）。双方博弈的第一种结果是，危机彻底消失，企业彻底战胜危机并表现出强大的韧性。然而，危机正如病毒，随着一次危机消失于无形，另一次危机必然在孕育中，企业彻底战胜危机只是一种奢望，再强韧的企业最终也会消亡于危机之中。

博弈的第二种结果是企业被危机消灭，表现出不堪一击的脆弱性。这种情况非常普遍，可以从近些年来频发的各种危机造成企业寿命越来越短的数据中得到印证。

博弈的第三种结果是,危机造成大面积损失,多数企业破产,引发经济崩溃、社会动荡甚至战争。这类危机往往会引发社会结构重建,而在新一轮社会发展启动时,上一次危机也会消失于无形。

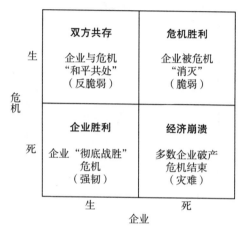

图 3-4　危机与企业的博弈关系

博弈的第四种结果是,企业在危机中遭受一定程度的损失,但也提升了自身的免疫力,对今后同等规模和类似的危机有了抵抗力,甚至发展出了预防危机发生的能力。这类企业并不期盼危机会消失,而是认为危机会和企业的发展共存共演——只要企业存在一天,就需要应对各种危机,企业需要能够与危机和平共处,并能够在危机中获益。

进行无限游戏,才能基业长青

有限与无限的游戏

詹姆斯·卡斯在《有限与无限的游戏》中说:"在世上至少有两种游戏,一种可称为有限游戏,另一种称为无限游戏。有限游戏以取胜为目的，而无限游戏以延续游戏为目的。"

2020年3月4日，美团迎来10周年生日。十年中，美团经历了至少5次大的危机，包括"千团大战""外卖大战""合并点评""2018年危情上市"以及2020年疫情期间的商户反弹。虽然备受争议，但美团创始人王兴有他自己对危机的认识。他曾说，"《有限与无限的游戏》这本书对我影响很大，有限游戏在边界内玩，无限游戏却是和边界也就是规则玩，探索改变边界本身。死亡是不可逾越的边界，与之相比，其他边界并不那么重要"。

把企业经营看作有限游戏或者无限游戏，对企业的经营理念影响很大。**如果把企业经营看作有限游戏，那么企业的目标可能就是具体的和短期的；如果把企业经营看作无限游戏，那么企业的目标可能就是宏大的和长期的**。很多伟大的企业都具有远大的目标，有富有想象力的使命和有感召力的愿景，这样的企业通常是在进行无限游戏。

例如，阿里巴巴的使命是"让天下没有难做的生意"。这个使命非常具体，具体到和每一笔生意都有关。这个使命也非常宏大，宏大到只要天下还有一笔难做的生意，阿里巴巴的使命就没有完成，就有存在下去的理由。同时，阿里巴巴的愿景——"做一家活102年的好公司"，也非常富有感召力。其中的"102年"指的并不是具体的时间，而是指从阿里巴巴创业的1999年算起，要横跨三个世纪。未来，如果阿里活过了102年，肯定会把愿景中的时间往后延伸。阿里巴巴的愿景里还有一个关键词是"好"。"好"不仅意味着赚钱，而且意味着在经济利益和社会价值之间取得平衡。也就是说，衡量阿里巴巴存在长度的是时间，衡量阿里巴巴存在意义的有两个维度，一是经济价值，二是社会价值。

我们可以从时间和空间两个维度，来理解企业经营的有限性和无限性。从时间维度来看，经营时间的有限性意味着企业只会存续特定的一

段时间，而不会无限地存续下去。这是事实，但对于企业经营者来说，应该以永续经营为目标，努力让企业在更长的时间内存续。这样做并不仅仅是出于企业家对企业的情感或者成就感，而是因为企业作为一个生命体，在存续期间聚集了大量资源，雇用了大量员工，影响了很多利益相关方。如果企业不能有较长的寿命，而像病毒或者细菌那样方生方死，那么企业的利益相关方就会处于巨大的不确定性和不连续性中，造成经济财富的浪费和社会不稳定。

以进行无限游戏为理念，很多企业都把活下去作为最高目标。华为总裁任正非说，"华为的最低纲领和最高纲领都是活下去"。阿里巴巴创始人马云说，"今天很残酷，明天更残酷，后天很美好。但是大多数人死在了明天的晚上。所以，活过明天很关键"。在疫情危机中，很多企业家也发表了对活下去的看法，比如新潮传媒 CEO 张继学就说，"活下去是企业对社会的最大贡献"；木屋烧烤创始人隋政军也说，"活下去比当英雄更重要"。

我们也可以从有限游戏和无限游戏的角度来理解企业的价值空间。价值空间有多个维度，既包括企业的经营范围，也包括企业的利益相关方。 经营范围是我们通常理解的价值空间，企业可能专注于某一个行业，也可能进入多个行业，不过企业也需要经营与利益相关方的关系。

虽然股东是财务意义上的企业拥有者，但企业作为一个社会生命体，关系到员工、公众、政府、社区、自然环境等很多利益相关方。进行无限游戏的企业，往往把利益相关方放在非常重要的位置，以拓展企业的价值空间，让利益相关方都加入企业的价值创造、价值传递和价值获取的循环。反之，进行有限游戏的企业，只关注股东利益，只强调股东价值最大化，这就会把企业压缩在财务回报这个一维价值空间内，限制企业发展的可能性。任正非曾经说过，上市公司往往过多地关注股价和短期利益，如果华为是上市公司，很可能无法度过最近的几次危机。

我们可以利用图 3-5 分析企业的有限游戏和无限游戏。大多数企业遵循有限时间和有限空间的规则进行经营，它们的寿命相对较短，经营范围也相对较小，不太关心除股东之外的其他利益相关方。由于认知范围被限定在有限时间和有限空间内，这类企业往往经受不住来自其所认知的空间和时间范围之外的冲击，一次突发危机事件就会让这类企业消失。

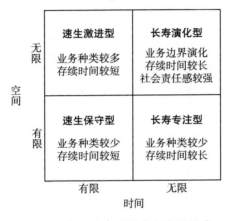

图 3-5 企业的有限游戏和无限游戏

第二类企业存在于更广阔的价值空间内，它们往往进行多元化扩张，利用企业自身的资源和能力，在短期内迅速做大，并希望随后做强。然而，由于这类企业的价值认知空间只在经济价值这一层面，而没有充分考虑利益相关方和社会价值空间，这类企业的价值空间也是有局限的。这一类企业看似比第一类企业强大，但也难以承受来自社会价值空间的不确定性的打击。

第三类企业长期耕耘在特定行业，持续构造自身优势，会成为行业的隐形冠军。这类企业往往能够获得较长的寿命，成为整个经济网络和社会生态系统的有机组成部分。例如，日本学者后藤俊夫在《工匠精神：日本家族企业的长寿基因》这本书中披露的统计数据是，截至 2014 年，经营超过 100 年的日本企业有 25 000 多家，其中大多数是经营酿酒、蛋糕房、旅馆、餐饮店等单一业务的企业。后藤俊夫把这些企业称为长寿企业，我们可以将它们理解为在时间维度上玩无限游戏的企业。

有一些长寿企业的表现更为突出，它们不仅关注经济利益，而且高度关注员工、社区、社会等利益相关方，不仅在经济价值空间上开疆拓土，而且长期坚持在社会价值空间中做出贡献。这类企业的价值创造空间更为广阔，它们也能经受住来自更多方面的更为猛烈的外部危机。所以，很多具有长期目标和远大梦想的企业都把企业社会责任放在非常高的位置，这就是为了在更大的价值空间内进行无限游戏。例如阿里巴巴的价值观第一条就是：客户第一，员工第二，股东第三。

长寿企业的无限游戏

日本学者后藤俊夫研究发现，日本长寿企业有六个特点，我们可以从时间维度和空间维度进行理解（见表 3-1）。**从时间维度来看，企业长寿的原因包括使命、成长和传承三个要素**。使命指的是企业要有立足于长期发展的经营理念，以 10 年为短期、30 年为中期、100 年为长期进行战略规划，避免因危机中的短期行为偏离企业使命。成长指的是企业要重视持续的成长而非快速的成长，重视稳定性而不是高收益，不被短期变化所迷惑，不被眼前危机所吓倒。传承指的是要有让企业传承下去的强烈意愿，这意味着要建立完善的接班人制度，以避免企业因领导者出现意外而陷入危机。

从空间维度来看，企业长寿的原因包括责任、优势和风险三个要素。责任指的是企业要始终重视与利益相关方的关系，认同企业是社会公器的观点，避免因在危机中过度强调企业利益而伤害利益相关方的利益。优势指的是企业要持续构建和强化自身优势，采用压强原则，持续构筑防范危机的护城河。风险指的是企业要有稳健的财务政策，以确保具备抵御风险的能力，避免在危机中出现现金流断裂。

表 3-1 长寿企业的无限游戏

维度	管理要素	企业长寿的原因	对防范危机的意义
时间	使命	立足于长期发展的经营理念	避免因危机中的短期行为偏离企业使命
	成长	重视持续的成长而非快速的成长，重视稳定性而不是高收益	不被短期变化所迷惑，不被眼前危机所吓倒
	传承	让企业传承下去的意愿强烈	避免企业因领导者出现意外而陷入危机
空间	责任	始终重视与利益相关方的关系	避免因在危机中过度强调企业利益而伤害利益相关方的利益
	优势	持续构建和强化自身优势	构筑防范危机的护城河
	风险	有稳健的财务政策	确保具备抵御风险的能力，避免在危机中出现现金流断裂

通过前面的分析我们知道，长寿企业可以分为两类，一类是长寿专注型，另一类是长寿演化型。长寿专注型企业在业务上更加专注，在漫长的企业存续期内很少涉及主业之外的业务。长寿演化型企业的业务构成往往会随着时间的推移发生变化，企业会针对发展过程中遇到的各种危机适当调整业务构成，以便能持续存活下去。在人类社会进入现代化阶段之前，很多长寿企业可以长期专注于一些传统的细分行业，但是随着社会经济活动越来越复杂，经济环境越来越动荡，"基业长青"的现象很难持续下去。实际上，吉姆·柯林斯和杰里·波勒斯的《基业长青》这本书的英文原名是 *Build to Last*，强调的不是名词"基业"而是动词"建造"（Build）。企业只有具备无限游戏的思维，不断地建设、发展和演化，才能够在危机中化险为夷，才能够"长青"（Last）。

创业维艰，守业更难

根据后藤俊夫的研究，全世界真正长寿的企业数量非常少。截至

2007年，拥有寿命超过200年的长寿企业最多的三个国家是日本、德国和英国，分别有3937家、1850家和467家，其他国家的长寿企业数量就更少了。㊀长寿企业这么少，说明了企业持续经营下去是何等的艰难。有一句话叫"创业难，守业更难"。创业者在短期内使企业成功实现指数级增长其实并不难，难的是能够在各种危机中使企业活下去，实现"永续经营"。

疫情给很多企业带来了非常大的冲击，餐饮业首当其冲。木屋烧烤创始人隋政军总结了他创业16年所经历的6次大的危机（见图3-6）。隋政军说："创业16年间，木屋烧烤每3年就会遇到一个坑，如果要朝连锁品牌发展，几乎所有的餐饮企业都会遇到这些成长节点。木屋烧烤16年来就是在这些错误中不断学习和成长的。"

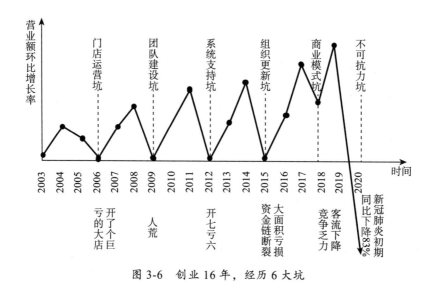

图3-6　创业16年，经历6大坑

2003年8月，木屋烧烤的第一家店在深圳开业。2006年，隋政军

㊀ 后藤俊夫. 工匠精神：日本家族企业的长寿基因 [M]. 王保林，周晓娜，译. 北京：中国人民大学出版社，2018.

在深圳香蜜湖开了一家 1000 多平方米的大店，结果巨亏。痛定思痛，他总结出：要把店做好，就需要用一个正规的运营管理模式去管理这家店。但企业里面没有一个人是有经验的，只能他自己带着店员从头开始梳理门店运营的管理模式。为了解决店面太大使服务员顾不过来的问题，隋政军把服务区分成了四个区域，每个区域的服务员只能在自己的区域干活，不允许跨区域干活。

2009 年，受宏观经济环境的影响，劳动密集型企业普遍面临员工荒，一边是招不到人，另一边是员工流失率高。为此，隋政军专门跑到海底捞吃饭，主要目的是和服务员聊天。他发现海底捞员工工作热情高的一个重要原因是收入高。回来后，木屋烧烤立即给员工涨了 50% 的工资，解决了用工荒。

2012 年，木屋烧烤在深圳一共开了 7 家分店，但其中 6 家分店是亏本的。经过仔细地分析，隋政军发现木屋烧烤面临的是系统性问题，而不只是某个具体环节出现了问题。比如，开店前只考虑运营问题是不行的，还得考虑团队、客流、环境等因素。

2015 年，随着木屋烧烤店面数量的增加，组织效率开始下降，企业内出现了各种官僚现象，一些早期加入企业的既得利益者阻碍了企业的进一步发展，降低了组织的活力。为解决这次危机，隋政军在木屋烧烤引入了"PK 机制"，所有的利益分配都取决于员工的创造与付出，而不取决于职位。

解决了组织活力问题后，木屋烧烤在 2018 年迎来了整体客流量下滑的挑战。从表面上看，其企业规模还在扩张，但对消费者的吸引力在下降。为此，木屋烧烤围绕"木屋烧烤 + 啤酒 = 美好生活"构建了关于消费者心理、情感和生理三方面结合的模式，在 2019 年迎来了高增长。

解决了消费者认知问题后，隋政军以为自己可以轻松两年，因为按他的经验来看，下次危机应该在两年之后才会来。不料，2020 年一开始,疫情便沉重地打击了餐饮业,木屋烧烤的营业额同比下降了83%。

疫情发生后,木屋烧烤的员工自发组织了一场请求"工资减半"的减薪运动。在员工请愿之后,隋政军坚持做了一次匿名问卷调查,调查结果显示,约76%的员工自愿支持这一次行动。隋政军认为,经过这次疫情的洗礼,木屋烧烤的企业文化和团队精神得到了进一步提升,为疫情之后的恢复乃至未来几年的发展打下了很好的基础。

疫情危机尚未完全过去时,像木屋烧烤这样一大批企业已经开始复工了,并为危机之后的恢复性发展做好了心理和团队方面的准备。总结过去16年经历的6次大的危机,隋政军说,"对于创业者来讲,危机是常态,如果太平淡了,就会出大事。16年创业之路,就是不断遭遇各种危机,不断提升自己和企业的能力,胆战心惊地升级打怪的过程。"

隋政军还提出了一个打造企业运营能力的思考模型,对企业家思考如何提升企业应对危机的能力很有启发(见图3-7)。**如果把经营企业比作造车,从车辆适应多种路面的能力和快速提高行驶速度的能力两个维度来看,一共有四种类型的车。**

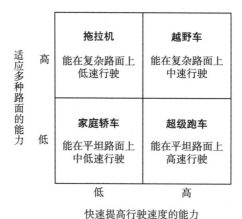

图3-7 打造企业的越野能力

第一种类型的车辆的代表是最常见的家庭轿车，能够适应平坦的道路，能够在主要的交通网络内顺畅行驶，行驶速度中等。第二种类型的车辆同样可以行驶在平坦的道路上，甚至对道路更挑剔一些，但行驶速度更快，其代表就是超级跑车。第三种类型的车辆行驶速度相对较慢，但对道路的适应能力非常强，这类车辆的代表是拖拉机。第四种类型的车辆适应各种道路的能力也非常强，同时具有很好的加速性能，这类车辆的代表是越野车。

大多数企业都像家庭轿车，能够在经济环境平稳的情况下以较高的速度发展，但对于环境变化的应对能力较差，一旦危机来临就很容易翻车。一些经营非常稳健的企业像拖拉机，专注于自己的一亩三分地，精耕细作不靠天吃饭，对环境变化的适应能力较强，但这些企业的发展速度通常比较慢。

第三类企业是一些明星企业或者独角兽企业，这类企业就像超级跑车，发展速度非常快，但需要稳定的外部环境和强大的资本助力，一旦这些条件消失，这些企业可能很快就会"车毁人亡"。所以，在营商环境越来越复杂的时代，企业应该像越野车一样，具备一定的加速能力和较强的适应不同环境的能力——只有具备强大的越野能力的企业，才能在危机来临时平稳行驶，在危机过后一骑绝尘。

四类危机，危机四伏

木屋烧烤：步步为坑，各个不同

我们可以从木屋烧烤的发展过程中得出一个结论：企业的发展过程就是不断和危机相互伴生、共同演化，并争取和危机共同存在下去的过程。正像人类不可能完全消灭病毒那样，没有一个企业可以摆脱危机。

危机和企业的关系非常像病毒和人类的关系。人在生老病死的过程中一定会遇到各种病毒的侵扰，引发各种疾病，然而人的成长和企业的发展正是一个不断战胜危机并与危机共同演化的过程，在这个过程中，人类或者企业通过跨越成长的不连续性和应对成长的不确定性获得成长。

既然危机是企业经营过程中不可避免的现象，并对企业发展起到至关重要的作用，那么，我们就应该从底层逻辑来梳理一下危机的类型以及危机的来源。

从企业的经营对象来看，不外乎人和事两个方面；从企业的经营边界来看，可以分为内和外两个部分。因此，从"内""外""人""事"四个维度来看，我们可以把企业经营分为"外部的人""外部的事""内部的人"和"内部的事"四种类型。如果在每一种类型中选择一个要素作为代表，企业外部的人中最重要的是客户，外部的事中最重要的是环境，内部的人中最重要的是组织，内部的事中最重要的是业务。

我们可以利用图 3-8 中的危机类型和来源分析框架把危机分为四类：**来自并影响客户的危机、来自并影响组织的危机、来自并影响业务的危机、来自并影响环境的危机**。

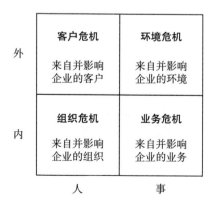

图 3-8　四种基本企业危机类型

这个框架可以帮助我们把企业在发展过程中遇到的各式各样的危机进行分类和分级，提高危机管理效率。首先是分类，即把企业所面临的危机分为客户危机、组织危机、业务危机和环境危机四个类型，然后进行有针对性的管理。其次是分级，即把企业所遇到的每一类危机按照影响程度和影响范围进行分级，并针对不同级别的危机制定相应的预案。例如，人们把可能面临的自然灾害分成地震、洪水、干旱、蝗灾、火灾、海啸等类型，然后对每一种类型的危机进行分级，如将地震按震级分为九级，按烈度分为十二级。

前面所述的木屋烧烤自创业以来所遇到的危机，大致上也可以归为客户危机、组织危机、业务危机和环境危机四类。2006 年，木屋烧烤深圳香蜜湖分店开业，由于没有经营面积达 1000 多平方米大店的经验而造成较大亏损，这属于业务危机。2009 年，受外部环境影响很难招到新员工，现有员工的动力也不足，这属于组织危机。2012 年，公司的运营系统无法支持快速扩张的过程中新开的门店，这也属于业务危机。2015 年，随着门店数量的持续增加，组织效率开始下降，这仍属于组织危机。2018 年，由于消费者需求的变化造成客流量下滑，这属于客户危机。2020 年，新冠疫情造成木屋烧烤营业额断崖式下降，这属于环境危机。

从图 3-9 不难看出，木屋烧烤在创业之后的 16 年中先后经历了两次业务危机、两次组织危机、一次客户危机和一次环境危机。每次危机的发生都会对企业的经营带来打击，使企业的经营产生不连续性，而企业的发展过程就是一个跨越不同类型危机带来的各种不连续性的过程。

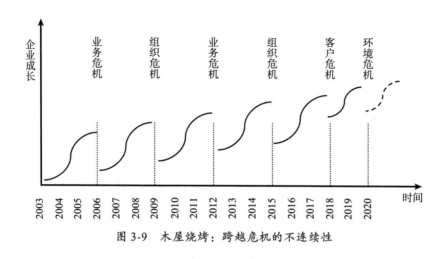

图 3-9 木屋烧烤：跨越危机的不连续性

华为：劫后余生，苦难英雄

华为在发展过程中也经历过多次比较大的危机，这些危机同样可以分为客户危机、组织危机、业务危机和环境危机这四种类型。2002年，华为遭遇了第一次负增长，销售收入从 2001 年的 225 亿元下降为 221 亿元。面对突如其来的负增长，员工的情绪出现了波动，任正非也得了抑郁症。任正非后来回忆说，"2002 年，公司差点崩溃。IT泡沫破灭，公司内外矛盾交织，我却无能为力，有半年时间我经常做噩梦，梦醒时常常哭"。在 2001 年，华为逆势扩张进行了"万人大招聘"，并给 2002 年定下了 330 亿元的销售收入目标，但实际只完成了 220 亿元。2002 年业绩目标没完成，但预算是增加的，这就种下了业务扩张的种子。幸运的是，美国艾默生公司进入中国，以约 60 亿元人民币的价格购买了华为的通信电源业务，解决了华为的现金断流问题。

在此期间，任正非写下了《华为的冬天》和《迎接挑战，苦练内功，迎接春天的到来》等文章，他说："10 年来我天天思考的都是失败，对成功视而不见，也没有什么荣誉感、自豪感，有的只是危机感。也许正是因为这样才存活了 10 年。华为公司老喊狼来了，喊多了，大家有些不信了。但狼真的会来。今年我们要广泛展开对危机的讨论，讨论华为有什么危机，你的部门有什么危机，你的科室有什么危机。"

任正非做出了三点判断：一是越是困难时期，客户越需要安全感，越需要能持久生存的合作伙伴；二是面对困难，客户的决策体系会更加谨慎，但也会更加民主，因此要特别重视客户关系；三是海外市场曙光已现，需要大力拓展。

2008 年，新《劳动法》出台，规定在公司工作满十年的员工，可以与公司签订无固定期限劳动合同，这对华为挑战很大。华为人力资源的三项基本原则是：干部能上能下、员工能进能出、工资能高能低。《华为基本法》开篇就提出，要把市场压力传递给每一位员工，使组织永远处于激活状态。

为了应对这种状况，华为采取了一项措施——花了一笔钱买断7000 人的工龄，重新签合同——结果被媒体炒作成华为挑战《劳动法》。面对这种局面，华为在内部以展开奋斗者文化大讨论的方式，讨论要做奋斗者还是劳动者，要成为奋斗者就要表明自己愿意服从公司安排。经过讨论，华为形成了"以客户为中心，以奋斗者为本，长期持续艰苦奋斗"等核心理念，度过了这次组织危机。

在此期间，任正非写下了《从泥坑里爬出来的人就是圣人》，他说："20 多年的奋斗实践，使我们领悟了自我批判对一个公司的发展有多么重要。如果我们没有坚持这条原则，华为绝不会有今天。只有长期坚持自我批判的人，才有广阔的胸怀；只有长期坚持自我批判的公司，才有光明的未来。自我批判让我们走到了今天，我们还能向前走多远，取决于我们还能继续坚持自我批判多久。"

2012 年到 2013 年，华为业务增速趋缓，而当时流行的管理理念是互联网思维和颠覆式思维。很多人认为，在互联网的冲击下，消费者的行为发生了根本性变化，传统企业仿佛很快就会被颠覆了。人们开始怀疑华为聚焦主业的战略，质疑任正非是不是老了，他还能不能适应互联网的要求。甚至很多华为内部员工都认为华为的商业模式过时了，想去互联网公司，华为内部再次出现人心浮动的局面。

为此，任正非写了《用乌龟精神追上龙飞船》，他说："不要为互联网的成功所动，我们也是互联网公司，是为互联网传递数据流量的管道做铁皮的公司。能做太平洋这么粗的管道的铁皮的公司以后会越来越少；做信息传送管道的公司还会有千百家；做信息管理的公司可能有千万家。别光羡慕别人的风光，别那么'互联网冲动'。有'互联网冲动'的员工，应该踏踏实实地用互联网的方式，优化内部交易的电子化，提高效率，推动业务及时、准确地运行。我们要持续不懈地努力奋斗。乌龟精神被寓言赋予了持续努力的精神，华为的这种乌龟精神不能变，我也借用这种精神来说明华为人奋斗的理性。我们不需要热血沸腾，因为热血沸腾不能为基站供电。我们需要的是热烈而镇定的情绪，紧张而有秩序的工作，一切要以创造价值为基础。"

2018年12月1日，美国通过加拿大拘捕任正非的女儿、华为CFO孟晚舟。2019年1月28日，美国司法部以银行欺诈等23项罪名起诉华为，同一天，美国联邦调查局（FBI）突袭搜查加利福尼亚州华为实验室。2019年5月16日，美国商务部将华为列入实体清单，禁止美国企业与华为贸易。

前三次危机都比不上孟晚舟事件所带来的影响之大，此次华为面临的是超级大国国家力量的合围。面对这场前所未有的危机，华为采取了快速和系统的应对措施。2018年12月17日，华为启动合同在代表处审结的试点，目的是逐步实现在中央集权、内外合规的基础上，进一步激发代表处多打粮食、增加土壤肥力、提高人均贡献的主观能动性，努力将代表处建设成"村自为战、人自为战"的一线经营堡垒。

2019年1月18日,任正非在干部管理研讨会上号召华为员工要有过苦日子的准备,每个工种都要对准多产粮食和增加土壤肥力;如果对标没有价值,不仅要放弃一部分工作来实现聚焦,还要放弃一部分平庸的员工来降低人力成本。2019年2月12日,任正非在接受央视《面对面》采访时宣布,华为已经进入战时状态:战时状态最重要的标志就是办公室再无将军,将军都在作战队列中、在战区支援队列中;改革不合理的干部分布状态是赢得胜利的关键,改革不适应业务发展的层级管理关系是赢得胜利的抓手。

从图3-10中,我们看到,华为历史上经历的这四次重大危机分别属于业务危机、组织危机、客户危机和环境危机。当然,虽然每次危机都以影响一种管理要素作为主要特征或诱发因素,但也都会影响到其他管理要素。

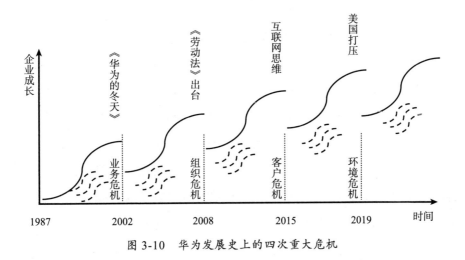

图3-10 华为发展史上的四次重大危机

以2018年底开始的美国政府打压华为的事件为例,虽然事件的起因是美国政府为了保护本国利益对华为的经济行为进行限制的政策变化，属于政策环境危机，但美国政府的政策变化直接造成的政策环境危机也影响了华为的商业生态环境。

例如，2019 年 5 月 16 日华为被列入美国商务部实体清单，之后在 3 天内，美国供应商伟创力停止为华为代工；6 天内，英特尔等至少 9 家重要合作商参与对华为的制裁；30 天内，谷歌中断向华为提供 Android 操作系统更新版本，微软撤销华为 Windows 使用许可证，Facebook 停止让华为预装其应用软件。

华为面临的政策环境危机不仅直接影响了企业的商业生态环境，也造成了一定程度的客户危机、组织危机和业务危机。首先，从环境危机影响客户需求的角度来看，华为手机的消费者可能会因为无法使用谷歌或微软等企业的产品而放弃选择华为手机，华为通信设备的客户则可能会因为网络安全等因素考虑放弃选择华为设备。

其次，从环境危机影响业务发展的角度来看，华为面临的政策环境危机促使企业加快了基础技术开发应用。例如华为面对美国企业在芯片、操作系统等关键产品上的限制，启动了海思芯片、鸿蒙系统等"备胎"业务，这在很大程度上促进了华为自身创新能力、业务系统的提升。

最后，从环境危机影响组织管理的角度来看，美国政府对华为的限制极大地激发了华为员工的使命感和奉献精神。在谈及这次危机对华为组织管理方面的影响时，任正非说他自己很感谢特朗普："因为华为公司绝大多数员工开始富裕了，也有了一种富裕病，就是惰怠、享受安逸。深圳多好，为什么要到非洲有疟疾的地方去奋斗？如果大家都有这种想法，那么再过一段时间，公司就会垮。在这一点上，我并不认为特朗普不好，他吓唬一下公司，大家都怕了。以前是我吓唬大家，但是我的棒子不够厉害，特朗普棒子大，一吓唬，大家都踏踏实实努力工作了。"

发展四阶段，跨越四危机

从华为的案例看，我们看到环境危机会引发客户危机、组织危机和业务危机。**除此之外，客户危机、组织危机和业务危机之间也会相互传导**（见图3-11）。首先，客户危机会引发业务危机。例如公共卫生危机在全球范围内扩散后，很多中国制造企业都面临着订单量下降和交付困难的问题，这对复工复产造成了一定的阻碍。

其次，客户危机和业务危机会引发组织危机。例如疫情对餐

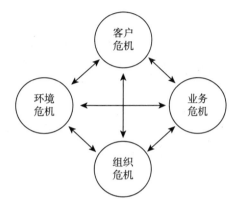

图 3-11　各种类型危机间的传导机制

饮、旅游、住宿等行业影响非常大，消费者需求急剧下降，在此背景下，大部分相关企业选择了临时歇业以节约成本，但也有像木屋烧烤、眉州东坡酒楼等坚持营业的企业。这些企业这样做不仅是为了取得一定收入或赢得社会赞誉，更重要的是通过维持企业运营来防止疫情之后可能产生的团队涣散等管理问题。

从四类危机之间的传导机制可以看出，企业需要从系统的角度出发进行危机管理，在处理某类危机时，不能仅把关注点局限于引发危机的直接原因和直接影响上，而要综合考虑其他类型危机发生的可能性和传导机制，从而实现对危机的整体防控。

危机管理除了需要系统性视角之外，还需要具有动态性视角。这一点不仅反映在各类危机之间的动态传导上，还反映在企业发展的不同阶段之间的转换都面临跨越危机鸿沟的挑战上。我们从木屋烧烤和华为的案例可以看出，企业每过几年就会面临一次较大的危机。

如图 3-12 所示，企业发展通常会经历创业阶段、成长阶段、扩张阶段、转型阶段。企业在发展的不同阶段，其客户需求、组织管理、业务发展和环境生态都会有较大变化。如果企业不能从危机管理的角度思考不同发展阶段管理要素的重大变化，而仅仅从连续经营的角度进行管理，就可能忽视新的发展阶段的风险因素，遭遇发展过程中的危机，影响企业的发展甚至生存。

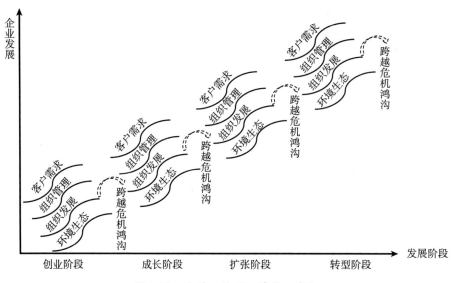

图 3-12　发展四阶段，跨越四危机

第二部分

实　践　篇

第二部分读前思考题

4. 客户价值危机的产生主要是因为客户价值循环中哪几个部分出现了问题?

　　A. 客户价值创造　　　　　　B. 客户价值传递

　　C. 客户价值获取　　　　　　D. 客户价值泡沫

5. 危机来临,领导者的领导力主要来自于哪些权力?

　　A. 感召权力　　　　　　　　B. 专家权力

　　C. 法定权力　　　　　　　　D. 奖赏权力

　　E. 强制权力

6. 下列对韧性组织的描述中,合理的描述包括哪些?

　　A. 韧性组织是固态、液态和气态叠加型组织

　　B. 韧性组织是具有生命力的组织

　　C. 韧性组织是高可靠组织

　　D. 可以用六顶思考帽打造韧性组织

7. 从英雄之旅的视角出发,危机的过程包括如下哪些阶段?

　　A. 接受召唤(危机之前)

　　B. 经受考验(危机早期)

　　C. 经历磨难(危机中期)

　　D. 救赎回归(危机后期)

8. 危机情景规划包括如下哪些步骤?

　　A. 绘制全景图　　　　　　　B. 描绘情景

　　C. 情景模拟　　　　　　　　D. 情景决策

9. 面对突发事件，业务连续性管理可以从以下哪些方面展开？

　　A. 降低事件发生的可能性（Reduce）

　　B. 事件发生后快速响应（Respond）

　　C. 事件发生后尽快恢复运营（Recover）

　　D. 事件发生后重启关键业务（Resume）

　　E. 危机过去后重建原有结构（Restore）

　　F. 危机过去后重新回到危机前的状态（Return）

10. 从公关危机的角度出发，应该把握的"四信"包括以下哪些内容？

　　A. 信用　　　　B. 信息　　　　C. 信任　　　　D. 信心

11. 从生态的角度出发，可以把企业生态分为哪几个层次？

　　A. 组织生态　　B. 业务生态　　C. 产业生态　　D. 环境生态

12. 从企业生命周期角度看，企业发展可以分为下列哪些阶段？

　　A. 创业阶段　　B. 成长阶段　　C. 成熟阶段　　D. 衰退阶段

| 第四章 |

客户价值危机

退潮之后,谁在裸泳

道德经(节选)
天之道,
不争而善胜,
不言而善应,
不召而自来,
坦然而善谋。
天网恢恢,
疏而不失。

———

基本上不赚钱,交个朋友

2020年4月1日,连续创业者罗永浩在抖音平台首次直播带货,打出的口号是"(基本上)不赚钱,交个朋友",而罗永浩任首席推荐官的公司就叫"北京交个朋友数码科技有限公司"。罗永浩首场直播上架 23 款产品，支付交易总额超 1.68 亿元，累计观看人数超过 4892 万人。随后两周，罗永浩又进行了两场直播，交易金额分别为 0.42 亿元和 0.57 亿元，观看人数分别是 1143 万人和 840 万人。

在经济增长放缓的大环境下，直播带货成为最火爆的网上销售方式，而有"（也许是）中国第一代网红"之称的罗永浩一举成为最热的网红之一。然而，直播带货虽然看起来新鲜，但其商业模式在本质上却是最近几年不断上演的补贴获取流量模式。据报道，抖音给罗永浩的签约费达 6000 万元，而据传快手曾打算以 1 亿元签约罗永浩，这部分签约费用可视为平台补贴获取流量的费用。

补贴获取流量模式的特点有两个，一个是"不赚钱"，或至少是"基本上不赚钱"；另一个是"交个朋友"，或者说是"想交个朋友"。但是，纵观近年来流行的各种补贴获取流量模式，企业"不赚钱"通常是大概率事件，和用户"交个朋友"往往是小概率事件。

以罗永浩的三次直播为例。首先，观看人数从首次直播的 4892 万人逐步下降到了 1143 万人和 840 万人，交易金额从 1.68 亿元下降到了 0.42 亿元和 0.57 亿元，流量和交易额呈下降趋势，说明直播带货模式的用户留存存在挑战。

其次，直播带货模式也不容易形成主播的用户存量，虽然每次直播都会增加主播的粉丝数，但由于直播带货的种类往往比较繁杂，能够形成复购的用户比例可能会比较低。例如，参加罗永浩第一场直播买了小米手机的用户就不大可能在第三场直播里买一加手机。

最后，主播直播带货的粉丝流量和存量本质上是平台流量和存量，因此，平台往往希望通过补贴的形式把主播的粉丝留在平台上。然而，粉丝也很可能随着主播的离开而离开，难以形成平台真正的用户存量。所以，平台与主播都面临着同样的问题，即来到平台上的用户可能只是流量，而非真正的存量。

虽然补贴获取流量模式存在各种问题，但在过去的几年里却成了令国内消费互联网行业狂欢的一种通用操作方式。例如，2020年4月15日，苹果在官网推出全新的iPhone SE后，拼多多马上发布微博称："2899交个朋友"，随即在拼多多苹果补贴专场上架了价值400元的优惠券，原价3299元的iPhone SE优惠价为2899元。拼多多的"百亿补贴计划"开始于2019年下半年，通过对众多知名品牌的大额补贴来吸引"五环内"的消费者，iPhone 11降价幅度最高达1000多元。2020年3月，拼多多发布的2019年度财报显示其年度活跃用户达5.8亿人，用户增长速度领先其他电商平台。

拼多多并不是唯一一家想通过补贴获取用户的平台。在拼多多开启"百亿补贴计划"之后，阿里巴巴旗下的电商平台聚划算在淘宝"双十二"期间也上线了"百亿补贴计划"，并宣布补贴将成为常态化活动。紧接着，聚划算就参与了B站的跨年晚会，冠名江苏卫视、北京卫视、黑龙江卫视、河北卫视等电视台的跨年晚会，并成为这些电视台2020年春晚独家电商合作伙伴，直接和拼多多"血拼"起来。2020年4月18日，京东也加入战团，推出"4·18百亿补贴"活动。

从罗永浩和抖音到拼多多、聚划算与京东，补贴获取流量模式以各种花样翻新的形式不断出现，娱乐了大众，实惠了百姓。但是，这一轮"不赚钱，交个朋友"的狂欢会不会和几年前的"百团大战""O2O大战""打车大战""乐视生态"或"瑞幸速度"一样，只落得"不赚钱"而没有真正和用户"交个朋友"呢？祭出补贴法宝的玩家们会不会是退潮之后显现出来的另一批"裸泳者"呢？在这些企业中，哪些可以和用户交到朋友，哪些更可能落得个"不赚钱呢"？回答这些问题，我们需要认真思考企业的用户价值运营的基本规律，特别是应该思考如何在危机之下做好用户价值管理。

回顾补贴获取流量模式如此流行的原因，主要有三个方面。首先，互联网行业于 2000 年前后在我国开始迅猛发展，以搜狐、新浪、网易为代表的第一代互联网企业，以腾讯、阿里巴巴、百度为代表的第二代互联网企业，以京东、字节跳动、美团等为代表的第三代互联网企业，大多数都在自身发展过程中不同程度地运用了补贴获取流量模式，并获得了成功——既赚到了钱，也交到了朋友。然而，必须看到的是，有更多采用补贴获取流量模式的企业，不仅没有赚到钱，而且没有交到朋友，只是昙花一现便消失在历史大潮中。

其次，中国经济在改革开放后的 40 多年尤其是过去的 20 年中，取得了高速度和较高质量的发展，采用补贴获取流量模式取得成功的企业大都是因为抓住了中国经济增长的制度红利、人口红利和市场红利。然而，随着中国经济从高速增长阶段进入稳步增长阶段，当面对全球重大公共卫生危机造成的复杂的营商环境时，中国企业已不大可能继续享受各种增长红利，其发展模式也应进行相应调整。

最后，在采用补贴获取流量模式取得成功的企业中，有相当一部分是虽然在中国运营但在境外上市的公司，这些企业的一个显著特点是其"所服务"的和"讲故事"的对象是两个截然不同的群体。这些企业所服务的用户主要是中国内地的企业和消费者，而它们讲故事的对象则主要是境外投资人。由于境内外这两个群体之间存在巨大的信息不对称，对投资人最好讲的故事就是企业正在服务一个规模巨大且潜力无限的用户群体，而拿投资人的钱补贴用户获取流量，进而从投资人那里获得更多的钱，就成了"不赚钱，交个朋友"模式的底层逻辑。

综合以上三点，**"不赚钱，交个朋友"的补贴获取流量模式是否有效，不仅取决于企业所在行业的"互联网属性"，而且受限于经济发展的宏观环境，还和企业能否在信息不对称的两个群体之间讲好故事有关。**

天网恢恢，疏而不漏

天网（Skynet）是电影《终结者》系列里人类于20世纪后期创造的一个以计算机为基础的人工智能防御系统，最初用于军事领域，其自我意识觉醒后，视全人类为威胁，诱发核弹攻击，将整个人类置于灭绝的边缘。现实中，虽然人类并没有在20世纪后期创造大规模的人工智能防御系统，但人类的确在那段时间建成了规模巨大的互联网。

要理解互联网的本质和威力，我们不妨借鉴一下《道德经》里的说法："天之道，不争而善胜，不言而善应，不召而自来，坦然而善谋。天网恢恢，疏而不失。" 这段话的意思是"自然的规律是不斗争而善于取胜，不言语而善于应承，不召唤而自动到来，坦然而善于筹划。自然的范围，宽广无边，虽然宽疏但并不漏失。"

对比一下《道德经》所说的"天道"和"不赚钱，交个朋友"的补贴获取流量模式，不难发现二者的差别。《道德经》认为，自然的规律是不斗争而善于取胜，但补贴获取流量模式强调的是"争"：你百亿补贴，我全场秒杀；你充值立减，我首单免费；你背靠阿里巴巴，我站队腾讯。争得是不亦乐乎。

《道德经》认为，自然的规律是不言语而善于应承，但补贴获取流量模式强调的是"喊"。你央视标王，我冠名春晚；你请全民打车，我直接发钱；你请明星代言，我拍电影植入。喊得是惊天动地。

《道德经》认为，自然的规律是不召唤而自动到来，但补贴获取流量模式强调的是"拽"。你在机场地推，我上高铁扫场；你人人上微信，我全员去来往；你转发送红包，我拼团打五折。拽得是人仰马翻。

《道德经》认为，自然的规律是坦然而善于筹划，但补贴获取流量模式强调的是"急"。你36个月上市，我18个月敲钟；你风险融资，我上市定增；你指数级增长，我火箭式上升。急得是汗流浃背。

《道德经》认为，自然的范围，宽广无边，虽然宽疏但并不漏失，但补贴获取流量模式却是"百密一疏"。之所以说补贴获取流量模式有"百密"，是因为此类模式往往酝酿于严密的计划，开始于缜密的执行，轰动于密集的宣传，成功于秘密的操作。之所以说补贴获取流量模式有"一疏"，是因为采用此类模式的企业常常败在一个疏忽上，即没有搞清楚"企业为什么存在"。

瑞幸咖啡（以下简称"瑞幸"）上市后，CEO钱治亚在演讲时说："到2019年3月份的时候，瑞幸在全国的门店数是2370家，2019年全年的计划是再开2500家。"在2020年1月8日的瑞幸无人零售战略发布会上，钱治亚表示，截至2019年底，瑞幸门店总量为4910家，完成了2019年的开店计划。随后两日，瑞幸股价累积涨幅达到25%。2020年1月11日，瑞幸定向增发1380万股美国存托股票（ADS），价格为42美元，总额5.8亿美元，这次增发的禁售期为90天，也就是2020年4月9日解禁。瑞幸称发行所得将用于网络扩展、资本支出和研究等。

2020年2月1日，瑞幸被浑水公司做空，当日盘中跌幅达24%。两个月后的4月2日，瑞幸"自曝"公司伪造财务数据，涉及2019年第二季度至第四季度销售额22亿元。消息一出，瑞幸美股盘前跌幅一度达85%，并引发了中概股的连锁反应。

瑞幸这个阶段的发展史，可以作为一个补贴获取流量模式的典型案例来分析：酝酿于严密的计划，开始于缜密的执行，轰动于密集的宣传，成功于秘密的操作。

瑞幸在开第一家门店前花了相当长的时间构建了一个信息支持系统，用于支持后续的快速扩张。2017年10月底，在北京银河SOHO二楼一个不起眼的位置出现了一个蓝色背景的白色鹿头logo——瑞幸实验店的logo，这家店开张第1天只做了23杯咖啡，全部是免费送给消费者的。

2018年1月1日，瑞幸开始试营业，当天有两家门店投入运营，用户数量是1126人。2018年5月8日，瑞幸正式营业，钱治亚表示，试营业期间，瑞幸已完成门店布局525家，累计完成订单约300万单，销售咖啡约500万杯，服务用户超过130万人。

2019年5月17日，瑞幸正式登陆美国纳斯达克，成功IPO。自2017年10月底开第一家门店到IPO，瑞幸仅用了18.5个月，不仅创造了国内互联网公司最快上市的纪录，也成为全球最快完成IPO的公司。

不仅开店速度快，上市速度快，瑞幸的宣传力度也非常大。2017年12月6日，还没有开始试营业的瑞幸就官方宣布邀请汤唯、张震担任瑞幸代言人。2019年7月8日瑞幸官方宣布刘昊然担任品牌全新代言人。2019年9月3日，瑞幸再次官方宣布肖战成为旗下小鹿茶品牌的代言人。上市招股说明书显示，瑞幸从2017年10月底成立到当年底收入为25万元人民币，支出销售和营销费用2546万元；2018年度收入为84亿元，支出销售和营销费用74.6亿元；2019年前三个月收入为47.8亿元，支出销售和营销费用16.81亿元。

2020年2月1日，浑水公司披露了一份针对瑞幸的89页报告，称瑞幸夸大了其在2019年第三季度的广告费用150%以上，而瑞幸在2019年第三季度和第四季度每店每日商品数量分别夸大了至少69%和88%。浑水的报告发布后，瑞幸坚决否认，其股价经历短暂下跌后又恢复到之前的水平。然而，2020年4月2日，瑞幸对外公布，经初步调查，公司2019年第二季度到第四季度的总销售额夸大了约22亿人民币。自曝造假后，瑞幸警告投资者不要再以这一周期内的任何财务数据做参考。

很多企业在补贴获取流量模式的推动下铤而走险，希望能够向投资人讲好用户的故事，但往往百密一疏，忘记了创造用户价值。正所谓，

"天网恢恢，疏而不漏"，一些盲目使用补贴获取流量模式的企业没有真正理解这个模式的本质是"联^{1}互^{2}网^3"。

联^{1}互^{2}网^3

阿里前参谋长曾鸣教授认为，互联网的本质是"联互网"。联就是联结，其实就是把人通过互联网联结起来；互就是互动，互联网目前最大的价值就是具备让海量的人同时互动的能力；网就是结网，当海量的人开始互动的时候，让他们通过协作的方式去完成一件事情，形成一种新的商业组织方式，意义是非常重大的。

曾鸣教授关于互联网本质的思考对于我们理解补贴获取流量模式有很大帮助。补贴获取流量模式的最终目的是想实现"联互网"的模式，或者说是"联^{1}互^{2}网^3"模式。"联"的意思是把企业想要获取的用户和企业的业务联系起来；"互"的意思是在企业和用户之间形成互动关系；"网"的意思是在用户和用户之间、企业各部分之间、企业与用户之间、企业和商业伙伴之间形成网络结构，共同推动用户价值和企业价值的创造。

"联"字的上标"1"不仅说明"联"是第1步，而且意味着"联"是一维的，是整个模式的基础部分；"互"字的上标"2"不仅说明"互"是第2步，而且意味着"互"是二维的，是整个模式的主干部分；"网"字的上标"3"不仅说明"网"是第3步，而且意味着"网"是三维的，是整个模式的升华部分（见图4-1）。

$$联^1 \times 互^2 \times 网^3$$

图4-1 "联^{1}互^{2}网^3"模式

在补贴获取流量模式的实际应用中，大多数企业的绝大多数资源和精力都投入在了完成"联互网"的第一步"联"上，而且由于第一步迈得太急、太快、太大，以至于还没能迈出第二步就倒下了，更不要提至关重要的第三步了。

以瑞幸为例，其以惊人的速度开店，以巨额广告支出吸引眼球，以大量补贴获取新用户，以最快速度上市融资，看似在构建一个"业务 → 品牌 → 用户 → 资源 → 业务"的正反馈体系，但实际上，这个体系的各个环节是同时打造的，而不是按照自然的顺序演化出来的。例如，瑞幸在业务还没有起步前就用一线明星代言打造品牌，神州系在瑞幸还没有诞生前就储备了大量资金准备热启动，瑞幸业务在试营业期间即采取免费等措施追求用户的高增长。可以说，在瑞幸打造的"业务 → 品牌 → 用户 → 资源 → 业务"反馈体系中，各个环节之间从一开始就是脱节的，所以需要不断地用"增长"来"平滑"整个体系，直至最终不惜造假，希望把故事讲下去。

在"联"的方面，瑞幸开始营业前就已经打造了一个信息系统，开始营业后瑞幸的销售都在 App 或小程序上实现，自己留存了用户的消费数据。但是，瑞幸与用户的"联"不是完全（甚至不是主要）建立在用户价值创造的基础上的，而主要是通过补贴激发用户需求，本质上是把投资人或未来用户的价值分配给现有用户，属于价值在时间上和空间上的转移，而不是价值创造。因此，瑞幸与用户之间"联"的基础一开始就非常薄弱，这为后续"互"和"网"的失败埋下了隐患。

在"互"的方面，瑞幸提供的是实体商品而非信息服务，通过"联"获得的用户信息最多可以帮助企业预测用户消费下一杯咖啡的时间和种类，很难基于用户的偏好改变咖啡的口味甚至改善经营模式。经营实体商品的企业和从事信息服务的企业在这个方面有很大的不同，前者很难通过与用户的交互实现产品的差异化，而后者可以利用用户反馈的信息改进业务，甚至实现千人千面。

例如，淘宝可以利用人工智能技术，根据历史消费记录判断出用户可能对什么商品感兴趣，并通过用户手机 App 的界面把相关的商品推送给用户，实现与用户随时随地的联结。同时，在淘宝的后台，系统把综合起来的用户需求信息推送给购买淘宝增值服务的商家，帮助这些商家实现和用户需求的精准匹配。

打一个比方，瑞幸就好比是一家卖咖啡的淘宝店，淘宝既可以向用户推荐瑞幸咖啡，也可以推荐其他品牌咖啡，更可以推荐其他商品。可见，淘宝作为一家综合平台，与作为单品平台的瑞幸相比，其与用户的"联"和"互"的效率要高很多，效果要好很多。

在"网"的方面，瑞幸的利益相关方包括但不限于中国的消费者、美国的投资人、全世界的原材料供应商、门店的房东和企业内部的员工等。要想发挥"网"的作用，"联"和"互"是基础——只有在联结和互动的基础上，才可能实现利益相关方的网络效应和协同效应。

然而，作为一家全部业务都在中国内地运营但在美国上市的企业，瑞幸的用户和股东之间天然存在信息不对称问题。此外，瑞幸除了下单都在 App 上进行之外，和传统线下咖啡店相比并不存在模式上的本质区别，其利益相关方之间基本不存在网络效应，更不用说协同效应了。可见，没有"联"和"互"作为坚实的基础，网络效应无所依附，企业要想把用户"一网打尽"，做到"天网恢恢，疏而不漏"，就只能是空谈了。

退潮之后，谁在裸泳

2020 年 1 月 23 日去世的管理大师克里斯坦森有一个用户待办任务理论，其核心内容是：企业的用户价值循环要紧密围绕用户待办任务展开。用户待办任务通常有三个维度：功能维度、社会维度和情感维度。

企业需要搞清楚用户完成待办任务需要具有什么功能的产品或服务，了解用户待办任务的社会背景是什么，并洞察用户完成待办任务过程中的情感因素。

要帮助用户完成待办任务并获取价值，企业需要完成用户价值循环，它包括价值创造、价值传递和价值获取三个重要环节，各个环节相互联系、彼此影响，构成企业的用户价值闭环（见图4-2）。在用户价值循环的每个环节，都存在着不同的陷阱和挑战，企业如果不能正确应对这些挑战，就可能陷入"即使不赚钱，也做不成朋友"的危机之中。

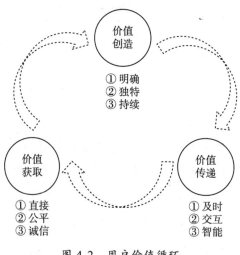

图4-2　用户价值循环

企业在用户价值创造环节应注意三个方面：所创造的用户价值要明确、独特和持续。 首先，用户价值要明确，要让用户有获得感。星巴克通过全球采购打造稳定的咖啡豆供应链，所提供的咖啡口味一直保持稳定，可为用户提供品质可靠的现磨咖啡产品。瑞幸咖啡虽然使用和星巴克类似的咖啡豆等原料，使用同样档次的咖啡制作工具，但由于过度依赖补贴获取流量模式，给用户造成的印象却是低价和低质的。

其次，用户价值要独特，要让用户有新鲜感。星巴克咖啡创立之初，着力打造"第三空间"，为用户提供家庭和办公室之外的休闲聚会场所，价值定位非常明确。瑞幸有三种不同类型的店：A 型店就像星巴克的咖啡厅，可以让顾客在店里慢慢品尝咖啡；B 型店主要满足上班族，开在写字楼的一楼，面积要比 A 型店小很多；C 型店几乎没有店面，主要做外卖。瑞幸的三种店面虽然可以给用户提供不同的选择，但也可能因为店面的设置和坪效不同造成用户价值的混淆。

最后，用户价值要持续，要让用户有归属感。星巴克从 1971 年成立到 1992 年上市，经历了 20 多年的积累，之后，星巴克经过近 30 年的发展才在全球开设了 21 000 余家门店。对比之下，瑞幸自 2018 年 1 月开始试营业，到 2019 年底已经有 4910 家门店，并计划在 2020 年底前开设 1 万家门店。但是，过快的扩张速度可能无法保证用户体验的稳定性。

明确、独特和持续的用户价值往往来自企业的使命。例如，阿里巴巴的使命是"让天下没有难做的生意"，这个使命首先明确了阿里巴巴提供的用户价值在于帮助用户做生意，而不是与用户抢生意。这个使命还给阿里巴巴注入了独特的"2B"基因，让阿里巴巴在企业服务方面无往而不利。此外，阿里巴巴的使命为公司的持续发展指明了方向——只要天下还有难做的生意，阿里巴巴就有存在下去的理由。

企业在用户价值传递环节也应注意三个方面：价值传递要及时、交互和智能。 首先，价值传递要及时，让用户在接触到产品或服务的时刻感受到价值。星巴克之所以坚持在店面提供现磨咖啡，其中一个原因是带有大量奶泡的咖啡经过外卖颠簸后，品质会明显下降，因此星巴克提供的外卖咖啡通常是比较简单的美式咖啡。瑞幸销售的咖啡中大多数是外卖订单，外卖虽然增加了用户的便利性，但咖啡品质在外卖途中可能出现下降，同时也不利于提高用户对品牌的黏性和认知度。

其次，价值传递要有交互性，用户不仅仅是被动接受产品或服务，而且应能在使用产品或服务的过程中进行反馈，帮助企业提高产品或服务的品质。星巴克的成功在很大程度上是因为它重塑了咖啡文化，而不仅仅是卖出了多少杯咖啡。星巴克塑造咖啡文化的过程主要是通过打造色香味俱全的店内环境以及店员与用户密切交互实现的。与星巴克不同，瑞幸主要以外卖方式售卖咖啡，虽然中国的外卖产业非常发达，但外卖天然地切断了用户和店员交流的渠道，很大程度上降低了咖啡的服务特性。

最后，价值传递要智能化，如果不能实现智能化，那么价值传递的及时性和交互性的实现不仅会成本很高而且效率会很低。传统商业的一大痛点是很难大幅提升运营效率，然而瑞幸线上下单的模式虽然提高了智能化运营的可能性，但智能化运营应该以提升价值传递的及时性和交互性并改善用户体验为目的。

阿里巴巴在线服务的方式可以跨越空间，让用户随时能获得服务，实现价值传递的及时性。在淘宝早期的发展过程中，阿里巴巴没有采用eBay阻断买方和卖方联系的交易方式，而是引入了阿里旺旺帮助买方和卖方进行及时交互，让价值传递的内容更加丰富。随着云计算、大数据和AI等技术的发展，阿里巴巴提供服务的方式更加智能化，形成了从大规模用户到海量数据，再到智能运营的及时化、交互化和智能化的用户价值传递体系。

企业在用户价值获取环节也应注意三个方面：价值获取要直接、公平和诚信。首先，价值获取方式要尽可能直接，那种"羊毛出在猪身上，让狗买单"的方式很可能会违背为用户创造价值的基本要求。无论是获得"羊毛"的用户，还是出"羊毛"的"猪"，或者是买单的"狗"，都可能无法获得对等的价值，而只是听了一个故事。前些年造成金融危机的各种复杂的金融衍生产品往往就有这样的特点。

前些年，创业和创投在国内非常火热，很多创业者羞于说自己是在做生意，而总是喜欢说自己在从事多么伟大的事业。然而，如果一个商业项目自身无法盈利，那么其创造价值的空间既可能十分巨大，也可能非常狭小。当一个商业项目所在的行业具有基础设施的性质时，因短期内无法盈利而需要持续投入可能是必要的，例如亚马逊的云服务业务在很长一段时间内无法盈利，但经过长期积累后具有巨大的潜力。但是，如果一个咖啡项目无法盈利，其长期商业价值也非常有限。

其次，价值获取方式要公平，不能以牺牲一部分用户利益的方式吸引另一部分用户，最终满足企业自身的利益诉求。补贴获取流量模式的"如意算盘"是先用低价吸引大量用户，然后通过提价获得高额利润。这种模式的问题是低价吸引的用户对价格比较敏感，提价后的留存率可能比较低。此外，以牺牲一部分用户利益的方式吸引另一部分用户也违反了用户价值分配的公平原则。

最后，获取价值时要诚信，在获取价值的过程中不作假、不作恶是企业必须遵守的底线。2004年，金庸到访淘宝办公室时为其题词："宁可淘不到宝，绝不能弃诚信。宝可不淘，信不能弃。"马云后来回忆称："先生赐字'天行'于我，学生终身铭记；'信不能弃'的告诫，一刻不敢忘。"阿里巴巴创立初期有一个大用户上门，提出业务可以交给阿里巴巴做，但要有回扣。马云和同事们在杭州开会讨论了一天，最后做出决定："我们永远不给别人贿赂，永远不行贿。宁可公司关了，我们一起再去找工作，也必须要坚持诚信的底线。"

股神巴菲特有句名言："退潮之后，才知道谁在裸泳。"管理大师德鲁克也有句名言："企业存在的唯一理由，就是创造用户价值。"综合这两句话——"退潮之后，才知道谁在裸泳，谁在创造用户价值"。

| 第五章 |

危机领导力
不惧风险,永不言弃

堂吉诃德

[美]詹姆斯·马奇

Quixote reminds us
堂吉诃德提醒我们,
That if we trust only when
如果我们
Trust is warranted, love only
只在有保证的条件下才信任,
When love is returned, learn
只在有回报的情况下才爱,
Only when learning is valuable,
只在有价值的时候才学习,
We abandon an essential feature of our humanness
我们就离弃了人性的根本。

———

领导者：站在山峰，还是走在刀锋

英国小说家威廉·毛姆在小说《刀锋》（*The Razor's Edge*）开篇引用了《羯陀奥义书》中的一句话："剃刀之刃难以逾越；故智者云，救赎之道亦是如此。"《刀锋》这本书的主旨是：人生就是一次又一次的逾越，艰难如同越过锋利的刀锋。"我要走遍世间的每一条路，度过深沉的悲伤、莫名的哀愁、无尽的喜悦，只求放手一搏，体验人生，追求灵魂中的星辰。"这句代表着毛姆人生态度的话，写在《刀锋》的封面上。

《刀锋》中的"锋"，英文为"Edge"，是边缘的意思。"锋"和另一个汉字"峰"的字形非常接近，意义却大为不同。给孩子起名时用"峰"的父母，大致上是希望孩子将来在各方面都取得成功，站在人生的顶峰上；而给孩子起名时用"锋"的父母，可能是希望孩子将来遇到困难时能够顺利克服，就像刀锋劈开竹子那样。

"峰"和"锋"，一个强调结果，另一个强调过程；一个强调中心，另一个强调边缘；一个强调高高在上，另一个强调游刃有余。如果把这两个字和领导力联系起来，和"峰"相关的领导力可以叫作"高峰领导力"或"中心领导力"，和"锋"相关的领导力可以叫作"刀锋领导力"[⊖]或"边缘领导力"。

关于领导力，网络上有一张广为传播并被反复解读的狼群图片。图片中一共有25匹狼，走在队伍最前面的3匹狼是老弱病残，全队以它们的步调行进，确保它们不会被落下。接下来的5匹是队伍中最强壮的狼，一旦遭遇袭击，它们负责保护队伍的前部。接下来的11匹是比较普通的狼，它们走在队伍中部，处在始终受到保护的位置。靠近队伍尾部的5匹也属于最强壮的狼，在遭受袭击时，它们负责保护队伍的后

⊖ 玄奘之路商学院戈壁挑战赛发起人曲向东先生创办的"刀锋领导力实践中心"的名字即取自毛姆的《刀锋》。

部。走在队伍最后面的是头狼,它要确保没有任何一只狼被落下。

和行进中的狼群类似的是赛艇中选手位置的安排。在历届奥运会上,赛艇都是最重要的比赛项目之一,其中"八人单桨有舵手"项目的金牌,按照惯例通常由国际奥委会主席亲自为9名运动员颁发,足见该项目的特殊地位。"八人单桨有舵手"项目一共有9个人参赛,其中,1~2号位是平船桨手,作用是保持船的平稳向前;3~6号位是动力桨手,负责提升船的行进速度;7号位是副领桨,配合领桨手带动领桨手另一侧船员的动作协调;8号位是领桨手,是赛艇上每个动作的带头者和协调人;8人之外的1个人是舵手,舵手坐在船的尾部,负责引领前进的方向,是船上唯一在行进过程中面向终点的人。

赛艇比赛中舵手的作用主要有四个:把握方向、掌握节奏、技术支持和精神鼓励。首先,把握方向。8人赛艇的艇身是赛艇中最长的,8位桨手很难做到用力完全协调并保持行进方向的稳定,这就需要舵手来调整方向。在舵手的位置上,船舱内侧有舵绳,船的底部有一个稳舵和一个方向舵,舵手通过舵绳控制方向舵可使船尽量保持直线前进。

其次,掌握节奏。舵手使用舵手指挥仪掌握划桨的频率,使用喇叭指挥桨手在赛艇比赛的全程中安排好节奏,分配好体力,做好最后冲刺。

再次,技术支持。再有经验的桨手在比赛过程中也可能会出现技术动作失误,彼此之间的配合可能会出现问题,舵手可以在桨手出现技术动作失误时及时提醒,提高团队的整体效率。

最后,精神鼓励。舵手通常会用富有激情的口号鼓励桨手最大限度地发挥自己的水平,特别是在冲刺阶段桨手们都处于缺氧状态的时候,舵手的鼓励可以在很大程度上提高团队的士气。

从狼群和赛艇的例子中可以看出,领导者的位置往往不是在团队的中央,而是在团队的边缘。头狼走在行进中的狼群的最后,而舵手和领桨手也坐在赛艇的最后,这都是为了更好地掌控方向、把握全局、预防危机，成为高效领导者。

与狼群和赛艇非常类似，管理大师 C.K. 普拉哈拉德曾把优秀的领导者比作牧羊犬——好的牧羊犬必须遵循三个原则：第一，可以拼命吼叫，但不能咬羊；第二，必须走在羊群的后面，而不能跑到羊群的前面；第三，必须知道前进的方向，并且不能让任何一只羊掉队。

命运迥异的三位南极探险家

斯科特、阿蒙森和沙克尔顿

历史上有很多与领导力有关的故事都反映出了普拉哈拉德的领导者牧羊犬三原则，其中最有名的是关于罗伯特·斯科特、罗阿尔德·阿蒙森和欧内斯特·沙克尔顿这三位南极探险家的故事。

人物一，斯科特。斯科特是一位英国海军军官，1901年带领英国国家南极探险队进行他的第一次南极探险，38位队员中有一位是沙克尔顿。在这次探险最后一段行程，斯科特挑选沙克尔顿和医生威尔逊跟他一起向南极点冲刺。但由于经验不足，三人都得了坏血病，不得不在距离南极点460英里⊖的地方返回。

1910年，斯科特再次向南极出发，历经千难万险后，他的探险队于1912年1月18日到达南极，但发现另一支由阿蒙森带领的探险队比他们早到了一个月。斯科特和另外四名队员在返回的途中遭遇了极端的低温，不幸全部遇难。

人物二，阿蒙森。阿蒙森是与斯科特同时代的挪威极地探险家，他在人类探险史上获得了两个"第一"：于1906年成为第一个打通北极圈西北航道的探险家；于1911年12月14日抵达了南极点，成为人类历史上最早到达南极点的人。

⊖ 1英里=1609.34米。

阿蒙森完成南极探险后，再次开始探索北极，这次他选择在空中探索北冰洋。1926年，他领导探险队完成了飞越北极的壮举。两年后，阿蒙森在一次对探险队伙伴的搜救中不幸遇难。

人物三，沙克尔顿。沙克尔顿于1901年随斯科特前往南极探险，但由于出现了严重坏血病被迫中途返回。1907年，沙克尔顿自己组织并领导了英国南极探险队，于1909年1月到达距南极点只有97英里的地方后，由于物资耗尽不得不返回。

1914年9月，沙克尔顿再次率领英国南极洲探险队出发，他们乘坐的"坚韧号"被浮冰困住，在经历了700多天与极端环境的搏斗后，沙克尔顿成功救出全体27名队员，完成了人类历史上一个绝境重生的伟大壮举。1921年9月，沙克尔顿带领8名前"坚韧号"船员再次出发前往南极。1922年1月5日，沙克尔顿心脏病发作离开了人世，享年47岁。

斯科特、阿蒙森和沙克尔顿都是人类历史上伟大的探险家。阿蒙森和斯科特率领探险队最早到达南极点，为了纪念他们，美国于1957年在南极点建立了名为"阿蒙森－斯科特"的科学考察站。沙克尔顿虽然最终也没有完成征服南极的梦想，但他因为在探险过程中展现出的卓越领导力，成为很多人战胜危机的学习榜样。

因选择，而卓越

吉姆·柯林斯在《选择卓越》一书中，分析了造成阿蒙森和斯科特不同命运和结局的原因。**柯林斯认为，阿蒙森的队伍之所以能够成功，主要在于三个方面：非常谨慎地制订计划、非常自律地执行计划、时刻警惕探险途中的风险**。相对而言，斯科特探险队在这三个方面做得不够好，酿成了令人痛惜的悲剧。

斯科特探险队虽然财大气粗，不仅准备了狗拉雪橇，还专门花大价钱买了西伯利亚矮种马和摩托雪橇，但他们的计划制订得不够谨慎，没有花时间实地调研和吸取以往的教训，犯了很多过去南极探险的老错误。例如他们选择衣帽分离式的羊毛冬装，很多队员都被冻伤了；在南极山脉和南纬80°之间只设立了两个没有明显标志的补给点，在雪地中很容易就会错过它们。

斯科特探险队也未能自律地执行计划。虽然整个探险队有65人，但最后作为冲刺团队到达南极的只有5个人，其他人都因为各种原因未能到达终点。

斯科特探险队也未能时刻警惕探险途中的风险。在南极的极寒天气里，西伯利亚矮种马远远不如因纽特犬好用，因为马会出汗，所以需要经常帮它们除冰，而且马不能吃海豹肉等食物，结果探险队很大一部分运力都浪费在给马准备的草料上了。此外，探险队带来的三辆雪地摩托，一辆在装卸时就掉进了海里，另外两辆则很早就坏在了雪地上。

相对而言，阿蒙森探险队事先非常谨慎地制订了计划。在进行南极探险之前，阿蒙森已经在北极探险中积累了丰富的经验，成为打通北极圈西北航道的第一人。事后，阿蒙森总结了北极穿越的经验：第一，要进行极地探险，只能组建精悍的小分队；第二，要在极地长时间生存，应尽量避免剧烈运动，避免大量出汗，要学习北极原住民因纽特人，穿着由海豹皮制成的连体抗寒服；第三，如果要选择一种动物作为物资和人员的运输工具，唯一的选择是狗拉雪橇。

1911年1月，经过半年多的航行，阿蒙森抵达了南极洲的鲸湾[一]，准备度过6个月漫长的冬季。越冬期间，阿蒙森开始着手南极探险的准备工作以及训练队员。他率领3名队员，带着充足的物资，从南纬80°起，每隔100千米设立一个补给点，里面放置海豹肉、黄油、煤油和火柴等必需品。这样的补给点共设了7个，每一个都用冰雪堆成小山，上面插一面挪威国旗，便于在茫茫的雪地上被发现。

[一] 即Bag of Whales，现已消失。

由于补给非常充足，阿蒙森的探险队可以轻装前行。同时，由于准备了足够的因纽特犬，阿蒙森和伙伴们无论是天气较好时还是在极端天气情况下都可以保持稳定的行进速度，这让他们既不会因为过度赶路而疲惫，也不会因为行进受阻而沮丧。柯林斯把阿蒙森的这种严格执行计划的管理方式称为"日行30英里"。

1911年12月14日，阿蒙森率领的5人冲刺团队在行走了1285千米之后，终于成功抵达了南极点。因为剩余物资十分充足，他决定多待几天，重新测量了一次经纬度，确保自己到达了准确的南极点，然后在那个位置做了标记。阿蒙森还把多余的物资留给了斯科特的探险队，然后踏上了回程。由于事先的准备十分充分，沿途的补给站标志明确，储备物资也很充足，阿蒙森探险队最终比原计划提前10天回到了鲸湾。

表5-1中对比了斯科特探险队和阿蒙森探险队这次南极探险的基本情况。不难看出，斯科特探险队在前期准备工作、行进计划执行和极端风险防范等方面和阿蒙森探险队都有明显的差距。如果说，卓越的执行力是阿蒙森探险队取胜的关键因素，那么，沙克尔顿在南极探险过程中表现出的卓越领导力，则是他的探险队和斯科特探险队命运不同的关键。

表 5-1 斯科特和阿蒙森探险队对比表

维度	斯科特探险队	阿蒙森探险队	对比
领队	罗伯特·斯科特，英国海军军官	罗阿尔德·阿蒙森，挪威探险家	得知对方计划后，竞争上升到国家荣誉层面，更加激烈
到达出发基地时间	晚于阿蒙森探险队	1911年1月4日到达攀登南极点的出发基地鲸湾	阿蒙森进行了10个月的准备，斯科特仓促出发
出发时间、地点	1911年11月1日，选择了传统的出发点麦克默多湾，风力很大	1911年10月20日，比麦克默多湾距极点近60千米的鲸湾，风力较小	阿蒙森经过详细考察，认为安全的环境和更近的距离是成功的关键因素
到达南极时间	1912年1月17日	1911年12月14日	阿蒙森比斯科特早33天到达，成为抵达南极第一人

(续)

维度	斯科特探险队	阿蒙森探险队	对比
前期准备	17人的探险队，因只准备了1吨补给，最后实际只有4人出发	每隔100千米建立一个食品仓库，5人探险队，准备了3吨补给	阿蒙森提前到达出发地点，建好所有补给站返回后，斯科特才到达出发地点
交通工具	少量的因纽特犬、西伯利亚矮种马和摩托雪橇	50多条因纽特犬组成的雪橇队	因纽特犬更适合极寒气候，西伯利亚矮种马容易出汗
行进方式	摩托雪橇很快坏了，西伯利亚矮种马也冻死了，最后靠人力拉雪橇前行	前半程气候条件好。后半程困难增大，杀掉瘦狗，仍以30英里/天的速度前进	阿蒙森尽量保持匀速前进，后半程遇到恶劣天气后，轻装前进，尽量保持速度
风险防范	只带了1支温度计，还不慎打碎了；只在主补给站立旗杆，路上没标志	带了4支温度计；不仅在主补给站立旗杆，而且在路上设立了大量标志	阿蒙森对不确定性的预防更到位，斯科特由于出发晚，返程遇到极恶劣的天气

沙克尔顿，危机领导力的传奇

出师未捷身先死

沙克尔顿一生总共进行了四次南极探险的尝试，但都没有成功。 在1901年跟随斯科特进行第一次南极探险失败后，沙克尔顿在1909年进行了第二次南极探险，并把英国国旗插在了南纬88°23′，此地距南极点只有97英里。但由于已经筋疲力尽，他和三名队员不得不往回走，以便在饿死前赶回船上。为防止船等不到他们而开走，沙克尔顿和另一名较强壮的队员先出发，把另两名队员留在一个储备丰富的补给站。上船后，沙克尔顿坚持亲自带队去接人，两天后他们带着另外两名队员回到船上。沙克尔顿亲自带队接回两名队员的举动，初步展示了他"不抛弃、不放弃"的领导者特质。

1914年9月5日，沙克尔顿再次率领英国皇家南极洲探险队的27名成员乘坐"坚韧号"从南大西洋的南乔治亚岛起航，他们这次的目的是横穿南极大陆。1915年1月，当"坚韧号"航行至距南极大陆仅60英尺处的时候，被海上的浮冰像钳子一样紧紧地夹住了。在随后的9个月里，"坚韧号"随着浮冰漂流了1100千米，远离了南极大陆。1915年10月27日，探险队弃船后住在浮冰上的帐篷里。1915年11月21日，"坚韧号"的桅杆倒了，最终沉入海底。

1916年4月9日，沙克尔顿下令救生艇起航寻找陆地。6天后，他们踏上了一座海滩只有100英尺①长、50英尺宽的大象岛。由于队员健康状况下降，食品供应也在减少，沙克尔顿决定出发寻求救援。他选了五名队员跟他一起乘坐救生艇，穿越被称为"好望角碾压机"的地球上最为凶险的1300千米水域，到南乔治亚岛的捕鲸站求救。16天之后，筋疲力尽的水手们登上了南乔治亚岛，但登陆地点距离捕鲸站还有47千米，中间还隔着多座高达3000米的山峰和冰川。最后，沙克尔顿和伙伴克服了难以想象的艰难，用了三天三夜翻越冰川，到达了捕鲸站。

两天后，尚未恢复的沙克尔顿急不可待地借船，开往大象岛去营救留在那里的22名船员。因风浪过大，前三次营救均告失败。1916年8月30日，当第四次出发的营救船终于靠近大象岛时，心情激动的沙克尔顿两眼直盯着前方，当隐约有人影可辨时，沙克尔顿便急着清点人数：1、2、3、4……22，一个不少。沙克尔顿成功救出全体27名队员，完成了人类历史上一个绝境重生的伟大壮举。

"危、机、领、导"力

领导力学家丹尼斯·珀金斯在《危机环境下的领导力：沙克尔顿的领导艺术》一书中对沙克尔顿的危机领导力进行了全面系统的总结。珀

---

① 1英尺=0.3048米。

金斯认为,沙克尔顿的危机领导力体现在十个方面(见表5-2)。接下来,我们结合珀金斯的总结从边缘领导力的角度对沙克尔顿的领导力进行梳理。

表5-2 沙克尔顿的"危、机、领、导"力

分类	关键词	危机领导力原则	边缘
危	不惧风险	领导临危不惧,勇于承担风险	危险边缘
机	永不言弃	永不放弃目标,力争最后胜利	胜利边缘
领	自信坦诚	传递乐观自信,坦诚实事求是	怀疑边缘
领	保持积极	保持积极活力,不要消极自责	消沉边缘
领	树立榜样	示范正确行为,树立个人榜样	迷茫边缘
领	牢记使命	牢记长期使命,确立短期目标	迷失边缘
导	彼此尊重	消除地位差距,彼此充分尊重	歧视边缘
导	兼容并包	避免组织内耗,包容不同声音	内斗边缘
导	苦中作乐	学会苦中作乐,注重仪式庆祝	痛苦边缘
导	团队一体	强化团队观念,强调命运一体	分裂边缘

沙克尔顿的危机领导力包括"危""机""领""导"四个方面。"危"意味着领导者要不惧风险,有能力带领团队行走在危险边缘;"机"要求领导者永不言弃,能够率领团队走向胜利。"领"是引领的意思,"导"是疏导的意思,二者侧重有所不同。

"领"包括自信坦诚、保持积极、树立榜样、牢记使命四个方面。领导者自信坦诚就能够传递乐观自信的信号,把团队从怀疑边缘拉回来;领导者保持积极,才能够帮助团队保持活力,避免团队进入消沉边缘;领导者能够以身作则,树立个人榜样,才能够在危机中给团队指明方向,避免团队进入迷茫边缘;领导者牢记长期使命,并能够不断修正短期目标,才能带领团队脚踏实地,克服危机中的不连续性,避免团队进入迷失边缘。

"导"包括彼此尊重、兼容并包、苦中作乐和团队一体四个方面。领导者倡导彼此尊重的团队文化,能够消除团队内成员的地位差距,形

成彼此相互尊重的氛围，避免团队进入歧视边缘；领导者做到兼容并包，兼听则明，包容团队内部的不同声音，才能够保持团队的活力，避免团队陷入内斗边缘；领导者能够苦中作乐，在困难的时候能够通过仪式感形成乐观的文化，就能够帮助团队成员走出危机中的痛苦边缘；领导者强调团队观念，强化命运一体的信念，才能够把团队成员聚集在一起，避免团队陷入分裂边缘。

（一）领导临危不惧，勇于承担风险

"坚韧号"的船长弗兰克·沃斯利在评价沙克尔顿时说："他是我所见过最勇敢的人，但他从来不是有勇无谋。必要时他会承担最大的风险，但他总是会用最慎重的方式处理问题。"沙克尔顿清楚地知道，南极探险中危险无处不在，必须用最谨慎的态度来对待哪怕看似最微不足道的问题。

例如，坏血病是当年探险活动中的高发疾病，其原因是船员在长期探险过程中缺乏维生素，沙克尔顿吸取了自己第一次南极探险的教训，雇人把酸橙汁封装成药丸；他发明了由多种原料制成的"合成蛋糕"，一片就能提供将近3000卡路里的热量；他还购买了用最新技术制作的极地服装，包括毛皮衬里的睡袋、坚固的帐篷等。这些物资花掉了沙克尔顿非常紧张的经费中的一大部分，但也对后来探险过程中船员绝处逢生起到了至关重要的作用。

我们可以把沙克尔顿的这些行为视为具有危机意识的表现，这使他能够敏锐地察觉所面临的风险。不仅在自然界中进行探险活动需要有危机意识，企业领导者也需要常常保有危机意识，清楚地知道自己是行走在危险边缘。例如任正非在2001年写的《华为的冬天》里说："10年来我天天思考的都是失败，对成功视而不见，也没有什么荣誉感、自豪感，有的只是危机感，也许正是因为这样才存活了10年。"在华为的发

展历史上，任正非不断强调危机意识，经常发表相关的文章，如1998年的《华为的红旗到底能打多久》、2000年的《活下去，企业的硬道理》、2001年的《北国之春》、2007年的《要快乐地度过充满困难的一生》等。

（二）永不放弃目标，力争最后胜利

沙克尔顿进行南极探险所乘坐的船之所以命名为"坚韧号"，就是来源于他的家训"坚韧就能赢"。坚韧意味着有韧性地坚持和永不放弃。在沙克尔顿带领五名船员前往南乔治亚岛的捕鲸场求救的过程中，他们的救生艇没能直接抵达目的地，而是在距离捕鲸场47千米的地方靠了岸，在他们和捕鲸场之间有多座高达3000米的山峰和冰川。

沙克尔顿带着两名身体状况比较好的队员出发了，横在他们面前的是五座并排的山峰，山峰之间有一些隘口，似乎可以通向山脉的另一侧。他们便向最近的隘口进发，爬上去之后却发现没有下去的路，于是只好返回尝试第二个隘口。直到他们到达最后一个隘口，才找到了下山的路。正是沙克尔顿不懈的坚持才让他克服了常人难以想象的困难——有人曾在20世纪80年代尝试重复沙克尔顿穿越南乔治亚岛的路径，却发现即使拥有现代化的设备也很难完成这个挑战。

2019年，华为面对来自美国政府的系统性打压，记者问任正非公司是否到了最危险的时候，任正非回答说："在我们没有受到美国打压的时候，公司是到了最危险的时候。员工怠惰，大家口袋都有钱，不服从分配，不愿意去艰苦的地方工作，是危险状态了。现在我们公司全体振奋，整个战斗力在蒸蒸日上，这个时候我们怎么到了最危险的时候？应该是在最佳状态了。"可见，面对危机是否能够取得胜利不仅仅在于所拥有的资源和客观条件，更在于是否具有坚强的意志和永不放弃的精神。

(三)传递乐观自信,坦诚实事求是

沙克尔顿在探险队 700 多天的艰苦历程中,始终保持着乐观精神,这是维持士气的关键因素。一位船员事后评价沙克尔顿说:"他经久不衰的乐观态度,令我们这帮沮丧的人受益匪浅。尽管他本人也很沮丧,而且我们都对当前的灾难心知肚明,但他从未表现出来,只是极力展现幽默和希望。"

与很多卓越的领导者一样,沙克尔顿的乐观精神帮助他的团队克服了危机中的种种困难,把团队从怀疑边缘拉了回来。所以说,卓越的领导者往往都有自己"扛事儿"的能力,正如华为轮值董事长徐直军说的那样:"创立华为以来,老板把无数的压力都自己扛了下来,不让恐惧传导到团队和员工,有时候危机过去了我们才知道。更重要的是,老板是天生的乐观主义,形势不好时他总在讲'前途一片光明''潇洒走一回',形势好时他又总是喊'狼来了''冬天到了'。"

(四)保持积极活力,不要消极自责

沙克尔顿在招聘探险队员时,非常看重候选人积极乐观的品质。他认为能承受潜在的危险与困境是一个人成为探险队员的一项重要素质,那些展现出乐观与幽默感的人比较容易通过他的面试。当沙克尔顿决定带五个人前往南乔治亚岛求援时,他考虑的不仅是哪些人更适合和他一起出发,而且考虑了哪些人更适合留在原地忍受遥遥无期的等待和寂寞。

正如探险本身并不总是意味着惊喜,而是可能代表着无尽的孤独和寂寞,商业冒险也常常给人带来悲观情绪。作为一个优秀的领导者,不仅要自身保持乐观,而且要有能力帮助团队成员克服悲观情绪,以乐观向上的态度面对困难。

2007 年左右,很多华为员工面临较大的工作压力,不少人患上了忧郁症。任正非看到这个现象,写下了《要快乐地度过充满困难的一

生》。他说:"人生本来就很苦,何必还要自己折磨自己。有些东西得到时不珍惜,失去时方觉悔恨。人生是美好的,但美好并非洁白无瑕。任何时候、任何处境都不要对生活失去信心。"在很多情况下,正是优秀领导者这种积极向上的态度把很多员工从消沉边缘拉了回来。

(五)示范正确行为,树立个人榜样

一个优秀的领导者,往往能够以身作则,为团队树立榜样。当"坚韧号"即将被浮冰压垮时,沙克尔顿下令弃船,他要求队员扔掉任何不必要的东西,不论其价值如何。说完这些话,他从皮衣中掏出一个金质的烟盒和其他几个金质纪念品,扔到了雪地里。

一个领导者是否具有领导力,尤其是他的领导力在危急关头是否会打折扣,不仅取决于他怎么说,更取决于他怎么做,是否以身作则。2018年1月,一份由华为总裁任正非签发的公司文件决定:由于部分经营单位发生了经营质量事故和业务造假行为,经董事会常务委员会讨论,对公司主要负责领导进行问责,并通知公司全体员工。处罚决定包括:任正非罚款100万元、郭平罚款50万元、徐直军罚款50万元、胡厚崑罚款50万元、李杰罚款50万元。在这次内部自我批判和反省中,任正非还做了题为"烧不死的鸟是凤凰,在自我批判中成长"的讲话。他表示:"缺点与错误就是我们身上的渣子,去掉它,我们就能变成伟大的战士。"

(六)牢记长期使命,确立短期目标

从2014年7月到2016年9月,沙克尔顿探险队在海上经历了700多天的磨难才重回文明世界。在如此漫长的时间内,如果没有长期目标,人们是无法坚持下来的。同时,由于长期目标的达成遥遥无期,所以需要有众多短期目标进行支撑。在出发时,沙克尔顿探险队的目标是横穿南极大陆。然而,随着"坚韧号"被浮冰困住进而沉没,沙克尔

顿的目标不得不调整为确保每个探险员都安全生还。沙克尔顿写道："人必须向新目标努力，而让旧目标彻底消失。"

为了完成带领队员生还的目标，沙克尔顿积极行动，当"坚韧号"快要沉没时他下令弃船，带领队员拖着沉重的救生船在冰上前行，但这个行动很快失败了。于是，沙克尔顿决定就近建立宿营地，大部分队员等时机到来时再乘坐救生艇出发。可以看到，沙克尔顿在整个过程中都在不断调整短期目标，以促进长期目标的达成。

长期目标和短期目标之所以重要，是因为人们经常会在前进的过程中迷失方向。

如果我们把长期目标视为理想主义的体现，把短期目标视为现实主义的体现，任正非就是一个理想主义与现实主义的结合体。他在2018年的一次讲话中说："我们要承认现实主义，不能总是理想主义，不能为理想等啊等啊。我们要在攀登珠峰的征程中沿途'下蛋'。"任正非举例说，无人驾驶就是爬珠峰，爬山过程中有人可以半路去放羊，有人可以半路去挖矿，有人可以半路去滑雪，把孵化的技术应用到各个领域中，就是沿途"下蛋"。可见，伟大的探险者之所以能够达成长期目标，是因为他们心中有明确可实现的短期目标，能够一次又一次地把团队从迷失边缘拉回来。

（七）消除地位差距，彼此充分尊重

一个团队之所以能够在艰难的环境中生存，往往不是因为团队中的个体多么强大，而是因为团队成员之间相互信任、彼此帮助。在沙克尔顿进行南极探险的时代，英国社会的等级制度还非常严格，人们的社会地位相差很大，这非常不利于探险队员取得彼此的信任。沙克尔顿命令所有的官员、科学家和水手公平分担船上的脏活累活。英国陆军少校奥德里斯一开始很难抛开社会地位的优越感，但经过一段时间之后，他承认共同劳动可以很好地打消队员之间的不信任情绪。

2019年9月，阿里巴巴升级了使命愿景和价值观，宣布了"新六脉神剑"，其中有一条是"因为信任，所以简单"。阿里巴巴员工自称小二，互称同学，大家叫马云"马老师"。阿里巴巴最初传承的其实就是单纯、信任的师生文化。阿里巴巴员工互相都叫花名，体现的也是平等。1997年，《华为基本法》起草小组中的一位教授问任正非："人才是不是华为的核心竞争力？"任正非回答："人才不是企业的核心竞争力，对人才进行有效管理的能力才是企业的核心竞争力。"

（八）避免组织内耗，包容不同声音

由于需要留在英国继续筹款，沙克尔顿没有和"坚韧号"一起从英国出发，当他和"坚韧号"会合时，却发现船长弗兰克·沃斯利基本无法维持船上的纪律。沙克尔顿重新制定了船上的组织架构，削弱了船长的自由裁量权，并解雇了三名酗酒或违规的船员。虽然沙克尔顿管理非常严格，但他与队员的交流方式非常平易近人。船上的医生麦克林回忆道："他会非常和蔼地与你交流，询问你的个人情况，喜不喜欢这次探险，最喜欢哪方面的工作，等等。"沙克尔顿的副手瓦尔德也是一位善于倾听的人，每当队员向他投诉别人的问题时，他都能耐心倾听和解决问题。瓦尔德的平易近人也帮助沙克尔顿与队员保持了一定的距离，从而维护了他的权威性。

威廉·大内在《Z理论》中提出，自我批判有利于在企业内部建立相互信任的关系，能够帮助企业内部的微妙关系向有利于企业战略的方向发展。由于员工心甘情愿地暴露缺点和错误，所以他们愿意相互信任并开展合作。

在华为的成长过程中，任正非反复强调华为为什么要进行自我批判。他在1995年《目前形势和我们的任务》讲话中说："一个高度团结、能展开批评和自我批评的领导班子是企业胜利的保证。"1998年，任正非在他的《在自我批评中进步》一文中指出："一个企业长治久安的基础，是它的核心价值观被接班人确认,接班人具有自我批判能力。"所以说,一个组织的发展必须能够避免内耗,团队成员在批评与自我批评中相互信任,把组织从内斗边缘拉回来。

(九)学会苦中作乐,注重仪式庆祝

人们在危险中很容易因惊慌失措而丧失斗志,沙克尔顿为了让探险队员在艰难环境中找到乐趣想尽了办法。1915年12月5日,探险队出发整整一周年的时候,他们正被困在浮冰上维持着艰难的生活。沙克尔顿意识到这一天的意义,知道如果不进行一番庆祝人们可能因为这一天的特殊性而感到非常失落,于是他宣布放假一天,举行各种活动庆祝他们离开南乔治亚岛一周年。

2003年非典时期,阿里巴巴的一位员工被确诊,全公司于5月7日进入居家隔离状态。然而,由于阿里巴巴员工进行了充分的居家办公准备,客户并没有察觉到阿里巴巴的业务有任何异常。更重要的是,2003年5月10日淘宝网成功上线。2005年阿里巴巴把每年的5月10日定为"阿里日",邀请员工家属参观公司,更有众多阿里巴巴的员工选择在这一天举行集体婚礼。"阿里日"就是把困难时期的记忆用仪式记录下来、固定下来从而成为组织文化的典型动作。

(十)强化团队观念,强调命运一体

在沙克尔顿带领五名探险队员离开大象岛前往南乔治亚岛求救后,他们遇到了前所未有的挑战。一艘只能容下六人的救生艇不断地进水、结冰。沙克尔顿将团队的六个人分为两组,每四小时轮流值班或休息一次。每次轮流有三个人躲进睡袋休息。值班的三个人中,一个人开船,另外两个人往船外舀水,然后每小时进行一次轮换。探险队员们正是凭借顽强的意志和团队精神才在十几天的行程中航行了1300千米,真正做到了命运一体和同舟共济。

从泥坑里爬出来的才是圣人

相比 2003 年的非典，2020 年的疫情使更多企业陷入了经营困境，餐饮、旅游等行业遭遇了前所未有的打击。在危机面前，一些企业的团队垮掉了，而另外一些企业的团队经受住了考验，得到了提升。木屋烧烤的创始人隋政军 2020 年 2 月 1 日在朋友圈转发了一篇题为《餐饮业告急！账上几个亿的行业龙头也快扛不住了》的文章。

几分钟后，木屋烧烤华北地区财务总监胡玉兰就看到了这篇文章，胡玉兰意识到公司的经营也陷入了困难，于是她给隋政军发了一条微信："需要的话，自愿工资减半。"隋政军把对话的截图发到朋友圈，留言说："多好的伙伴，自己支撑一个大家庭，还能想到为公司分忧。"随后，木屋烧烤的高管纷纷表态，愿意和公司同甘苦共患难。一场自下而上的员工请愿减薪运动就开始了。木屋烧烤的案例表明，危急关头必须依靠团队成员的集体力量，才能战胜困难转危为安。

任正非说，从泥坑里爬出来的才是圣人。同理，经过危机锻造的领导力才是真正的领导力。危机中的领导力有四种变化过程，一是领导力不受危机影响，二是领导力在危机之后迅速复原，三是领导力在危机之后下降，四是领导力在危机之后升华（见图 5-1）。

危机本质上是对领导者的领导力的重大挑战，所以领导力在危机过程中不受影响的情况非常少见，除非领导者对此类危机有丰富的经验，见怪不怪。但实际上，危机之所以被称作危机，通常都不是单凭过去的经验就能克服的。所以，领导者的领导力在危机中都会产生波动，区别在于危机过后领导力是能够迅速恢复，还是下降或者升华。

在斯科特的第一次南极探险后，他出版了一本名为《发现号的航程》的书，把沙克尔顿描述成一个无用的人，把失败的主要原因都归咎于沙克尔顿患了严重的败血症。而正是这本书的出版，激发了沙克尔顿再次进行南极探险的决心。我们从斯科特后来南极探险失败的教训中不难发现，他的领导力在第一次探险危机之后并没有上升，反而下降了。

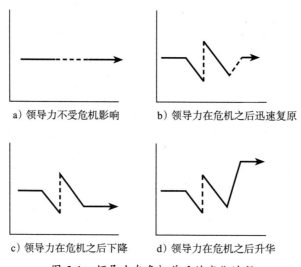

图 5-1　领导力在危机前后的变化过程

与斯科特形成鲜明对比的是阿蒙森和沙克尔顿，他们在南极探险过程中都经历了很多次危机。在经历一些相对较小的危机之后，他们的领导力能够迅速恢复，并带领团队继续前进。而在完成探险壮举之后，他们的领导力都得到了极大的升华。例如，阿蒙森在到达南极点之后，把多余的一些补给品留给了斯科特，体现了一位探险家优秀的品质。

再如，沙克尔顿凭借自身的顽强意志，横跨1300千米寻求救援，并前后四次带船前往大象岛营救留守的22名队员，创造了700多天之后队员全部生还的奇迹。在几年之后，沙克尔顿再次启程前往南极探险时，之前的队员纷纷加入他的探险队，愿意再次把生命托付给这位伟大的领导者。

边缘领导力：边缘即中心

领导力理论认为，领导力通常来自五个方面的权力，包括法定权力、强制权力、奖赏权力、专家权力和感召权力。法定权力指的是领导者在组织中的职权，职位越高权力越大。强制权力来自领导者惩罚他人的权力，而奖赏权力来自领导者给予他人奖励的权力。专家权力就是知识的力量，领导者可以通过自己在特定领域的专长来影响别人。感召权力来自领导者自身的魅力和吸引力，具有感召力的领导者可以让他人心甘情愿地追随自己。

传统组织的日常管理中，领导力往往来自法定权力、强制权力和奖赏权力，然而在危机中，来自这三类权力的领导力会大幅下降，原因在于领导者手中所掌握的资源减少了（见图5-2）。假如沙克尔顿的探险队没有遇到危机，而他手里掌握着大量的资源，那么他就可以利用自己作为探险队长的法定权力以及手中的资源带来的强制权力和奖赏权力来约束和激励队员。然而，由于探险队出发不久就被浮冰困住了，沙克尔顿手里的资源快速消耗且无法得到补充。

随着物资的消耗殆尽，他很难再从强制权力和奖赏权力获得领导力，而此时队长的法定权力也被削弱了。沙克尔顿之所以能够带领探

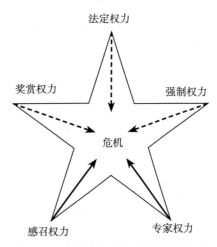

图 5-2　领导力的不同来源在危机中的变化

险队起死回生，原因在于他的领导力主要来自专家权力和感召权力。沙克尔顿作为探险队中少数几个有过南极探险经验的人，拥有无可争辩的

专家权利。此外，他所展现出的乐观、积极、坚韧、顽强、关爱的个人特质给他带来了强大的感召力，探险队员都心甘情愿追随他。因此，虽然危机重重，但沙克尔顿来自感召权力和专家权力的领导力随着环境恶化反而上升了。

通过沙克尔顿的故事，我们可以得出一个结论：组织面对危机时，领导者需要弱化自己的法定权力、强制权力和奖赏权力，强化自己的感召权力和专家权力。例如，在2020年的公共卫生危机中，钟南山院士作为国家防控专家组的一位成员，法定权力、强制权力和奖赏权力都非常有限，但他凭借自己精湛的医术（专家权力）和强大的人格魅力（感召权力），赢得了全国人民乃至全世界人民的尊重。

再如，老乡鸡创始人束丛轩面对疫情给公司带来的冲击以及员工自愿减薪的联名信时，没有运用自己的法定权力、强制权力和奖赏权力，而是在公众面前手撕联名信，随后召开了公司在疫情之后向全国扩张的战略发布会，在公司内外放大了他的感召权力。

由于传统的领导力主要来自法定权力、强制权力和奖赏权力，所以很容易形成以领导者为中心的领导力模型，表现为组织以领导者为中心形成组织结构，进行组织管理，塑造组织文化。这类以领导者为中心，以法定权力、强制权力和奖赏权力为领导力来源的领导模式在危机中往往会受到巨大挑战。

以沙克尔顿为例，他的领导力主要来自不惧风险的态度、对目标永不言弃，引领团队前进的自信坦诚、保持积极、树立榜样和牢记使命的个人魅力，以及帮助团队形成彼此尊重、兼容并包、苦中作乐、团队一体的组织风格。在沙克尔顿领导力的十个组成部分中，没有一个来自他的法定权力、强制权力和奖赏权力，全部都来自他的专家权力和感召权力（见图5-3）。

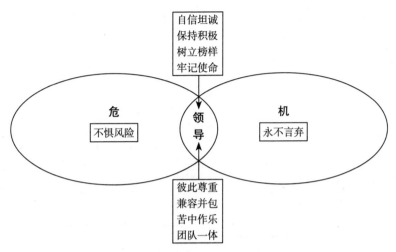

图 5-3 边缘领导力：边缘即中心

领导力，行走在危机边缘

如果说危机中的组织和领导者都是"行走在危机边缘"的话，那么，领导力必须在危机中从组织中心转移到组织边缘，从高高在上的管理者手中转移到一线员工手中，从组织内部转移到与组织密切相关的利益相关方手中。正是基于这样的逻辑，华为才会提出"让听得见炮声的人呼唤炮火"，阿里巴巴才会提出"客户第一，员工第二，股东第三"。

我们可以从"危"和"机"两个维度来分析危机下的边缘领导力。如图 5-4 所示，机会代表着找到发展方向的重要性，危险代表着实现路径的困难性，它们都有高和低两种状况。该图即危机边缘领导力的 EDGE 模型。

当危险程度比较低，且寻找未来新机会的重要性也比较低的时候，即处于图 5-4 左下角象限时，危机尚未发生。这种情况下组织可以沿用正常情形的"发展领导力"模型（Development），通过组织文化建设来发展员工的团队领导力。

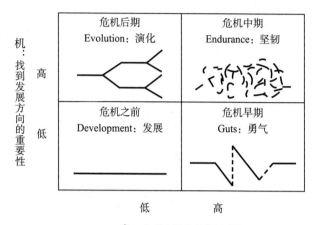

图 5-4　EDGE 模型：危机边缘领导力

当危险程度提高，进入图 5-4 右下角象限时，危机开始了。在危机早期，组织会经历比较大的不连续性的冲击，例如沙克尔顿的"坚韧号"被浮冰困住，动弹不得。在这种情况下，领导者需要拿出的是不畏艰险的勇气和乐观向上的精神（Guts）。

随着危机发展到中期，进入图 5-4 右上角象限，局势进一步恶化，组织不仅会面对较大程度的不连续性，而且会面对很大程度的不确定性。例如沙克尔顿的"坚韧号"在被浮冰困住 10 个月之后沉入海底，探险队失去了可以躲避极端恶劣天气的庇护所，只能随着浮冰漂流，进而乘坐救生艇在惊涛骇浪中搏击，以寻找一块可以安身的陆地。在这种极端情况下，沙克尔顿家族的信条"坚韧"（Endurance）发挥了极其重要的作用。

随着危机发展到后期，进入图 5-4 左上角象限，尽管危机开始消退，组织仍然要面对较大的不确定性，但不连续性相对降低了。例如当沙克尔顿带领 27 名船员回到文明世界之后，他的领导力的影响并没有消失，而是随着船员们个人的成长进一步演化（Evolution），随着他们英勇故事的传播进一步扩散，影响了一代又一代的探险家甚至是企业家。

  当今世界，不确定性和不连续性快速上升，外部环境呈现危机四伏的特点，"红利时代"已经结束，"危机时代"已经到来，VUCA 成为常态。在这种情况下，个人和组织都应该重视边缘领导力，在危机中提升自身的领导力和危机应对能力，领导自己、他人和组织行走在危机边缘之上。

| 第六章 |

危机韧性组织

生命不息，折腾不止

竹石

[清] 郑板桥

咬定青山不放松，立根原在破岩中。
千磨万击还坚劲，任尔东西南北风。

———

终结者：我会回来的

2019年11月1日，《终结者：黑暗命运》在全球上映，这是《终结者》系列的第6部影片，延续了终结者系列电影一贯的故事情节：在一个未来的世界里，机器人想把人类赶尽杀绝，却遇到了顽强抵抗，于是机器人兵团派出机器人杀手回到过去，要把未来人类抵抗军团的首领杀死。在已经上映的几部影片中，剧情基本雷同，主要就是人类未来首领的英雄母亲和来自人类抵抗军团的机器人为了共同保护未来的人类抵抗军团首领,和机器人兵团派出的杀手殊死搏斗。

在《终结者》系列电影中,主角一般有三个:人类、保护人类的机器人和消灭人类的机器人。通常情况下,被派来消灭人类的机器人战斗力最强,保护人类的机器人次之,人类的战斗力最弱。在整个系列电影中,施瓦辛格都扮演一个代号为 T-800 的机器人。这个角色除了在第一部电影中是反派之外,在后面的 5 部电影里都是保护人类的机器人。T-800 是一部由金属骨架与人类肌肉和皮肤结合的机器人,具有很强的战斗力,并且在受伤之后经过简单修复能够恢复战斗力。

从《终结者》系列电影的第 2 部开始,T-800 变成了保护人类的机器人,而被派来消灭人类的杀手升级为一款型号为 T-1000 的机器人。T-1000 和 T-800 的主要差别是,T-1000 是由液态金属构成的机器人,具有很强的变形能力。在影片中,T-1000 可以变形为任何它接触到的人或物体,此外 T-1000 在受到猛烈打击后也能够快速复原。因此,T-1000 除了复原能力明显优于 T-800 外,还具有 T-800 没有的变形能力。

然而,《终结者》系列拍了 6 部,人类都没有被消灭,必定有战斗力高低之外的其他原因在左右着人类的命运。和机器人相比,人类的战斗力非常弱,更何况电影中的人类主角通常是一位女性。那么,是什么力量让人类能够战胜机器人的复原力和变形力呢?答案是人类的生命力。

《终结者》系列电影所想表达的一个主要观点可能是,虽然人类因为自己的不当行为造成了难以避免的灾难,但人类总是能在危急关头表现出强大的生命力,而人类最强大的生命力来自母亲,来自人类繁衍的本能和最深沉的爱。所以,**如果把《终结者》系列电影所描述的未来世界看作一场终极危机的话,能够拯救人类的不是技术,而是人性,不是机器人所具备的复原力和变形力,而是只有生命才具有的生命力。**

机器人 T-800 具有复原力,机器人 T-1000 不仅有复原力还有变形力。人类既不具备超强的复原力，又基本不具备变形力，但具有机器人所不具备的生命力。如果我们用公式来表示这三种力量，复原力可以表示为"B = A"，变形力可以表示为"B ≠ A"，而生命力可以表示为"B ≈ A"。

当我们个人或者我们所在的组织遇到危机时，我们往往希望自己具有复原力，也就是说在危机之后可以恢复到危机之前的状态，管理学家把复原力称作"组织韧性"。也有些时候，我们个人或者我们所在的组织遇到危机之后，不希望完全恢复到原来的状态，而是希望自己拥有一个完全不同的状态（往往是更好的），管理学家把这种变形力称作"组织弹性"。

然而现实的情况是，我们在危机之后既不可能完全恢复到危机之前的状态，也不可能马上变成一个我们连自己都不认识的新"物种"，我们所能做到的，可能只是依靠自身顽强的生命力，尽量恢复并争取向好的方面变化，达到一种"B ≈ A"的状态。我们可以暂时把这种组织生命力称作"组织人性"。

与组织韧性和组织弹性不同的是，组织人性关注得更多的是组织内部和组织外部人的变化。例如面对2020年肆虐全球的疫情以及相关的社会经济危机，组织人性的观点既不期望组织能够在危机过后毫发无损，还能成为过去的自己，也不期望组织能够在危机过后脱胎换骨，马上成为梦想中的自己，而是会依据人性的原则，在危机过程中不惊慌失措，既不大举裁员，也不盲目扩张，利用危机苦练内功，深挖潜力，提高组织生命力和活力。

从水样组织，到三态叠加

水样组织

从结构上看，T-800型机器人（以及T-600、T-700和T-850型机器人）基本属于固态结构，机器人的主体是高强度合金骨架，五官是高灵敏扫描仪等各种感应器，心脏是氢电池，头部安装有高性能芯片，基本上就是一台人形机器。T-1000 型机器人和它的升级款 TX、T-3000 和 T-5000 等型号都属于液态金属机器人，具有可以随意变形的特点，即使被打碎了也可以迅速复原。

管理学者通常把传统的组织结构比喻成固态结构，而把更加灵活的组织结构比喻成液态结构，或称作"水样组织"。陆亚东和符正平（2016）认为"水"代表着企业在复杂环境下所需要的特性，企业管理需要能够像水那样：①沉潜蓄势如水底，即无论市场和环境如何变化，企业都要有稳固不变的精神、理念和核心价值观；②动静合气如水面，即当市场和环境发生重大变化时，企业要能适时调整经营方式；③灵变顺势如水流，即企业需要顺应经济和社会变化的趋势，能提前预见到趋势的变化。④自然无为如水性，即企业要能够与环境和平相处，做到"水善利万物而不争"；⑤开放汇源如水川，即企业应该有开放共赢的心态，无论企业多大多强，最终都如百川入海回归社会；⑥鉴察自清如水净，即企业在发展过程中要能够不断自省、自清，从批评和自我批评中得到更好的发展；⑦积蓄能量如水势，即企业要能够积蓄力量，厚积薄发；⑧永续前行如水形，即企业要像流动的河流那样，永续前行，不舍昼夜。

把企业比喻成水，对我们理解企业与环境的变化性非常有帮助和启发。然而我们不难知道，"水"只能作为企业组织结构的一种比喻，或者更准确地说是"暗喻"。现实中，企业不可能像水一样没有边界地随意流淌，也不可能像水一样没有结构地均匀分布。

三态叠加

现实中的企业可能更像一个固态、液态和气态的混合体。企业的资

产、人员、制度等具有固态特性,有固定的结构且变化比较慢。企业的业务、运营、信息和资金等具有液态特性,呈现为业务流、工作流、信息流和现金流等形式。企业的文化、价值观和信誉等具有气态特征,一方面充斥着企业内部的各个角落,另一方面也扩散到企业外部产生更大范围的影响。

在企业发展中,表现为固态、液态和气态的要素之间是一个动态循环、彼此转化的过程(见图6-1)。在企业创立之初,主要的经营要素(资产、人员等)都呈现为固态。随着企业业务的开展和运营的深化,业务流、工作流、信息流和资金流等流转起来,并逐渐转化为两类新的要素。

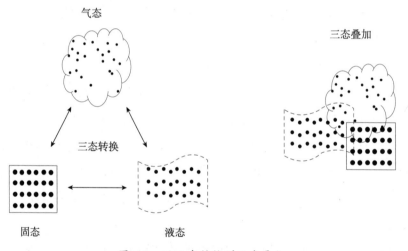

图 6-1　从三态转换到三态叠加

一类作为企业的各种制度逐渐固定下来,增加了企业固态的要素成分;另一类逐渐形成了企业的文化、价值观和商誉等气态要素。随着企业的进一步发展,文化、价值观和商誉等要素发挥的作用越来越大,能够帮助企业获得新的资产资源,吸引更为优秀的人才,形成更完善的制度,提高企业固态要素的质量。

总之，企业的发展可以看作具有固态、液态和气态三种形态特征的要素相互转化的过程。华为当年聘请IBM作为顾问，引入西方管理流程的思路叫作"先固化、再僵化、后优化"。先固化，说的就是把西方企业多年积累下来的管理流程直接拿过来套用，让华为当时没有章法的管理实践"入模子"，形成固化的制度。再僵化，说的就是固化下来的制度在执行的时候要做到严格，甚至是僵化。僵化是为了发现执行中的问题，将可以改进的地方记录下来。后优化，说的就是企业根据实际情况，对引进的制度和流程进行改进和完善，实现制度升级。

所以，企业经过一段时间的发展之后形成的状态应该是"三态叠加"。**企业的固态部分是企业运营的基础资产和后台，液态部分是企业运营的流程和中台，气态部分是企业运营的界面和前台。**也就是说，目前商界流行的企业结构"前台、中台和后台"的说法，与企业由固态、液态和气态三类要素组成的逻辑是相通的。

我们也可以从"熵"的角度来理解企业"三态叠加"的原理。所谓企业中的"熵"，指的是企业作为一个系统，随着时间的推移和能量的交换，系统内无序的程度越来越高，系统的活力越来越低。近些年，华为等企业非常强调打造具有"熵减"特性的组织，也就是一种远离平衡的开放系统，或称耗散结构。

任正非在2011年华为市场大会上说："公司长期推行的管理结构就是一个耗散结构，我们有能量一定要把它耗散掉，通过耗散使我们自己获得新生。什么是耗散结构？你每天跑步锻炼身体，就是耗散。为什么呢？你身体的能量多了，把它耗散了就变成肌肉，变成有力的血液循环了。"

任正非的这段话可以通俗地理解为：人通过运动，把固态的脂肪变成液态的血液，并通过液态的汗水和气态的呼吸把多余的能量耗散出去，同时通过吸入新鲜空气和引入干净水源提高身体的健康程度，形成熵减的良性循环。

我们再来思考一下电影《终结者》中 T-800、T-1000 和人类三种角色的固态、液态和气态的特点。T-800 基本属于固态结构，由金属骨架、处理器、动力电池和拟人化皮肤构成。T-1000 属于固态和液态混合结构，除了具备 T-800 的构成要素之外，它的材料是可以随意在液态和固态之间进行转化的液态金属。只有人类具有固态、液态和气态的特质，并能够在三种形态之间进行能量的转换，而这种转换也是生命的本质。人是这样，作为由人组成的企业，也应该是这样。

从濑尿牛丸，到细胞组织

濑尿牛丸

周星驰的电影《食神》里有一个经典桥段。李兆基饰演的"鹅头"对着一碗能当乒乓球打的"濑尿牛丸"边发呆边问："为什么这么有弹性？"周星驰饰演的史蒂芬·周说："因为这粒牛丸是中空的，原理就像现在鞋底有气的气垫球鞋一样。全靠火鸡姐（莫文蔚饰）腕力惊人，只有她才可以打出这么好的牛丸，平均每片牛肉需要 26 800 多次不停地捶打。"

《食神》中濑尿牛丸的做法是这样的：（1）以铁棒两支左右出力将牛肉以蛮力碎筋，击打 26 800 下；（2）接着将濑尿虾剥壳去肠，放入果汁机打成泥状；（3）然后将虾泥放入锅中，加盐、味精、高汤、胡椒粉、老酒和糖提味，虾泥煮至半熟后，倒在铁盘中放凉，之后放入冰箱使之结冻；（4）将刚刚冷冻好的虾泥切成方块状，横切面以不超过 1.5 厘米×1.5 厘米为佳；（5）牛肉处理好了之后，用汤匙挖出一粒荔枝大小的牛丸，将方块仔细塞入牛丸；（6）煮好一锅大骨高汤，将牛丸放入煮透。

我们之所以在这里讨论濑尿牛丸，不是因为它好吃，而是因为它的结构和制作过程与企业管理，尤其是不确定环境中和危机下的企业管理有很多相似之处。

我们先来看濑尿牛丸的结构。牛丸的内部是一块虾泥冻成的肉冻，煮熟之后是固态和液态混合体，通常固态的虾肉在中心，周围包裹着液态的汤汁，这也是为什么濑尿牛丸咬开之后会有汤汁喷溅出来。濑尿牛丸的外层是用经过反复捶打的牛肉末做成的固态外皮，非常有弹性和韧劲。刚刚煮熟的濑尿牛丸有坚韧的外皮，外面冒着热气，里面滚着热汤，是一个完美的固态、液态和气态的三态叠加体。

大企业病等很多管理中的问题，都可以通过参考濑尿牛丸的结构进行组织改造来解决。我们可以把企业经营比喻成烹饪一大块牛肉，一种方法是整块牛肉放在大锅里煮，另一种方法是做成一锅濑尿牛丸。直接煮的做法最终会得到一块外面熟里面生的牛肉块，要想让里面变熟，必须把牛肉块切开，可能刀刀见血。这好比改变一个内部没有活力的大企业，即使切开了重新煮，效果也未必好。**如果我们把牛肉做成濑尿牛丸，每一粒牛丸形状相似但不完全相同，这就好比把大企业改造成一个个小规模的自组织，每一个自组织都像一粒濑尿牛丸，外部充满弹性，内部充满活力。**

细胞组织

知名设计公司洛可可在发展过程中就采取了类似濑尿牛丸的细胞管理法。洛可可细胞的构建是由一个细胞核开始的，细胞核也是洛可可最基本的管理职位。当洛可可设计师申请成立新的细胞时，洛可可的评审委员会将在财务指标、专业指标、客户满意度指标、内部奖项等方面对设计师进行审核。

细胞成立之后，其细胞核不仅要独立完成项目的设计工作，还要学习财务、人力资源管理，甚至还要跑业务、接单，能够独立开发新的客户——细胞核就好比濑尿牛丸中心的虾肉。随着业务量的增加，细胞核无法胜任全部工作，此时细胞可以向公司申请增加新成员，新成员就好比濑尿牛丸的外皮。当细胞成员超过7人，或达到一定业务量时，洛可可就会强行将细胞进行拆分，这就好比濑尿牛丸个头不能太大。经过多年变革之后，洛可可从一块放在铁板上烤的大块牛肉，变成了一锅上下翻滚、散发着热气的濑尿牛丸汤。

基于细胞管理法，洛可可创始人贾伟进一步打造了线上设计平台洛客。如果说洛可可还是贾伟自己烧的一锅濑尿牛丸汤的话，洛客就好比吸引了众多濑尿牛丸（自由设计师）在上面跳跃的超级烧烤盘。2020年2月2日，洛客发布"洛客云智能设计"共字设计平台；第二天，洛客共享设计平台开始线上远程复工；2月23～24日，洛客共享设计平台在两天内便获得了3487个订单，相当于2019年全年的量；3月10日，洛客共享设计平台实现单日业绩超过2019年全年。濑尿牛丸的韧性在危机之下得到了充分的展现。

地球、企业和大学

实际上，濑尿牛丸的结构并不是它所独有的，宇宙中大量的天体都具有类似的结构。 以地球为例，地球的核心是地核，又称铁镍核心，其物质组成以铁、镍为主，又分为内核和外核。内核直径约为地核直径的1/3，可能是固态的，而外核可能是液态的。地幔是介于地表和地核之间的中间层，整个地幔的温度都很高，可能是岩浆的发源地。地壳是固体外壳，厚度是不均匀的。大气圈是地球外圈中最外部的气体圈层，它包围着海洋和陆地。我们对比一下图6-2中濑尿牛丸和地球的结构，就会发现二者是非常相似的：二者的中心都是固态的，往外一层是液态的，再往外一层是固态的，最外面环绕的是气态的。

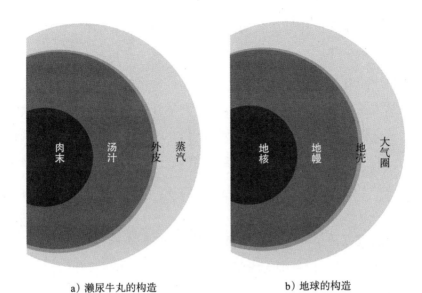

a）濑尿牛丸的构造　　　　　b）地球的构造

图 6-2　濑尿牛丸和地球的构造

我们可以进一步分析一下企业的结构（见图 6-3a）。企业的核心是文化，文化是企业能量的来源，类似于地球的地核。相对而言，企业的文化、使命和价值观等要素形成之后就是比较固定的，大致属于固态结构。文化的外面是组织，组织是企业内部充满活力的圈层，随着人员的流动而变化，随着业务的发展而提升，大致属于液态结构。

组织的外面是战略，战略包裹着组织，组织支撑着战略；战略决定了组织的形状，组织制约了战略的方向。对于组织而言，战略变化的频率相对较低。华为所说的"方向大致正确，组织充满活力"，大体上说的就是固态的战略和液态的组织之间的配合。企业"同心圆"的最外部是运营，而运营相对于文化、组织和战略而言是最灵活多变的，也可以说是气态的。**因此，我们可以把企业看作和地球以及濑尿牛丸类似的结构体，是由固态的文化、液态的组织、相对固态的战略以及气态的运营组成的混态结构。**

如果说把企业比作地球和濑尿牛丸有点牵强，我们可以看一个和企业更为近似的例子，研究一下为什么大学能够跨越更长的时间轴，在更多的危机中生存下来。通常而言，大学都有自己的章程。以北京大学为例，北京大学历史上曾有过《奏拟京师大学堂章程》（1898）、《钦定京师大学堂章程》（1902）、《奏定学堂章程》（1903）、《国立北京大学现行章程》（1920）、《国立北京大学组织大纲》（1932）、《国立北京大学组织大纲》（1947）6 部章程文献。1949 年后，《北京大学章程》又进行了多次修改。

我们这里以最早的《奏拟京师大学堂章程》为例，看一下章程对一所大学的影响。《奏拟京师大学堂章程》提出了"中学为体、西学为用"的办学方针，认为"二者相需，缺一不可，体用不备，安能成才"，强调大学堂的核心是培养人才，把"乃欲培植非常之才，以备他日特达之用"奉为创办大学堂的目的。总的来看，《奏拟京师大学堂章程》提出的"兼容并包""中西并用"等理念，引领了北京大学 100 多年的发展方向。

如果我们把章程类比为大学的文化，那么大学的组织就是由教职员工和学生组成。和企业相比，大学组织的构成具有非常强的流动性和多元性，正所谓铁打的营盘流水的兵，每一年都会有新的学生入学，也会有毕业生离校。如果类比企业的战略，大学的战略应该就是找到合适的人进入组织内部，这不仅包括吸引最合适的师资，也包括录取最合适的学生。对于好的大学而言，较多的申请人数和较低的录取率就是保障大学质量的一层坚韧外壳。

此外，大学的影响不仅限于校园之内，而且可以在社会上更广泛的范围内和更长的时间内产生影响力。显然，我们也可以把大学看作一个固态章程、液态组织、相对固态战略和气态影响力构成的混态结构（见图 6-3b）。

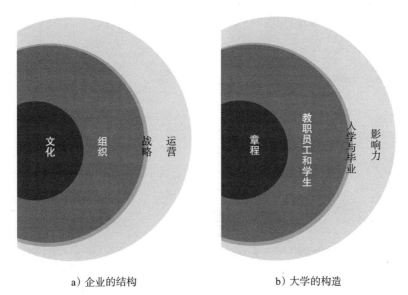

a）企业的结构　　　　b）大学的构造

图 6-3　企业和大学的结构

戴着六顶思考帽的高可靠性组织

高可靠性组织

无论是濑尿牛丸还是地球，无论是大学还是企业，都有类似的混态结构。凡事皆有因，这背后也必有道理，说明类似结构能够产生一种可以跨越危机的高可靠性组织。"高可靠性组织"（High-reliability Organization）是管理学上对那些能够在危机中生存下来并持续发展的组织的一种称谓：如果组织在运转过程中多次避免了原本可能导致灾难性结果的事件的发生，那么这类组织就是高可靠性组织。

管理大师卡尔·维克提出了一个具有操作性的框架，他认为：组织可以通过关注失败事件（Preoccupation with Failure）、拒绝简化解释（Reluctance to Simplify Interpretations）、对一线操作敏感（Sensitivity to Operations)、保证组织韧性（Commitment to Resilience)、重视专业人才（Deference to Expertise）这五类行为，促进正念文化在组织中落地，提升组织发现和管理计划外事件的能力，并提升组织的可靠性（见图6-4）。

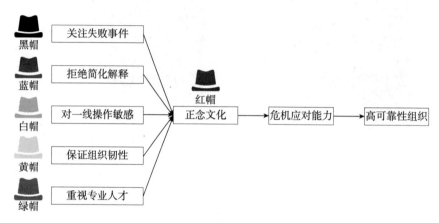

图6-4 用六顶思考帽提升组织可靠性

虽说卡尔·维克给出的分析框架具有一定的操作性，但是如果你对相关的学术概念没有一定的理论基础，可能很难明白他的意思。这里我们可以用六顶思考帽来理解打造高可靠性的条件和过程。

卡尔·维克在《有效组织》（*Making Sense of the Organization*）一书中提出过一个用于提升组织运营敏感度的"STICC"模型，而这个模型与六顶思考帽也有比较密切的联系。"STICC"模型包括Situation（情形）、Task（任务）、Intent（意图）、Concern（顾虑）、Calibrate（校准），对照图6-6，不难看出，"情形"对应白帽，意味着获得信息和资料；"任务"对应黄帽，意味着要有积极和乐观的态度；"意图"对应绿帽，意味着需要有创新与冒险精神；"顾虑"对应黑帽，意味着需要有严谨的逻辑与批判精神；"校准"对应蓝帽，意味着需要有系统性的控制。当然，如果我们在危机中运用"STICC"模型，只需要考虑人的直觉与情感，则对应红帽。

卡尔·维克的组织可靠性过程模型和"STICC"模型有异曲同工之妙。第一，关注失败事件这个要点要求，在建立高可靠性组织的时候不要过多地关注成功，而是要更多地考虑失败。马云在每年湖畔大学的开学典礼上都会对学员讲：你们来到湖畔大学不是为了学习如何成功，而是为了向失败学习，从别人的失败经验中获得知识，避免未来更大的失败。所以说，关注失败事件这个要点可以用六顶思考帽中的黑帽来实现。

第二，拒绝简化解释这个要点说的是，在建立高可靠性组织的过程中要深入思考问题的本质，深入探究产生危机的根源，而不能满足于简单的信息收集和表面的相关性分析。例如，第二次世界大战时期，英美空军为了加强战斗机的保护措施，对参战飞机中弹区域进行了详细统计，结果显示机翼部位中弹最密集，而机舱部位很少中弹。军方决定对飞机机翼进行加固，但一名统计学家站出来反对。他表示真正需要加固的是机舱，因为机舱中弹的飞机大概率无法返航，才导致了这样的统计结果。最终军方采纳了他的意见，战斗机坠毁率果然降低。所以说，拒绝简化解释这个要点可以用蓝帽来实现。

第三，对一线操作敏感这个要点强调，在建立高可靠性组织的过程中需要特别注重收集信息，尤其是来自一线的信息。2014年初，任正非在华为年度干部工作会议上讲话时指出：公司越来越大，但管理绝不允许越来越复杂，要让听得见炮火的人来呼唤炮火，让前方组织有责有权，让后方组织赋能和监管。"让听得见炮火的人来呼唤炮火"就是对一线操作敏感，而这一点和日本企业所强调的"地头力"非常一致。地头力是指不靠记忆或经验得来的知识，是一种现场瞬间反应的能力，一种从零开始的思维突破能力，一种对现地、现场、现物、现时找到解决办法的能力。企业要想获得地头力，就需要发挥六顶思考帽中白帽的作用，随时随地充分收集信息。

第四，保持组织韧性这个要点说明，虽然仅仅拥有韧性并不能成为高可靠性组织，但韧性是高可靠性组织的重要组成部分。沙克尔顿是伟大的南极探险家，他曾四次前往南极探险，虽然没有一次成功，但他在第三次南极探险过程中带领探险队员克服极端困难情况，与恶劣气候斗争了700多天，最后带领所有队员安全返回。沙克尔顿所率领的探险船就是以他的家族信条命名的"坚韧号"，而沙克尔顿探险队完美地体现了人类探险过程中坚忍不拔、永不放弃和积极乐观的精神。企业要想提高组织韧性，代表乐观的黄帽是一个好的选择。

第五，重视专业人才这个要点说明，专业知识和能力是建设高可靠性组织的基础。企业要建立高可靠性组织，必须拥有超强的专业能力。2019年底，华为全球员工总数达到19.4万人，其中研发人员约9.6万人，占员工总数的49%。2020年初，任正非在一次采访中透露，华为2020年计划将研发预算增加58亿美元，这意味着华为的年度总体研发费用将超过200亿美元。任正非直言："作为一家公司，我们的生存不是问题，但问题是如何保持业内领先地位。如果我们不能开发出属于自己的技术，将无法在未来三五年内走到世界前列。"就提高组织专业能力而言，运用六顶思考帽中的绿帽提高创新能力是非常必要的。

第六，正念文化是综合上述五个要点，进而提升企业危机应对能力和建设高可靠性组织的关键一环。正念文化鼓励管理者和员工在工作遇到瓶颈时，尝试换一个环境，放松心情，激发灵感，从而寻找到有效的解决路径。与正念文化密切相关的一个概念是正念领导力，与传统领导力强调领导者行为不同，正念领导力更关注领导者内心，关注领导者思维模式及其对自身和他人的影响。在危机中，具有正念领导力的领导者，能更好地理解他人并和他人相处，可以在面对危机时依旧保持冷静、思维清晰和富有创造力。因此，建立高可靠性组织并不是要把领导者和员工的个性去掉，而是恰恰相反，需要恰当地带入情感因素，在管理决策过程中应用六顶思考帽中的红帽。

《攀登者》

2019年国庆档上映的《攀登者》讲述了中国国家登山队两次登上珠峰的故事，这部影片也反映了一个高可靠性组织的建立过程。攀登珠峰是一项高风险活动，中国国家登山队曾于1960年第一次从北坡登上珠峰，但由于登山过程中摄像机丢失，没有留下影像资料，因此未能得到国际登山界的认可。15年后，国家决定再次攀登珠峰，由1960年登山队中幸存下来的三位队员负责组建登山队，使新的登山队能够从上一次登顶的失败中吸取教训。

登顶珠峰是一个系统工程，不仅需要冲顶队员做充足的准备，而且必须提供足够的后勤保障，以及详尽和及时的气象预报支持。当登山队几次尝试失败后，总指挥部认为当年的登山窗口期已过，只能等到第二年再进行尝试，但登山队随行气象专家凭借她的专业知识，以及对珠峰附近实际气象资料的近距离观察，认为还会有一个短暂的机会窗口。

这次珠峰登顶的成功，除了要归功于登山队拒绝窗口期已过的简化解释和保持对一线气象资料的敏感性之外，还在于他们有强大的组织韧性。在以方五洲为队长的第一次登顶尝试失败后，由于方五洲负伤，年轻队员李国梁勇挑重担担任队长进行第二次尝试。在李国良不幸遇难后，方五洲再次带领登山队出发，进行了第三次尝试，并凭借自身坚忍不拔的意志和乐观精神抓住了短暂的机会窗口，成功登顶。

从《攀登者》的故事中，我们可以看出危机总有一个产生和发展的过程，而且高可靠性组织的建立也不是一蹴而就的，在危机发展的整个过程中可以灵活运用六顶思考帽工具，应对危机中的各种问题（见图6-5）。

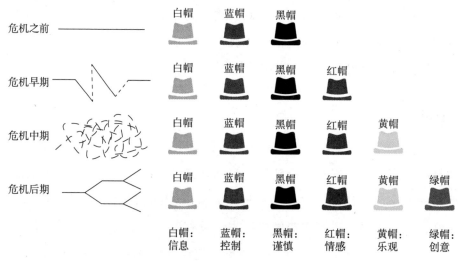

图 6-5　危机过程中六顶思考帽的运用

在危机发生之前，高可靠性组织需要收集和分析危机可能发生的相关信息（白帽），根据分析结果调整组织流程以控制可能的风险（蓝帽），并能够充分认识到危机发生的可能性以及将会带来的后果（黑帽）。在危机发生的整个过程中，信息、控制和谨慎都是必需的，为此，在危机的各个阶段都应该持续地运用白帽、蓝帽和黑帽。

进入危机早期，组织会遭遇较大程度的不连续性，组织士气可能会受到严重打击。在这种情况下，应该运用六顶思考帽中的红帽，发挥正念领导力的作用。随着危机的演进，进入危机中期之后，组织不仅要面对不连续性，而且将面临不断升高的不确定性。组织在这个阶段应该引入六顶思考帽中的黄帽，采取积极乐观的态度应对危机中不确定性和不连续性的挑战。当危机进入后期阶段，曙光已经出现，未来发展道路的不连续性开始降低，但为了把握危机带来的机会，组织应该引入六顶思考帽中的绿帽，激发组织的创意和创新能力。

数字孪生，并蒂之莲

2019年底上映的《终结者：黑暗命运》中出现了一种新的机器人杀手REV-9。REV-9不是T系列，而是一种新型号的机器人，其最大的特点是具有分身能力，可以分身成多个机器人，同时能将自身的内骨骼和液态外表分离并自主行动，其抗击打能力和液态外表恢复能力也有了质的飞跃。我们可以从REV-9机器人看到数字孪生的影子。数字孪生是指针对物理世界中的物体，通过数字化的手段在数字世界中构建一个一模一样的实体，借此来实现对物理实体的了解、分析和优化。

2018年，阿里巴巴提出了建设数字孪生城市的构想，着手帮助国内外多个城市（苏州、杭州、萧山、衢州、上海、吉隆坡等）完成向新一代数字孪生城市的转型升级，在云计算开放平台上通过构建数字孪生城市，进行大规模仿真、推演、预测，分析未来城市运行中可能遇到的瓶颈与社会风险，帮助城市规划师迭代升级全局设计方案。

不难想象，如果一个机器人个体或一个城市可以实现数字孪生，那么一个组织也可以通过数字孪生复制自己，在危机到来之前进行仿真推演，在危机到来之后进行自我迭代和演化。如果数字孪生得以实现，未来的组织将不仅是一个固态、液态和气态三态叠加的混态组织，而且是一个能够在同一空间实现分身甚至可以在多个平行空间存在的高可靠性组织。

| 第七章 |

危机学习力

坎坷之路，英雄之旅

离思五首·其四

［唐］元稹

曾经沧海难为水，除却巫山不是云。
取次花丛懒回顾，半缘修道半缘君。

苦寒梅花香，危机造英雄

2020年劳动节，华为公众号、华为微博、心声社区同时发布了一段上海芭蕾舞团的"口罩芭蕾"视频，推荐这段视频的是任正非。他说："从这群芭蕾舞演员身上可以看到这种内生力量。成熟的企业深知危机是常态，无论外界环境如何变化，修炼好内功，梅花香自苦寒来，这也是华为精神。"

任正非所说的华为精神,既是危机意识,更是危机中不屈的英雄精神。华为的英雄精神经历过三个阶段。第一阶段是早期呼唤个人英雄的阶段,即华为初期的野蛮生长阶段(1987～1997年)。任正非在1995～1997年这三年里先后发表了题为《英雄好汉站出来》《不要忘记英雄》《呼唤英雄》的讲话。

第二阶段是消灭个人英雄主义的阶段,即华为引入正规化管理阶段(1998～2012年)。随着世界级管理体系的引进,华为由野蛮生长变成理性增长,任正非在1998年发表了题为《不做昙花一现的英雄》的文章。

第三阶段是呼唤群体英雄的阶段,即华为进入了新的跨越式发展阶段(2013年至今)。在这个阶段,任正非重提英雄精神,提倡"英雄不问出处,希望英雄辈出,时势造英雄,让25%的人当英雄,不完美的英雄也是英雄"。

虽说"时势造英雄",但并不是所有的"时"和"势"都会造就英雄,"平时"和"顺势"不一定能造就英雄,只有"危时"和"逆势"才能造就英雄,正如任正非所说的"大时代一定会产生大英雄"。

乔布斯的英雄之旅

千面英雄

约瑟夫·坎贝尔的《千面英雄》是一本讨论危机和英雄的经典著作,这本书从神话中英雄成长历程的角度出发,把英雄之旅分为4个阶段:接受召唤、经受考验、经历磨难和救赎回归,而这4个阶段又可以分成12个具体的步骤,详见图7-1。**如果我们把英雄的成长历程看作一次危机中的历险,那么英雄之旅的4个阶段也可以理解为危机过程中的4个阶段:危机之前(接受召唤)、危机早期(经受考验)、危机中期(经历磨难)和危机后期(救赎回归)。**

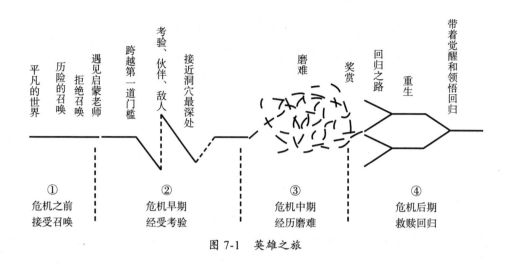

图 7-1 英雄之旅

在危机之前（接受召唤）阶段，英雄会经历 4 个步骤：平凡的世界、历险的召唤、拒绝召唤和遇见启蒙导师。在这 4 个步骤里，英雄原本拥有安宁的生活，但突然听到来自神秘世界的历险召唤，对于这样的召唤英雄起初的反应往往是回避，但经历了一段时间的纠结甚至是抗拒之后，英雄会遇到能够"点醒"自己的导师或者是让自己幡然醒悟的事件。

经过危机之前（接受召唤）阶段，英雄之旅进入危机早期（经受考验）和危机中期（经历磨难）两个阶段。这两个阶段一共包括 4 个步骤：跨越第一道门槛，经历考验、结识伙伴和应对敌人，接近洞穴最深处和磨难。这 4 个步骤是英雄历险的主要阶段，在跨越第一道门槛后，英雄正式开始历险，并在历险过程中结识伙伴、应对敌人和经受考验。在历险过程中，英雄会经历各种不同的考验，直至到达危机的至暗时刻，在经历至暗时刻之后，英雄还会接受长时间的磨难才能走出危机。

经过危机早期（经受考验）和危机中期（经历磨难）两个阶段之后，英雄之旅进入危机后期（救赎回归）阶段，包括 4 个步骤：奖赏、回归之路、重生、带着觉醒和领悟回归。英雄之旅的开头充满悬念，过程惊心动魄，结局当然也不会波澜不惊。在经受考验和经历磨难之后，英雄会获得奖赏,并踏上返程的道路,返程道路的安宁会引发英雄的思考,使他获得重生,并带着觉醒和领悟,返回出发之地。

虽然英雄之旅描述的主要是神话中英雄人物的历险过程,但对现实中的企业经营,尤其是面对危机的企业家有非常重要的借鉴意义。我们可以把企业家经历危机的过程分为危机之前(居安思危)、危机早期(路径不连续)、危机中期(方向不确定)和危机后期(转危为机)4个阶段(见图7-2)。

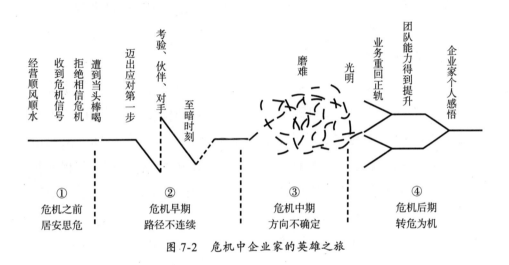

图 7-2　危机中企业家的英雄之旅

乔布斯的英雄之旅

在图7-2这4个阶段里,企业家也会经历和英雄之旅中类似的12个步骤。危机之前(居安思危)阶段包括:经营顺风顺水、收到危机信号、拒绝相信危机、遭到当头棒喝。以乔布斯为例,他在1976年创立苹果电脑公司并于1977年推出苹果Ⅱ型电脑,受到市场热捧,公司在1980年公开上市,乔布斯成为亿万富翁。之后几年,苹果公司把大量资金投入新款电脑Lisa的研发中,成本高昂的Lisa电脑需求寥寥,但乔布斯坚持己见，拒绝相信市场和公司内部传来的危机信号。1985年4月，董事会决定撤销他的经营权，乔布斯被迫于当年9月离开苹果电脑公司，遭到他创业早期最重要的一次当头棒喝。

遇到危机之后，企业家通常会很快调整自己，迈出应对的第一步。当危机真正到来后，企业家开始接受真正的考验，逐渐认识到谁是自己真正的经营伙伴和对手。由于危机往往给企业家带来发展路径的不连续性，他们会经历自己事业中的至暗时刻，而这些至暗时刻往往也是企业家英雄之旅的重要转折点。此后，企业家还会经历危机带来的种种磨难，并在克服磨难之后，再次走向光明。

以乔布斯为例，他离开苹果电脑公司之后，花了1000万美元从乔治·卢卡斯手中收购了一家电脑动画工作室，并在此基础上成立了皮克斯动画工作室。皮克斯在1995年推出全球首部全电脑制作的3D电影《玩具总动员》，奠定了其在电影界和科技界的领军地位。成立皮克斯之后，乔布斯一改之前强悍的管理风格，充分发挥合作伙伴的积极性和创造力，在创意和技术方面领先于对手，进而改变了动画乃至整个电影行业。

1996年，苹果电脑公司经营陷入困局，市场份额由鼎盛时期的16%跌到4%。乔布斯在苹果电脑公司的至暗时刻回归，开始了一系列大刀阔斧的改革，停止了不合理的研发和生产投入，结束了和微软多年的专利纠纷，并开始研发新产品iMac和OS X操作系统。在之后的几年里，乔布斯带领苹果电脑公司不断探索新的发展方向，在充满高度不确定性的竞争环境中找到了数字化和移动化的确定性发展方向，推出了划时代的产品iPod播放器，彻底改变了音乐行业，也带领公司走出了危机。

推出iPod播放器之后，苹果电脑公司的业务在乔布斯带领下逐步进入快速发展的道路。2007年苹果电脑公司更名为苹果公司并发布iPhone，开启了手机行业的智能时代，把人类带入了移动互联的新世界。随后几年，苹果公司又推出了 iPad 等产品，一次又一次地改变了人们的生活方式。

企业家在经历危机之后往往能够更好地看清未来的发展方向，带领企业跨越发展路径上的不连续性，从至暗走向光明，使业务重回正轨，并在危机中锻炼队伍，让团队能力得到大幅提升。而企业家个人在危机之后也将获得深刻的感悟，甚至为后来者留下宝贵的精神财富。

2011 年，蒂姆·库克接替乔布斯任苹果公司 CEO。乔布斯于同年 10 月 5 日辞世，作为一代商业传奇，他在危机中挽救苹果公司，引领全球科技商业发展方向的英雄之旅，将持续地激励未来的商业英雄（见图 7-3）。

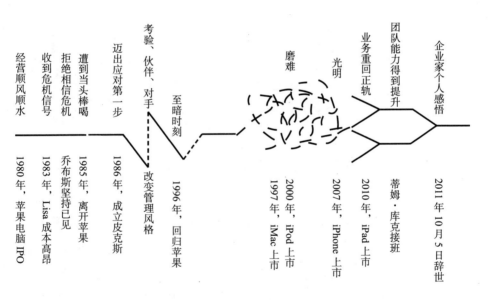

图 7-3　乔布斯的英雄之旅

在英雄之旅中，英雄们主要面临两方面的危机，一是未来发展方向的不确定性，二是未来发展路径的不连续性。例如乔布斯当年之所以被迫离开苹果电脑公司，就是因为他力主的高端电脑业务不符合当时市场的发展方向,而且公司在研发和生产高端电脑方面的投入过大,影响了公司经营的连续性。

在乔布斯重回苹果电脑公司之初,面临着未来业务发展方向的不确定性和发展路径不连续性两方面的考验。与 10 年前离开时不同的是,1996 年的市场对 iMac 等中高端电脑的接受度大大提高,而后来的 iPod 和 iPhone 等产品则很好地解决了音乐和手机等行业未来发展方向不确定的问题。在此背景下,苹果公司作为新发展方向的引领者,必然一骑绝尘。

因此,英雄们要想战胜英雄之旅中的危机和挑战,必须设法应对不确定性和跨越不连续性,而其中的秘诀在于"学"和"习"二字。"学"和"习"经常一起出现,最为人熟知的名言便是"子曰:学而时习之,不亦乐乎"。

"学"和"习"的甲骨文见图 7-4。"学"字中的"×"表示交叠的算筹,"∩"是"六"的简写,即"庐",表示演算习字的房屋。"学"也通"觉",是觉悟的意思。"习"字的"羽"

图 7-4　甲骨文"学"和"习"

表示鸟的翅膀,"日"表示白天,"习"的本义是幼鸟在白日练习飞翔。"学而时习之,不亦乐乎"这句话的原意是:"自己觉得不如别人而仿效,并且能根据实际情况运用这些知识,不是很快乐吗?"如果我们把"学习"放在危机的情景下理解,"危机学习"的含义就是:在危机中,自己认识到需要深刻地思考以达到更高层次的觉悟,并且能根据实际情况运用自己的思考,克服危机中的困难,不也是很快乐吗?

在危机中应用 U 型理论

危机给人们带来的一个主要挑战是,未来发展方向的不确定性上升了：事物的发展方向在危机发生后通常会发生改变，而且未来发展方向的可预见性下降了。**由于未来发展方向有很高的不确定性，所以，在危机出现后继续沿着原来的发展方向前进一定会出问题。这个时候，明智的选择不是继续往前走，而是停下来进行深入的思考。**

如果说未来发展方向的不确定性意味着我们站在一个岔路口上，而且我们不能确定面前的每条岔路通向何方，那么我们应当做的第一件事情就是停下来进行思考。或者，我们应该暂时放弃眼前的岔路，从现在这个点向下挖，朝着自己心目中的方向挖一条隧道，直达终点。

要做到深入思考，我们可以借用U型理论。"U型理论"是麻省理工学院奥托·夏莫博士和学习型组织理论创始人彼得·圣吉教授联合进行研究时发现并开创的理论。U型理论认为，当我们遇到难以逾越的认知鸿沟时，可以通过7个步骤跨越鸿沟：暂悬、转向、放下、自然流现、接纳、具化和实施（见图7-5）。

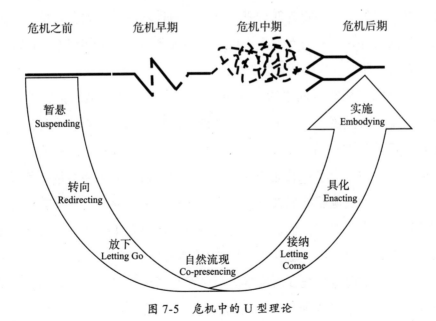

图7-5 危机中的U型理论

我们可以用乔布斯回归苹果电脑公司之后做的一些事情来理解如何在危机中应用U型理论。 1997年10月6日,也就是乔布斯宣布回归苹果电脑公司三个星期之后,戴尔公司创始人迈克尔·戴尔在一次行业峰会上说:"如果让我担任苹果电脑的CEO,我会关掉公司,把钱还给股东。"

戴尔之所以这样说,是因为苹果电脑公司当时的状况的确很差。例如1996~1997财年,苹果电脑公司的销售额只有71亿美元,亏损高达8.16亿美元。从整个个人电脑市场来看,1997年销量比上一年增长了14%,而苹果电脑公司的销量却下降了27%。不得不说,乔布斯回归伊始就面临着一场非常严重的危机。

回到苹果电脑公司之后,乔布斯没有立刻着手开发新产品("暂悬"),而是开始思考公司需要的伟大产品是什么。乔布斯认为,伟大的产品不一定要用新技术,而是要让工程师了解新产品在公司的整体规划中需要扮演的角色。他认为关键是要简化公司的目标,将整个公司的人才和品牌效应用在几个关键的产品和市场中("转向")。经过思考,乔布斯把公司的产品限定为四种基本产品:两种不同型号的台式机,一种为普通人设计,一种为专业人士设计;两种不同型号的笔记本,同样分别为普通人和专业人士设计("放下")。

在确定了战略方向之后,乔布斯并没有从上往下强制推行他的思路,而是和设计团队一起进行充分讨论,让整个团队逐渐认识到把产品限定于四种基本产品的必要性("自然流现")。四种基本产品的战略让苹果电脑公司走上了和其他个人电脑厂商截然相反的道路,帮助苹果公司集中仅有的资源服务好细分市场客户。接下来,乔布斯并没有急切地在公司内部进行变革,他认为实现这些目标需要几年时间,他必须接受公司奄奄一息的现状,逐步进行改变("接纳")。

在公司的财务状况逐渐稳定之后,乔布斯组建了一个高效的核心管理团队,具体实施四种基本产品的战略("具化")。在产品战略的实施过程中，乔布斯放手让团队进行探索，而他自己所做的事情主要是把那些他看不上的项目枪毙掉。例如一款名为"eMate"的电脑项目就被枪毙了，但乔布斯看上了 eMate 塑料外壳的半透明材质，并把这种材质用在 iMac 上，即乔布斯重回苹果后推出的第一款产品（"实施"）。

我们从乔布斯回归苹果电脑公司初期所做的决策可以看出，他既没有沿着公司原有的发展方向往前走，也没有马上按照自己的思路大刀阔斧地进行改革，而是把自己进行变革的冲动暂悬，进而思考公司下一步的转向，考虑如何把原有的包袱放下，并让这些想法在团队中自然流现出来。接下来，他组建优秀的团队，推动大家接纳未来发展新的方向，具化为行动方案并实施。可以说，乔布斯回归后解决苹果电脑公司危机时采用的就是 U 型理论的思路。

U 型理论的核心理念和正念学习有很多相通之处。正念的本意是留心，即全心全意、不加评判地留心、关注、沉浸于当下自身的内在状态和行为，能感知到周围正在发生的一切，不受过去的经历和对将来想象的困扰。正念和中国传统文化所讲的悟性也有很多异曲同工之处。李平教授与合作者做了很多关于悟性思维和创新的研究，提出了悟性创新模型（王馨、李平，2017）。

悟性创新模型包括 6 个步骤：①知止——主题知识领域求解卡壳；②归零——放下束缚回归问题原点；③内观——运用不同于科学观察的方法获得原创却模糊的总体思路；④启发——在非主题知识领域通过联想与类比触发跨域的相通启发；⑤洞见——获得求解问题的清晰的本质洞见；⑥落地——通过严谨论证构建创新方案（见图 7-6）。

我们可以通过 iPhone 的发明过程来理解悟性创新模型。2005 年，iPod 销量暴涨，达到 2000 万台，同时还带动了 iMac 系列电脑的销售。但业务的快速发展引发了乔布斯的担忧，他告诉董事会："能抢我们饭碗的设备是手机，如果每个人都随身带着手机，就没有必要买 iPod 了。"

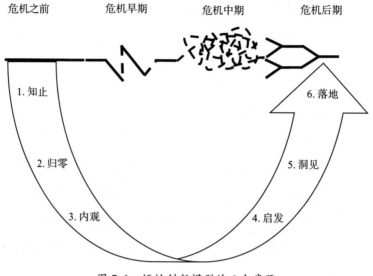

图 7-6　悟性创新模型的 6 个步骤

对现有业务的焦虑可以视为乔布斯"知止"的第一个层面。"知止"的第二个层面来自苹果电脑公司和摩托罗拉合作的手机 ROKR。这款手机既没有 iPod 的极简风格，也没有摩托罗拉刀锋系列的超薄造型，它外观丑陋，使用不便。乔布斯看到这款手机时怒不可遏，他说："我受够了和摩托罗拉这些愚蠢的公司打交道。我们自己来。"

在认识到无法在现有领域内找到解决方案之后，乔布斯很快便进行"归零"思考。他经常拿起一部手机历数其各类缺陷，认为当时的手机设计都极不合理，需要他来重新发明手机。归零之后，乔布斯开始"内观"，通过整合内部的 iPod 项目和另一个平板电脑项目，形成了 iPhone 的初步设计思路。

乔布斯除了从苹果电脑公司内部获得启发外，还从一款微软的平板电脑软件中获得"启发"，但他认为给手机配上手写笔是一个败笔，应该使用类似于多点触控的技术。虽然苹果当时还未开发出多点触控技术，但乔布斯的"洞见"能力让他能够向技术人员描述出这种技术应该达到的效果。最终，苹果电脑公司团队把 iPhone 所需要的各种技术集成在一起，推出了这款跨时代的产品（"落地"）。

知、止、定、静、安、虑、得

我们除了从 U 型理论和正念学习借鉴危机中应对不确定性的方法之外，还可以从中国传统文化中获得启发。图 7-7 包括个人"学"和团队"学"两个方面。**在个人"学"方面，我们可以借鉴《大学》中的"知止而后有定，定而后能静，静而后能安，安而后能虑，虑而后能得"，把危机中学（觉）的过程分解为七个步骤：知、止、定、静、安、虑、得。**

第一是"知"，知道的意思。正所谓先知先觉、后知后觉、不知不觉，如果没有"知"作为先决条件，"觉"就不可能发生。在危机中，"知"强调对危机相关信息的敏感性，春江水暖鸭先知，企业家作为企业的第一责任人，必须在第一时间获得危机可能发生的相关信息。

第二是"止"，"止于一"就是"正"，"正"意味着正念，意思是说，知道危机会发生之后，要正确对待这个事实，不能逃避现实。可以把"止于一"的"一"理解为底线。金庸先生到访阿里巴巴时曾题字，"商之道，首在戒欺"，这里的"戒欺"就是底线，企业不能因为经营面临危机而造假和欺诈。

第三是"定"，"定"为"定见"或"定力"。当我们面临危机时，一个自然反应就是惊慌失措，而越是惊慌越会失措，越会失去方向感，越会做出不正确的决策。所以面对危机，要有定力，而后才能有静。

第四是"静"，"静"指的是静心、静气。只有做到平心静气，才能进入深度思考的状态，一些能够超越现状的危机解决办法也才能够自然流现出来。

第五是"安"，可以理解为"安神"。中医认为，神是人的生命活动现象的总称，包括精神意识、知觉、运动等，以精血为物质基础，是血气阴阳对立的两个方面共同作用的产物，并由心所主宰。

第六是"虑"，就是思考。以"知"为信息基础，以"止"为道德底线，以"定"为目标、方向，以"静"为开放心态，以"安"为精神保障，才能深思熟虑，获得启发并产生洞见。

第七是"得"，得到的意思。有了前面的知、止、定、静、安、虑，得是自然而然的结果，得到的是应对危机所带来的不确定性的方案。

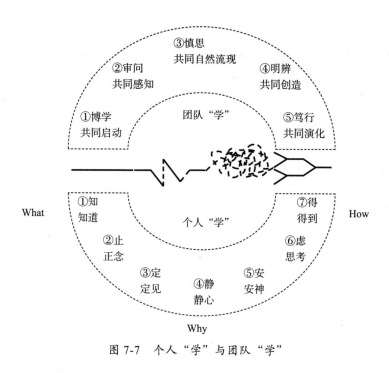

图7-7 个人"学"与团队"学"

U型理论关于团队"学"的方法，包括共同启动、共同感知、共同自然流现、共同创造和共同演化5个步骤。我们可以把这5个步骤与《中庸》里的"博学之，审问之，慎思之，明辨之，笃行之"相对应。 对这几句话通常的理解就是要广博地学习，要对学问详细地询问，要慎重地思考，要明白地辨别，要切实地力行。然而，如果我们把它们应用到团队学习中，就可以获得全新的视角。

"博学之"指的不仅是我们可以向广博的客观世界学习知识，更应该和团队成员共同启动学习，通过向团队其他成员学习，增加自己视野的宽度和思维的广度。

"审问之"指的不仅是我们要仔细检查所获得的知识的来源是否可靠，还包括我们和团队成员一起共同感知，获得具有一致性的语言基础。

"慎思之"不仅指个人要深入思考，同时更强调团队成员应该在同一个场景下实现共同的自然流现。

"明辨之"不仅是说个人要仔细辨别思考所获得的思路的价值，而且更应该和团队成员一起共同创造。

"笃行之"不是强调个人要单枪匹马埋头向前，而是强调团队是一个整体，要通过团队学习共同进步和演化。

跨越不连续性的三大工具：PDCA、OKR 和复盘

危机给人们带来的另一个重要挑战是，未来发展路径的不连续性上升了，危机之前设定的发展道路在危机发生后通常会中断，而且短期内修复的可能性也不高。"不连续性"是近几年来企业家口中的一个高频词，大家之所以强调不连续性，主要是感觉到以前的成功经验越来越难以复制了，按照过去的方法越来越难以应对眼前频发的危机了。面对危机带来的不连续性，人们需要像学习飞翔的小鸟那样，不断地扇动翅膀，体会空气在羽毛间流动的感觉，提高自身控制飞翔用到的肌肉群的能力。一旦掌握了飞翔的方法，离开树上的鸟巢就不再是一场危机，而是通向自由世界的起点。

跨越危机带来的不连续性，我们需要几个工具：PDCA、OKR 和复盘（见图 7-8）。

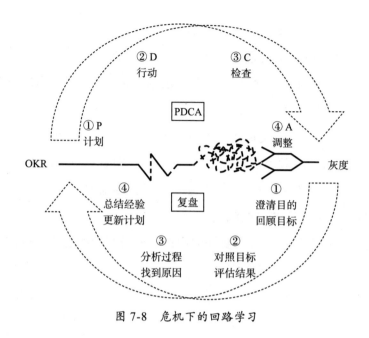

图 7-8 危机下的回路学习

PDCA

PDCA 循环是由美国质量管理专家休哈特博士首先提出的，后被戴明采纳和完善，并进行宣传和普及，所以又称戴明环。PDCA 循环的含义是将质量管理分为四个阶段，即计划（Plan）、执行（Do）、检查（Check）、调整（Adjust）。我在这里把传统的行动（Act）修改为调整（Adjust），目的是体现近年来精益生产实践中对 PDCA 的改进，调整（Adjust）比行动（Act）更强调 PDCA 过程中的反馈循环。

和精益生产中的 PDCA 不同，在危机中应用 PDCA 要求人们快速形成反馈循环，并在危机处理中更多地强调"C"和"A"的作用。我们可以对照一下 PDCA 和危机过程的 4 个阶段，人们在危机发生之前往往强调计划（P），在危机发生早期通常强调行动（D），在危机发生后期更加重视检查（C），在危机结束之后才开始强调调整（A）。

然而，危机管理的紧迫性以及危机带来的不连续性，要求人们把通常习惯的 PDCA 大循环改进为快速迭代的小循环，即把通常在每年、每季、每月完成的 PDCA 循环调整到每周、每天、每时的频率上来。

2020 年公共卫生危机爆发之后，很多企业在远程办公中面临的一个挑战是，员工在地理距离分散、工作环境不友好的家里办公时，往往被很多事情打扰，无法专注于眼前的工作，很难形成系统思维，团队协同效率降低。为此，很多企业开始使用协同管理软件（如致远互联 A8、钉钉、Teambition 等），用软件辅助员工形成 PDCA 的工作循环，实现"日事日毕，日清日高"。

OKR

和 PDCA 密切相关的一个管理方法是 OKR。O 代表目标（Objects），KR 代表关键成果（Key Results），OKR 的核心是实现目标和关键成果之间的密切联结和良性互动。很多企业在危机到来之前使用 KPI 进行绩效管理，自上而下制定绩效指标，期末进行检查和奖惩。KPI 更适用于未来发展方向确定且发展路径连续的情况。当危机到来时，企业未来发展方向的不确定性上升，且发展路径的不连续性也上升，再也难以用事先制定好的具体指标来约束和激励员工的行为。在危机中，使用 KPI 难以实现有效管理的目标。

OKR 管理法以 O 为导向，以 KR 为控制节点，采取自下而上和自上而下相结合的制定方法，以及层层分解和快速迭代的实施手段，更适合长期目标不明确、实现路径不清晰的情况。OKR 最早在行业变化速度快、竞争激烈的英特尔公司和芯片行业开始实施，后来推广到谷歌、Facebook 等硅谷企业，并于近年传入中国，在字节跳动、小米等企业得到广泛应用。在危机中应用 OKR 的核心优势在于根据不断变化的目标快速调整可以实现的关键成果，并根据得以实现的关键成果调整下一步的目标。

复盘

在危机中，复盘是可以与 PDCA 和 OKR 配合使用的重要管理工具。如果用一句话描述复盘，就是"把做过的事情再从头过一遍"。其中包括 4 个步骤：回顾目的和目标，对照目标评估结果，分析过程并找到原因，总结经验并制订下一步行动计划。复盘的方法在中国企业中的应用非常广泛，例如联想已经形成了"小事及时复盘、大事阶段性复盘、项目结束后全面复盘"的企业文化。

复盘在稳定的经营环境中非常重要，其目的是总结经验和教训，并在进一步的工作中进行改进和调整。在危机中，复盘的作用更加突出，其主要目的不再是总结经验，而是根据快速变化的环境及时调整目标，确定下一阶段要实现的关键成果。从这个意义上讲，复盘和 OKR 需要紧密配合才能在危机中达到更好的效果。

复盘的思维更加符合企业管理中的双环回路学习路径。管理学家克里斯·阿吉里斯认为，传统的企业学习是单环回路学习，当出现错误时，解决问题的方法不会改变基本的控制基础。一个典型的例子是恒温器的设计。如果房间内的温度太低，恒温器就会打开；如果温度太高，恒温器就会关闭。在整个调整过程中，系统不会自动改变温度的设定和反馈路径。显然，单环回路学习不适用于危机环境下的组织学习，而危机环境下的双环回路学习会对系统本身的设计逻辑提出改进意见，根据系统在前一阶段的运行状况调整下一阶段的运行逻辑，这对于企业在危机环境下应对所面临的方向不确定性和路径不连续性问题非常关键。

如图 7-8 所示，**危机下的组织学习具有回路的特点：组织在整个危机过程中需要不断地执行 PDCA 管理循环，利用组织协同软件和工具，帮助企业实施 OKR 管理方法，并在管理过程中及时进行复盘。**

学习：坎坷之路，英雄之旅

英雄之旅是危机之旅，更是学习之旅。英雄之旅往往以平凡的世界为起点，随着英雄带着觉醒和领悟返回到达终点，在起点和终点之间，英雄往往会经历学和习这两个交织在一起的过程（见图7-9）。

英雄最初听到历险的召唤时，往往由于没有做好思想准备而拒绝召唤，在遇到启蒙导师之后，英雄的思想发生了变化，终于迈出了跨越第一道门槛的关键一步。随后，英雄受到考验、结识伙伴并遇到敌人，逐步接近旅途中最艰巨的挑战，同时进行了最深刻的思考。随着英雄的继续前行，他经历了种种磨难，并获得了相应的奖赏。最终，英雄在行动上踏上了回归之路，在思想上获得了重生，带着觉醒和领悟返回家乡。

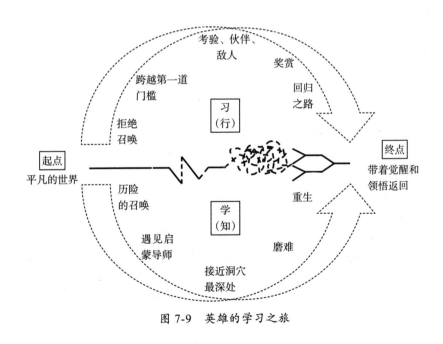

图 7-9　英雄的学习之旅

不难看出，所有面对危机的个人和企业都是潜在的英雄。人们往往认为：旅行，就是从自己待腻的地方出发，到别人待腻的地方去。然而英雄之旅远远没有这么简单，英雄从平凡的世界出发后，在种种磨难中经历了思想和行动上的双重洗礼，通过边学边习，最终做到知行合一。战胜危机之后的英雄，已不再是出发时的自己。同样，无论是个人还是企业，杀不死我们的危机都会让我们更强大。

- 此刻，任正非评价"口罩芭蕾"的话值得再次体会："成熟的企业深知危机是常态，无论外界环境如何变化，修炼好内功，梅花香自苦寒来，这也是华为精神。"

| 第八章 |

危机情景规划

运筹帷幄，决胜千里

题西林壁

[宋] 苏轼

横看成岭侧成峰，远近高低各不同。
不识庐山真面目，只缘身在此山中。

烈火、无人机和海豹突击队

烈火

普通人在现实生活中遇到突发危机时会惊慌失措，主要是因为缺乏应对危机的经验。不过，我们可以从灾难或战争题材的影视作品中了解一些危机的特点，并学习处理危机的方法。

2019年8月上映的电影《烈火英雄》开头有一场火灾。闹市区的一家火锅店着火了，特勤中队队长江立伟带着消防队员进入火灾现场之前，询问火锅店老板店里有没有易燃易爆品，老板回答"没有"，急着让江立伟带人去救被困在店里的女儿。江立伟在救出小女孩后，让一位新消防队员进入火灾现场检查情况。由于这位消防队员不知道店内一个温度达到燃点的房间里放满了煤气罐，贸然打开了房门，导致外面的氧气进入房间引发爆炸，这位年轻的消防员不幸牺牲。

悲剧发生后，江立伟被撤职，主因是他作为一线指挥员，轻信了火锅店老板的话，派出一位没有经验的消防队员勘查火场。江立伟在火锅店火灾现场犯的错误是没有"全景"观念，没有意识到潜在的危险，从而未能把握危机的全局。同样是江立伟，在影片中海港码头的灭火战役里则表现出了全景意识，不仅看到了熊熊燃烧的油罐，也看到了紧挨着油罐的化学罐区潜在的重大威胁，并和队友一起全力保住了化学品的安全，避免了一场重大灾难。从电影《烈火英雄》中，我们可以学到处理危机的第一个要点：建立"全景"观念，了解危机全局，才能控制关键风险点。

无人机

《天空之眼》是2017年上映的一部战争剧情片，影片主要情节是：科洛内尔·鲍威尔上校奉命领导行动小组抓捕肯尼亚首都内罗毕境内的恐怖主义组织头目。当鲍威尔了解到这个恐怖组织将进行一项自杀性恐怖袭击时，她当即决定用无人机消灭恐怖分子。由于恐怖分子中有英国和美国公民，鲍威尔不得不联系英国外交国务大臣和美国国务卿等政府高官，才能继续执行任务。正当行动小组得到指令，可以用无人机投掷炸弹时，却发现一名小女孩进入爆炸范围内并摆了一个地摊儿开始卖饼。

于是，行动小组一边估算炸弹爆炸导致小女孩死亡的概率，一边想方设法让小女孩快些离开。行动小组一开始计算出的小女孩死亡概率是65%，英国政府高官认为这个概率太高，不批准投掷炸弹。随后，行动小组改变了炸弹的弹着点，小女孩的死亡概率降到45%，轰炸方案终于得到批准。但就在炸弹爆炸那一刻，小女孩改变了位置，离爆炸中心更近了。结果，虽然消灭了恐怖分子，但小女孩也被夺去了生命。

在《天空之眼》中，鲍威尔上校是掌握"全景"信息的。她不仅和英美高层官员保持通话，还直接指挥位于恐怖分子聚集地点附近的特工；她不但有在天空中待命的捕食者型无人机，还有能够进入恐怖分子藏身的院子里侦查的机器小鸟，甚至是能够进入房间的机械昆虫。然而，即使拥有这么多的技术手段，鲍威尔上校仍然无法完全掌控局势，她需要应对突然出现的小女孩带来的不确定性，需要计算不同的弹着点造成的伤害情况，还需要考虑万一恐怖分子离开聚集点并发动自杀式袭击可能带来的后果。总之，鲍威尔上校需要考虑很多"情景"，评估每一种情景出现的概率和可能造成的后果。

海豹突击队

《天空之眼》的剧情虽然紧张，但其中的恐怖分子远远没有影片《猎杀本·拉登》中的本·拉登那么有名。自从2001年"9·11"事件发生后，美军一直在寻找本·拉登，媒体上先后有五六次本·拉登已被美军击毙的传言，但每次传言之后本·拉登都会出来辟谣。2010年8月，美国中央情报局发现一名与本·拉登有密切联系的基地组织信使进入阿伯塔巴德市郊的一座院子里。情报表明，本·拉登有可能就住在这座院子。于是，美国情报部门、军方和最高决策者开启了一系列复杂的情景规划，目的就是消灭本·拉登。

这次行动的第一步就是要确定建筑物内居住者的身份。在锁定本·拉登藏身之处前差不多10年的时间里，美国情报部门一直在寻找他的下落，对他可能藏身的地方进行了无数次搜索和排查。所以，当情报表明这座距离巴基斯坦军事学院不足1英里的建筑物可能就是本·拉登的住所时，绝大多数人都不相信这个情报，因为当时的共识是本·拉登一定藏在偏远的大山里。美国中央情报局首先列举了25种用来确认居住者身份的方案，在讨论过程中，这25种方案又变成了37种方案。虽然很多方案被证明完全无助于确定居住者的身份，但另一些方案则帮助确定了建筑物内的居住者中包括本·拉登本人。

行动的第二步是要决定如何击毙本·拉登，是用精确制导炸弹摧毁建筑物，还是要进入建筑物内；是抓捕，还是直接击毙。如果直接摧毁建筑物，则可能面临无法确认是否已杀死本·拉登的困境。如果派军队进入建筑物，则牵涉是否和巴基斯坦军方联合行动。如果美军单独行动，则要考虑相关的国际影响，以及行动过程中可能遇到的各种障碍。总之，整个行动涉及非常多的变量，需要决策者进行全景分析，对未来行动带来的各种不确定性进行评估，在相互冲突的目标之间进行选择，并准备随时应对突发事项，等等。

在对多种可能的行动方案进行系统评估后，美军决定派遣一支特种部队小分队进入建筑物击毙本·拉登。在做出这个决定后，美国又做了两件事情：一是开辟了一条从波罗的海港口经其他国家进入阿富汗的路线，这条路线完全绕开了巴基斯坦，其目的是如果美国和巴基斯坦之间的关系因为这次军事行动而恶化，仍能保证美国在阿富汗作战部队的物资供应；二是仿照那座建筑物建了一个训练基地，让海豹突击队进行了一个月的针对性训练。

万事俱备之后，2011年5月1日两架经改装的"黑鹰"隐形直升机载着20名海豹突击队队员接近本·拉登藏身之地，但一架直升机在降落时因为没有预料到院子里上升的热气流而坠毁，突击队临时改变方案攻入建筑物，击毙了本·拉登，并在撤离时炸毁了坠毁的直升机。在任务执行中，还有一个没有预料到的事情是突击队员没有带卷尺，所以无法确定死者的身高是不是6.33英尺，最后不得不找一个身高差不多的人躺在本·拉登尸体旁边进行比对。猎杀本·拉登的行动充分表明，在一项复杂的任务中，无论如何精心事先策划和事中控制都几乎无法面面俱到，关键时刻仍需现场随机应变做出决策。

诺基亚，凭借情景规划绝处逢生

《烈火英雄》《天空之眼》和《猎杀本·拉登》这三部电影的主题都可以理解为如何解决各种危机，而电影情节所反映的危机应对方法在管理学中叫作"情景规划"。**情景规划最早出现在第二次世界大战之后不久，当时是一种军事规划方法：美国军方试图想象出它的竞争对手可能会采取哪些措施，然后准备相应的战略。**

1972年，壳牌石油公司成立了情景规划小组，开发了一个名为"能源危机"的情景，设想一旦西方石油公司失去对世界石油供给的控制将会发生什么情况，并针对这个情景提前做了应对方案。结果，在1973年至1974年，OPEC宣布石油禁运政策，石油危机出现。除了壳牌之外，其他的石油公司大都遭受了巨大的损失，从此情景规划开始在企业中得到推广。近年来，随着商业世界中不确定性和复杂性因素的大幅增多，运用情景规划的企业越来越多。2011年，贝恩公司对近千家跨国公司的调查表明，有65%的企业使用了情景规划工具。昔日手机巨头诺基亚最近几年的成功转型，也可以被看作情景规划方法的一个最新实践案例。

李思拓上任

提到诺基亚，很多人的印象大概还是那家在功能手机时代称霸全球但在智能手机时代迅速没落的企业。**然而，诺基亚在过去的几年中已成功地从一家手机厂商转型为全球通信设备领域的领先企业。在诺基亚的**

转型过程中，起关键作用的是2012年出任公司董事长的李思拓和他所提倡的情景规划方法。

在李思拓出任诺基亚董事长的时候，这家公司正处于不折不扣的危机之中。作为功能手机时代的全球霸主，诺基亚在2007年iPhone诞生后反应迟缓，同时也没有拥抱安卓生态体系，而是固守自己在功能机时代所积累的硬件优势和独立开发的塞班操作系统。在2010年二季度，诺基亚在移动终端市场的份额仍有35%，领先于三星的21%，稳居全球首位。然而，在2012年一季度，诺基亚的市场份额就被三星超越，结束了长达14年的市场霸主地位。同期，诺基亚的股价跌至1.69美元，创历史新低。

李思拓于2012年5月就任诺基亚董事长。李思拓刚刚上任一个月，微软就宣布推出Surface平板电脑，这对于诺基亚来说无异于晴天霹雳。因为诺基亚在微软推出平板电脑之前和微软签订了合作协议，规定诺基亚手机排他性使用微软的Windows Phone操作系统，但没有规定微软不能基于Windows Phone操作系统推出自己的产品。

微软之所以能够成为全球电脑操作系统的绝对霸主，很大程度上是因为微软长期以来只提供Windows操作系统和办公软件，不生产PC等硬件产品，这让全球的PC厂家都能放心预装微软的系统和软件，而不必担心自己和微软产生直接竞争。然而，Surface电脑的上市打破了这种联盟关系，也暗示微软除了生产电脑外，也有可能进入手机生产领域，和诺基亚直接竞争。

引入情景规划

上任伊始，李思拓清楚地意识到，这种潜在可能性将给诺基亚带来灭顶之灾，他从2012年9月中旬开始和管理团队一起，运用情景规划方法分析诺基亚和微软之间合作关系的各种可能性，以此为契机把情景规划方法引入诺基亚,并最终使情景规划融入诺基亚管理文化的基因。

当时,诺基亚管理团队一共设计了 4 种主要情景:情景 1,重新协商与微软的合作伙伴关系;情景 2,通过新项目颠覆整个市场;情景 3,探索其他非安卓系统选项的可能性;情景 4,拥抱安卓平台,包括内部自主研发和外部收购两条路径(见图 8-1)。

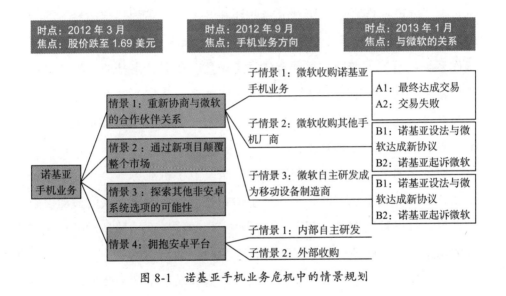

图 8-1　诺基亚手机业务危机中的情景规划

诺基亚管理团队在规划出 4 种情景后,逐一分析了每种情景实现的可能性、可行性以及相关的后果。诺基亚自己开发的塞班系统难以适应智能机时代的要求,所以才和微软达成协议使用 Windows Phone 操作系统。如果诺基亚这时转而拥抱安卓平台,会有两个后果:一是很难对微软和公众保密,而泄密必将引发诺基亚和微软之间的纠纷,并使公众认为诺基亚对微软的手机操作系统失去了信心,从而也对诺基亚手机失去信心;二是从 Windows Phone 操作系统切换到安卓操作系统是一个庞大的系统性工程,据估算至少需要两年时间才能实现和操作系统的完美匹配，如此一来盈利则变得更加遥遥无期。因此，情景4不是一个好的选项。

如果诺基亚不能转向安卓操作系统，那么使用其他操作系统是否有可能呢？答案也是否定的，因为除了诺基亚已放弃的塞班系统外，当时市场上只有火狐操作系统和Facebook计划推出的操作系统，而这些备选项都无法和安卓操作系统相比，所以情景3也不是一个好的选项。

除了塞班操作系统，诺基亚当时还在开发一个名为"宁静号"的云端操作系统，但这个系统的研发一直不顺利。此外，继续开发"宁静号"操作系统和情景1继续与微软合作并不矛盾。所以，诺基亚最终应聚焦于情景1，即重新协商与微软的合作伙伴关系。分析到这里，诺基亚看似没有多少选择，但实际上诺基亚团队在分析其他几种情景时对情景1有了更清晰的认识，而情景1又包括了多种子情景。

情景1的第1个子情景是微软收购诺基亚手机业务，第2个子情景是微软收购其他手机厂商，第3个子情景是微软自主研发成为移动设备制造商。每一种子情景又都可能有两种主要的结果，一种是对诺基亚有利的结果，另一种是对诺基亚不利的结果。

诺基亚首先针对微软通过自主研发成为移动设备制造商的可能性进行了分析，并进行了相关的信息收集。分析表明，微软自主研发手机的可能性很小，而且即使微软决定自主研发，诺基亚也可以通过和微软达成新的合作协议得到合理的补偿。此外，李思拓通过个人关系私下向微软总裁鲍尔默了解到，微软基本上没有考虑自主研发手机。

在排除了这个子情景之后，诺基亚开始分析微软收购其他手机制造厂商的可能性。一个最可能的收购对象是台湾的宏达国际，而微软当时的确已经派出一个团队对宏达国际进行尽职调查。为此，诺基亚一方面开始着手准备针对微软可能的违约起诉微软，另一方面考虑如何在微软决定收购宏达国际的前提下，与微软达成某种新的协议并获得补偿。

聚焦收购谈判

在充分考虑了其他情景之后,诺基亚开始聚焦与微软进行谈判,力争以满意的价格把手机业务出售给微软。诺基亚董事长李思拓先争取机会和微软总裁鲍尔默进行了多次充分的沟通,李思拓从鲍尔默的角度分析了微软的处境,并根据鲍尔默话语中的信息,认定微软既不会自己研发手机业务,也不大可能收购宏达国际。双方在几次沟通后,讨论最终聚焦到如何促成微软收购诺基亚手机业务上。

2013 年 4 月,诺基亚和微软进行了第 1 轮谈判。由于微软给出的报价远远低于诺基亚的预期,这轮谈判很快就失败了。第 1 轮谈判失败后,李思拓进行了反思,认为他应该更多地和鲍尔默进行一些非官方的交流。此外,诺基亚和微软设计了一种 4×4 的会议方法,由李思拓和鲍尔默、双方财务总监和法务总监配对分别进行会谈,大大提高了沟通的效率和效果。

为了提高和微软谈判的能力,诺基亚团队采取了一种称为"企业价值三角划分法"的方法对微软可能的出价进行预测。第一个角度是基于微软上次的报价,这个报价显示了微软对诺基亚价值的初步看法,可以从中分析出微软对诺基亚的相关信息掌握程度,以及微软的估价计算方法。第二个角度考虑的是如果微软放弃收购诺基亚,转而收购宏达国际将会出多高的收购价格。根据诺基亚与宏达国际的差异,可以进一步得出微软下一步可能的出价。第三个角度着眼于诺基亚的内在价值,即利用诺基亚对自身信息充分掌握的优势,计算诺基亚手机业务对股东的价值,从而得出诺基亚股东愿意以什么价格售出手机业务。值得注意的是,诺基亚的内在价值不是诺基亚第 1 轮谈判中的预期价值,内在价值是通过理性计算得出的,而第 1 轮谈判中的预期价值主要是一个心理价格。这三个角度的计算同样可以被看作情景规划方法在并购过程中的微观应用,诺基亚从三个角度得出的价格相差不大,从而大大增强了下一轮谈判中报价的信心和说服力。

　　2013年5月，诺基亚和微软开始了第2轮谈判。但由于诺基亚的经营情况进一步恶化，第2轮谈判也以失败告终。接下来，诺基亚方面采取了更为积极的态度，主动到微软总部进行第3轮谈判，这轮谈判比较顺利，李思拓和鲍尔默达成了共识，形成了初步的并购意向。然而好事多磨，当鲍尔默把收购诺基亚手机业务的进展报告给微软董事会时，由于他之前没有和董事会就此事项进行充分沟通，遭到了董事会的否决。

　　鲍尔默因为这件事情感到非常内疚，主动飞到诺基亚总部和李思拓进行沟通，虽然双方这次沟通之后修订的合作协议也没有得到各自董事会的批准，但李思拓和鲍尔默之间的信任程度加深了。此后一段时间，诺基亚不再仅仅聚焦于出售手机业务这件事上，而是通过讨论收购与西门子的合资公司诺西通信中西门子所占的股份，把视野扩大到更大的全景上。经过充分讨论，诺基亚发现收购西门子在诺西通信中的股份不仅对自己是一项划算的生意，而且西门子也非常乐意出让这部分股份。

　　在计划收购诺西通信的股份之外，诺基亚还进一步评估了自己另一块名为"HERE"的地图业务的价值。这块业务包含在之前和微软的出让意向中，但微软方面认为这块业务价值不大。而诺基亚通过对地图业务的独立评估，挖掘出了该业务的潜在价值，并在一年半以后作价30亿美元把这块业务卖给了德国汽车企业。从手机业务中剥离了地图业务之后，诺基亚手机业务对微软的吸引力反而更大了。2013年7月21日，诺基亚和微软达成协议，微软以71.7亿美元的价格收购诺基亚手机业务及相关知识产权许可。

　　从诺基亚策划出售手机业务所采取的策略以及其与微软谈判中针对不同情景做出的改变，我们不难理解情景规划方法在企业重大战略决策和危机应对过程中的重要作用。经过多年的实践，情景思维和情景规划方法已经成为诺基亚文化中不可分割的一部分。李思拓曾对外界表示，一个没有备选方案的提案是不能提交到诺基亚董事会上进行讨论的。诺基亚现在要求，对任何一项重要事项都首先要绘出全景图，其次要对每一个情景进行分析，并对主要情景进行模拟，最后才会经过充分讨论做出选择。

2019年12月，诺基亚宣布李思拓将于2020年辞去诺基亚董事长一职。在2012年出任诺基亚董事长后，李思拓把情景规划的方法引入了这家面临重重危机的企业，而诺基亚使用情景规划方法把核心业务从手机调整为通信设备制造，如今已成为全球通信设备行业仅次于华为的巨头。在此过程中，情景规划方法被应用到手机和地图两大主体业务的剥离中，以及收购诺西通信的股份和并购阿尔卡特－朗讯的交易中，成为诺基亚业务转型的制胜法宝。

大处着眼全情景，小处着手细规划

《烈火英雄》《天空之眼》和《猎杀本·拉登》三部电影和诺基亚案例中的情景规划方法可以分为四个步骤：绘制全景图、描绘情景、情景模拟和情景决策。第一，无论是人与火灾的较量，还是人与人的争斗，获胜的总是能够掌握全景的一方。第二，无论事件的全景多么复杂，必须做到对重要情景逐一分析，同时对其他可能情景尽量穷举。第三，通过分析聚焦少量情景后，对焦点情景要进行模拟演练，包括引入蓝军对抗等方式。第四，即使经过从全景到情景再到模拟整个过程，决策者最后仍需对方案进行谨慎选择。

步骤一：绘制全景图

全景图的主要作用是帮助决策者掌握全局中各种可能的情况，需要尽量穷尽可能出现的各种情况。我们可以参考古代绘制地图的方法来理解如何绘制情景规划的全景图。古人没有卫星和飞机，无法从天空俯瞰大地，只能靠脚来丈量，而这样做的好处是对疆域内的山川河流，甚至一草一木都有体感。

古人绘制地图用的设备叫"记里鼓车"，就是在车上放着一面鼓，车分上下两层，装有指南针，车子每行驶一里路，木头人就会打一下鼓。比如说要绘制出海岸线，就可以拉着车子沿着海边走，记录拐弯和里数，就可以大致绘制出海岸线的轮廓。数据记录下来之后还要绘制到纸上，这个方法叫作"计里画方"，先是在图纸上画满相等面积的方格，每个方格设定一个尺数（比例尺），然后把记录下来的数据标在纸上。

绘制情景规划全景图的方法和古人绘制地图的方法差不多。绘制者先要知道自己在哪里，要知道自己最终要去哪里，还要通过绘制地图了解疆域的边界，并且必须能够应对各种山川河流等障碍。我们可以用图 8-2 来理解这个过程：知道自己在哪里叫作"知时局"，探索出疆域的边界叫作"揽全局"，知道自己最终要去哪里叫作"见终局"，应对路上的各种障碍叫作"应变局"。

如图 8-2 所示，知时局要求企业非常清楚地知道自身现在的情况（a，b，c）。例如，诺基亚在 2012 年初的时候主要有三块业务：手机、地图和通信设备。当时手机业务虽然急速下滑，但仍然是公司的主体业务；地图业务在车载导航市场上拥有绝对的领先地位，但收入规模不大；通信设备在当时的诺基亚属于边缘业务，不被公司高层重视。诺基亚通过分析，认为应该对通信设备业务进行重新定位。

揽全局要求企业能够清楚地了解全行业和全球市场的情况（A，B，C）。例如，诺基亚手机出货量在 2012 年被三星超过，利润则和苹果等公司相去甚远。诺基亚的地图业务虽然在车载导航市场上有相当大的优势，但市场整体规模有限，而且很可能被安装在手机上的导航软件所取代。通信设备业务市场规模巨大,主要集中在爱立信、华为、阿尔卡特、西门子等巨头手中,诺基亚因为与西门子有一家规模不大的合资公司而具有扩大通信设备市场份额的可能性。

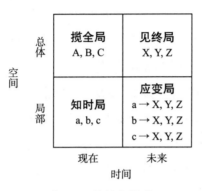

图 8-2　绘制全景图

见终局需要企业能够预见行业发展的未来趋势,预判几年后的市场状况(X, Y, Z)。诺基亚所擅长的功能性手机市场在 2012 年遭遇毁灭性打击,未来不可能有很好的前景。车载导航软件也必将无法和安装在智能手机上随时能够更新的导航软件相抗衡。只有通信设备市场规模将随着数字化时代的到来而迅速发展,而诺西通信已经让诺基亚有了一张"站票"。

应变局要求企业能够从自身情况出发,结合行业与市场的全局,以未来的终局为目标,应对现实中瞬息万变的情况((a, b, c) ➔ (X, Y, Z))。诺基亚战略转型的例子很好地诠释了一家深陷危机中的企业如何利用情景规划方法做到见终局、揽全局、知时局和应变局。

步骤二:描绘情景

字节跳动创始人张一鸣认为企业管理有两种形态,一种是超级计算机式,另一种是分布计算式。超级计算机管理方式把企业高层管理者当作超级计算机,由他们做出战略设计,提出战略计划,逐层分解之后执行,执行中如遇到情况,再向上汇报,由高层管理者做出调整,然后再次分解下去。分布计算式管理方式让更多人参与决策,让问题和解决方案自下而上涌现出来,问题更加精准,方案更加有效。张一鸣把超级计算机式管理方式叫作"Control",把分布计算式管理方式叫作"Context",而后者就是情景的意思。

字节跳动近几年的快速发展从一个侧面印证了"Context, not Control"的管理方法在快速变化的环境中具有一定的适用性。在字节跳动的实践中,情景管理具有以下优势:①让更多人参与决策,利用集体的智慧,可以进行更充分的讨论,得出更多的情景;②由于决策者更接近一线,决策过程中可以输入更多外部信息,决策也可以更快速地执行;③集体决策能够更好地发挥员工的积极性,并且可以在企业规模快速成长或者外部环境复杂多样的情况下实现规模化的高效决策。

当然,情景决策也有其自身固有的缺陷。例如,当企业遇到重大危机事件时,必须做到"力出一孔",而情景式决策很难在短时间内做到对组织资源的集中调配和充分利用。在2020年公共卫生危机中,中国展现出的强大的组织能力和统一行动的效率把疫情造成的损失控制在相对较低的程度,而一些西方国家因为采用了情景式决策的方法而错失了控制疫情的黄金时间窗口。

描绘情景的关键是对未来可能发生的情景从不确定性和不连续性两个方面进行分析。决策者可以利用类似于图8-3的框架对决策情景进行分类,从不确定性和不连续性两个维度对每个情景进行打分和排序。决策者可以先从不确定性低且不连续性低的情景开始进行讨论,对这些情景的讨论通常比较容易得出结论,并且能够为后续关于高不确定性和高不连续性情景的讨论提供基础。例如,在诺基亚出售手机业务的案例中,最先讨论的就是微软内部研发手机业务这个不确定性相对较低的情景。

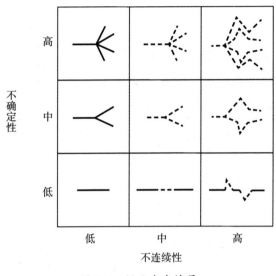

图 8-3　描绘未来情景

步骤三：情景模拟

在《猎杀本·拉登》影片中，在美军决定派出突击队进入本·拉登所在的建筑物后，他们进行了两个阶段的模拟。第一阶段是在美国本土建造了一栋和本·拉登住所一模一样的建筑物，并进行了长达一个月的实地突击模拟演练。第二阶段是在阿富汗选取了一处和本·拉登住所气候条件类似的地点进行了直升机着陆模拟。然而，即使是采取了如此缜密的事先模拟，美军的一架直升机也因在着陆时遇到强烈的热气流而坠毁。类似地，在诺基亚出售手机业务的案例中，每当要与微软进行关键谈判之前，诺基亚都会组织参与谈判的高管和扮演微软谈判方的专家进行模拟谈判。

在进行情景模拟时，需要考虑三个方面的要素：一是未来的不确定性，二是决策过程中的理性，三是充足的数据支撑（见图8-4）。未来的不确定性是采用情景规划决策方式的最大原因。在诺基亚和微软的并购案例里，即使李思拓和鲍尔默都已认可了并购协议，但仍然没有得到微软董事会的批准。诺基亚董事长李思拓事后反思认为，诺基亚方面以及鲍尔默本人对微软董事会决策的不确定性估计不足是主要原因，此后，无论是诺基亚还是鲍尔默都在这个并购案例中加强了同微软董事会的沟通。

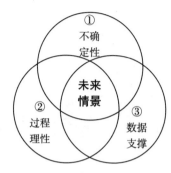

图8-4　情景模拟要素

决策的过程理性对于恰当描述情景也至关重要，过程理性指的是即使某些情景发生的概率很小，也应该对这些情景进行仔细分析。在诺基亚的案例里，虽然微软自行研发推出手机业务的可能性极小，但诺基亚方面首先就对类似情景进行了仔细分析，直到从微软高层获得不会自行研发手机的可靠信息，才完全放弃了这种情景假设。

数据支撑是情景规划方法的一个重要特点，数据支撑强调描述情景时不能只讲故事，而是要用数据说话。在诺基亚的案例中，每当诺基亚或者微软的经营状况发生变化时，之前已经讨论过的情景都可能需要重新讨论，而诺基亚在并购案的几个关键时点也都是这样做的。正是因为有翔实且系统的数据进行支撑，诺基亚方面才得以最终以较为满意的价格出售了手机业务。

步骤四：情景决策

情景规划的目的是进行决策，情景规划不仅可以实质性地提高决策质量，避免企业在遇到危机时因准备不足而做出错误决策，更能改变企业管理的基本逻辑,帮助企业实现假设驱动的决策。华为总裁任正非曾说:"没有正确的假设就没有正确的方向,没有正确的方向,就没有正确的思想,没有正确的思想就没有正确的结论,没有正确的结论就不会有正确的战略。"这句话点明了企业管理的一个核心逻辑,即伟大企业的诞生和成长都基于正确的假设,而正确的假设来自对未来情景的正确判断。

例如,谷歌的创立所基于的假设就是互联网所产生的信息将会呈指数级增长,而这个量级的数据不是当时雅虎的模式可以处理的。再如,马云创立阿里巴巴的一个基本假设就是互联网将从根本上改变人们做生意的方式,要想让天下没有难做的生意就必须利用互联网手段。当年华为制定《华为基本法》也是基于三个假设:①华为立足于电子信息行业,有足够的空间帮助客户实现梦想;②通过有效的管理,持续奋斗的员工才能创造真正的价值;③资源是会枯竭的,唯有文化才能生生不息。基于这三条假设,华为在发展过程中形成了以客户为中心、以奋斗者为本、长期坚持艰苦奋斗的企业文化。

我们从诺基亚的转型以及华为、阿里巴巴等企业的发展过程中可以看到,企业在大变局的时代里面对着复杂的营商环境,必须掌握情景规划等决策工具。通过掌握全景信息,分析具体情景,进行模拟演练等步骤,企业才能做出更为合理的最终选择,才能从容应对所面临的不确定性和不连续性,才能在很大程度上把危机消灭于无形,也才能做到面对危机从容不迫。

| 第九章 |

业务连续性危机

永续经营，连续业务

题花山寺壁

[宋] 苏舜钦

寺里山因花得名，繁英不见草纵横。
栽培剪伐须勤力，花易凋零草易生。

业务可连续，才能活下去

华为最具挑战性的一年

2020年3月31日，华为发布了2019年年报，轮值董事长徐直军在报告中说："经过十多年的努力，华为已建立了一整套严密有效的业务连续性管理体系，覆盖了从供应商到华为，再从华为到客户的端到端业务。过去一段时间，华为在实体清单下依然保持增长，充分验证了管理体系的有效性。同时，华为持续优化和完善业务连续性机制，长期坚持'多元化、多路径'的采购策略。目前华为的主力产品供应都有多元化方案，无论外部环境如何变化，华为都有信心确保对客户的供应、交付和服务。"

华为消费者业务2019年实现销售收入4673亿元，同比增长34%。同年，华为智能手机发货量超过2.4亿台，PC、平板、智能穿戴、智慧屏等消费电子产品发货量和手机近似，华为以消费者为中心的全场景智慧生态布局得到进一步完善。

华为运营商业务2019年实现销售收入2967亿元，同比增长3.8%，其中来自5G的收入约为30亿美元。华为企业业务2019年实现销售收入897亿元，同比增长8.6%。全球已有700多个城市、228家世界500强企业选择华为作为数字化转型的伙伴。此外，华为还在2019年首次发布了计算产业战略，推出号称全球最快的昇腾910 AI处理器及AI训练集群Atlas 900。

虽然华为在2019年取得了不错的业绩，但徐直军坦言："2019年是华为公司近几年来最具挑战性的一年，但华为在2019年仍有大量储备来满足客户需求。而2020年将是检验华为供应链连续性的关键的一年，因为华为公司全年都将处于美国实体清单下。"

徐直军所说的实体清单指的是，美国政府从2019年5月15日开始，要求美国供应商未经特别批准禁止向华为销售产品。随后，伟创力率先停止为华为代工；接着，英特尔等至少9家重要合作商参与对华为的封锁；之后，谷歌中断向华为提供Android操作系统更新版本，亚马逊日本停售华为产品，微软撤销华为Windows使用许可证，Facebook停止让华为预装其应用软件……

受实体清单影响，华为智能手机业务在海外市场有明显下降，华为在欧洲、中东以及非洲地区的营收增速从2018年的24.3%迅速下降至2019年的0.7%。此外，华为在亚太地区的营收更是出现了大幅下跌

（−13.9%）。按照徐直军的说法，华为消费者业务 2019 年在海外市场的销售额至少损失了 100 亿美元。

2020 年第一季度，由于实体清单和公共卫生危机的影响，华为收入增速进一步放缓。2020 年第一季度，华为收入为人民币 1822 亿元，较上年同期的 1797 亿元增长约 1.4%；相比之下，华为在 2019 年第一季度销售额增长则高达 39%。

坚实的基础

2019 年 12 月 20 日，华为创始人任正非接受《洛杉矶时报》专访时称："已经做好了美国永远不撤销实体清单的心理准备，华为的增长是建立在坚实的基础上的。本来华为公司没有这么大的增长决心和计划，反而是美国制裁，逼我们要争口气……由于实体清单的制裁，激活了整个组织，员工增加了奋进的努力，他们知道不努力的结果就是死亡。"

任正非所说的"坚实的基础"主要指的是三个方面：员工持股结构、研发投资和业务连续性规划。华为的员工持股结构非常有名，2019 年底华为有两个股东，一个是自然人任正非，占股 1.04%，另一个是华为工会，其代持员工股份，涉及人数为 104 572 人。员工持股是华为重要的激励手段，除了有重要贡献的员工离开华为时可以继续保留虚拟股，继续享受分红之外，其他员工离开时必须将股份按照净资产价格转售给工会，由工会再分配给新的奋斗者。

近十年华为投入研发费用总计超过 6000 亿元人民币，其中 2019 年的研发投入达 1317 亿元人民币，占该年销售收入的比例为 15.3%。任正非在 2020 年初的一次采访中表示，华为 2020 年的研发预算将进一步增至 200 亿美元以上。2019 年华为员工中有 9.6 万名从事研究与开发的人员，约占公司总人数的 49%，其中，约 1.5 万人从事基础研究，包括700多位数学博士、200多位物理和化学博士、5000多位工学博士。

经过多年的持续建设，华为已在采购、制造、物流及全球技术服务等领域建立了从供应商到华为，再从华为到客户的端到端业务连续性管理（BCM）体系，并通过建立管理组织、流程和IT平台，制订业务连续性计划及突发事件应急预案，开展员工BCM培训及演练，提升各组织的BCM意识和应对突发事件的能力，确保对日常业务风险的有效管理。近十年来，华为快速、有序应对了日本海啸、泰国洪水、尼泊尔地震、勒索病毒攻击等多起突发事件，这些都证明了华为业务连续性管理机制的有效性。

例如，2019年8月4日中午，爪哇岛突然遭遇了一场20年未遇的大规模停电，高速电车突然停止，商场突然变黑，雅加达及周边3000多万人受到影响。如果通信设备的电池电量耗尽，运营商通信网络将面临大规模断站风险，事态严峻。事故发生15分钟内，运营商运维总监与华为保障团队讨论后决定，启动停电保障预案。印度尼西亚华为业务连续性团队和网络保障团队第一时间抵达网络监控中心，制订抢修方案，主要包括调度柴油发电机保障中心机房和骨干站点运作，增加分包队伍及时补充发电机油料和维修发电机，组织专家联合评审并激活大话务场景的防冲击预案，尽一切努力降低大规模停电导致的通信中断。

华为保障团队与客户一起全力抢修站点，保障通信服务，累计组织了141支现场抢险恢复队伍，调用了899台发电机，经过三天三夜的连续奋战，终于在8月6日将通信网络服务全部恢复正常。华为与客户相互支持，在这场印尼20年来规模最大的停电事故中，竭尽全力保障了客户网络的快速恢复以及当地3000多万居民的通信畅通。

在2019年年报发布会上，徐直军笑称，"2020年我们力争活下来，明年还能发布年报"。的确，面对公共卫生危机带来的全球经济动荡以及需求放缓等一系列挑战，"活下来"已成为包括华为在内所有企业的最低纲领和最高纲领。在这样一个不确定性和不连续性交替攀升的世界里，保持业务连续性有了前所未有的重要意义，只有业务可连续，企业才能活下去。

价值，价值，网中求

与其说企业活下去需要保持业务连续性，不如说企业活下去需要保持价值循环连续性。企业的价值循环包括价值创造、价值传递和价值获取三个基本部分，而价值循环是以价值网为基础的。价值网的概念和传统的价值链概念不同，价值链以企业为中心，构建上联供应商、下接用户的线性交易关系，而价值网以用户为中心，构建包括用户、企业、供应商、竞争者和互补者等利益相关方在内的动态系统性价值网络（见图9-1）。

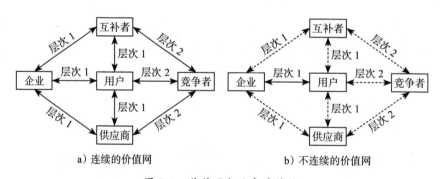

图 9-1　价值网与业务连续性

图 9-1a 展示了一个连续的价值网，价值网的中心位置是用户，用户的左侧是企业，与企业直接联结的除了用户之外，还有供应商和互补者，这形成了第 1 层网络关系；用户右侧的竞争者与互补者、供应商和用户一起形成了第 2 层网络关系。企业价值网络的连续性不仅体现在企

业与用户、互补者和供应商之间的价值循环连续性上，还体现在竞争者与用户、互补者和供应商之间的价值循环连续性上。也就是说，企业要保持价值循环的连续性，不仅自身要发展，而且要让竞争者有所发展，才能维持企业价值网络和价值网所形成的生态的可持续性。

图 9-1b 所展示的就是一个不连续的价值网，企业、用户、互补者、供应商、竞争者之间的价值创造、价值传递和价值获取关系被破坏了，形成了一个不连续的价值网络，企业的业务连续性也就无从谈起了。

分析企业价值网的连续性可以着重从企业与用户、企业与供应商、企业与互补者三个角度入手，而竞争者与用户、供应商与互补者之间的价值网连续性可以看作焦点企业价值网连续性的镜像。

华为的价值网连续性管理，主要包括研发和采购阶段以及制造供应和备件储备阶段两个方面的举措。研发和采购阶段可以看作与供应商和互补者关系的管理，而制造供应和备件储备阶段可以看作与用户关系的管理。

在研发和采购阶段，华为主要采取了多源化方案、分场景储备、供需能力可视化和构建战略伙伴关系四种举措。多源化方案指的是在新产品设计阶段，从原材料级、单板级、产品级支持多源供应方案，保障原材料供应多源，避免独家供应或单一地区供应风险，确保产品的持续可供应性。分场景储备指的是在量产阶段，为应对需求波动和供应变化，建立从原材料、半成品到成品的合理安全库存。供需能力可视化指的是与供应商深度协同，通过 IT 系统实现需求预测、采购订单、供应商库存的可视化，确保需求的快速传递和供应能力的快速反应。构建战略伙伴关系指的是建立与核心供应商的战略伙伴关系，优先保障对华为的供应；与关键供应商签订长期供应保障协议，锁定产能和供应能力，保障瓶颈物料的供应安全；推动供应商建立 BCM 管理体系，并组织专项审核与改进。

在制造供应和备件储备阶段，华为主要采取了制造供应能力备份和全生命周期备件储备等举措。制造供应能力备份是指与多家电子制造服务（EMS）公司建立战略伙伴关系，华为和 EMS 公司之间、各 EMS 公司之间可相互备份单板制造供应能力。华为在全球建立了深圳供应中心、欧洲供应中心、拉美供应中心、迪拜供应中心，四个供应中心之间均可相互备份整机制造供应能力。全生命周期备件储备是指，在产品停产之前，按照市场需求与历史用量滚动进行备件储备；在产品停产之后，按全生命周期预测一次性做足备件储备，确保客户现网设备运行的连续性。

由于价值网络涉及企业内部的各个部门，以及企业外部的用户、供应商、互补者和竞争者等众多利益相关方，企业价值网络和业务的连续性管理是一个系统性工程，需要进行长期的持续投入。

徐直军在华为 2013 年度干部工作会议上指出："业务连续性是我们对客户服务的基本保障，也是华为生存的基本保障。在这个问题上，我们不能抱有任何侥幸的心理。我们要敢于进行战略性投入，坚持开放创新，吸收外界的成果和力量，在关键技术、基础软件平台、关键芯片、关键器件等各个方面实施战略攻关，实现供应安全，保障业务连续性。"

横看成岭侧成峰，需求供给各不同

危机带来的价值网和业务连续性方面的挑战主要来自危机造成的需求和供给的不平衡。**从对供给和需求造成的不同影响来看，可以把危机分成三类：第一类是直接对需求造成显著影响的危机；第二类是直接对供给造成显著影响的危机；第三类是直接对供给和需求都造成显著影响的危机。**

例如，人口老龄化就是一种直接对需求造成显著影响的危机。人口老龄化对需求的影响体现在需求种类、需求弹性和需求频次等多个方面。和年轻人相比，老年人的需求多和健康有关，与健康有关的需求弹性较小，而其他方面的需求弹性较大，对品牌的忠诚度也往往比年轻人高。

再如，火灾、地震、洪水等灾害通常会直接对供给造成显著影响。2011年7月底的泰国大洪水，严重影响了硬盘行业的供给。硬盘业界巨头西部数据就不得不暂时关停工厂，停止生产硬盘；日立旗下的存储部门以及东芝位于泰国的硬盘工厂也被迫关闭；希捷和三星虽然生产中心没有设在泰国，但是相关零配件的供应链也遭受了沉重的打击，因此也关停了旗下的工厂。洪水造成硬盘产品的价格接连暴涨，三两天时间就涨了50多元。

公共卫生危机则是对供给和需求都会产生显著影响的危机。[○]2020年1月底的时候，很多中国的制造业企业还在担心春节之后能否复工，能否完成手中的订单按时交货。到3月份的时候，很多工厂已完全复工，但随着公共卫生危机扩散到全球，海外订单大幅减少。中国制造业经历从担心没人干活到担心没活可干的V型转折，只用了不到两个月时间。

即使是同一类危机，对于不同行业需求的影响往往也是不同的，危机的影响至少可以分为6类（见图9-2）。第1类行业的需求几乎不受疫情的影响，这类行业主要包括居民的生活必需品或服务，如自来水、居民用电、垃圾处理等。为了保证居民用电，国家电网甚至推出了疫情防控期间对欠费的居民用电客户不停电的措施。

○ 关于疫情对供给和需求的影响分析，请参考复旦大学管理学院孙金云教授2020年3月9日在混沌大学的公益直播。

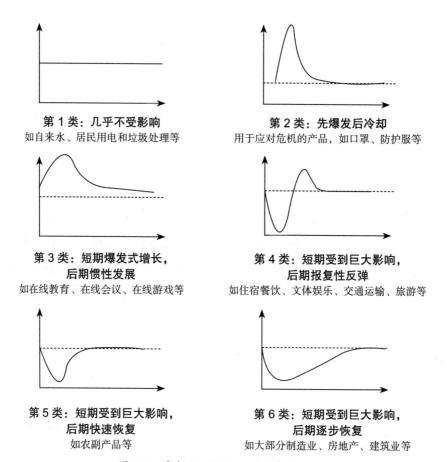

图 9-2　危机后不同行业的需求变化

第 2 类行业呈现先爆发后冷却的趋势，例如与应对疫情直接相关的口罩、防护服等产业。由于需求快速爆发，生产口罩必需的熔喷布价格很快就从 2020 年初的 1.6 万元每吨被炒到了 69 万元每吨，价格在一个月内涨了 40 多倍。价格暴涨引来了众多投机者，以江苏省一座常住人口只有 30 万人的小城扬中市为例，截至 2020 年 4 月 10 日，登记注册的涉及熔喷布生产销售的企业为 867 户，几乎全部是在疫情发生后新注册或变更经营范围的。为了治理熔喷布行业的乱象，扬中市在 2020 年 4 月 15 日开始实施"休克"疗法：熔喷布生产企业一律停产整顿，直至产品符合相关质量标准。

第3类行业呈现短期爆发式增长，之后一段时间保持惯性发展的特征。在疫情期间呈现这种特征的行业主要包括在线教育、在线会议、在线游戏等。以腾讯旗下的游戏为例，2020年春节期间，"王者荣耀"日活跃用户数同比增长59%，而"和平精英"日活跃用户数同比增长115%。再如，阿里巴巴旗下的钉钉公布，2020年2月中旬，已有5000多万学生用户用钉钉上网课，而钉钉也与全国总计2800多个教育局中的2700多个进行过沟通，推荐使用钉钉作为学校网络课堂的基础软件。在线会议方面，Zoom的日活跃用户数则从2019年12月底的1000万增长至2020年4月中旬的3亿，而Zoom的股价也从2020年1月28日的71美元逆势上涨到4月17日的150美元。

第4类行业短期内受到巨大影响，后期可能会出现报复性反弹，这类行业主要包括住宿餐饮、文体娱乐、交通运输、旅游等。例如，2020年4月30日起，北京公共卫生应急响应级别调至二级，意味着国内低风险地区进京出差和返京人员不再要求居家隔离14天。消息发布半小时内，北京出发的航班机票预订量暴涨15倍，机票价格也随之上涨，而度假、酒店等旅游产品的搜索量也上涨了三倍。

第5类行业短期内受到巨大影响，后期可能快速恢复，但不会报复性增长，这类行业主要包括农副产品等。疫情影响了农副产品的供给和销售，一边是进不来，另一边是出不去。一方面，疫情期间为避免人群聚集，许多城市对传统农贸市场进行了限流，对社区进行了封闭式管理，造成农副产品进不了城市。另一方面，各地的交通管制和隔离措施造成了原产地的农副产品运不出去的局面。为了帮助农副产品打开销路，各地的县长、市长纷纷走入直播间直播带货。据商务部2020年4月20日发布的数据，一季度一共有100多位县长和市长走入直播间，仅拼多多就举办了接近50场县长、市长带货直播，售出农副产品 3 亿公斤。

第 6 类行业在短期内受到巨大影响，后期会逐步恢复，但恢复期较长，这类行业主要包括制造业、房地产业、建筑业等。据国家统计局发布的数据，2020 年 1～2 月与上年同期相比，规模以上工业增加值大幅下滑。其中，下降比例超过 25% 的行业包括汽车（-31.8%）、通用设备（-28.2%）、航空航天、铁路、造船和其他运输设备制造业（-28.2%）、纺织（-27.2%）、金属制造（-26.9%）、橡胶和塑料（-25.2%）。不难看出，这些行业都是对国际贸易依存度比较高的行业，若公共卫生危机持续在全球范围内蔓延，会受到更大的冲击。

脆弱的地壳，坚韧的供应链

英特尔的挑战

2011 年 3 月 11 日下午，日本东部发生大地震，地震引发巨型海啸和福岛核泄漏事故。这场人类历史上第四大强震，使地轴偏移了近 16 厘米，也让日本向美洲大陆移动了近 4 米，是日本第二次世界大战以来遭遇的最严重灾难。

发生地震的当天晚上，尚未担任华为董事会成员、常务董事、CFO 的孟晚舟乘坐飞机来到日本，做出华为绝不离开，继续为日本灾区的客户服务的决定，并带领工作组前往福岛，在当地紧急抢修 4G 基站。2018 年 12 月 17 日，孟晚舟被加拿大警方拘捕后，一名东京市民还写信给华为公司日本代表处，赞扬了 2011 年日本东部大地震期间很多公司都忙于撤离，但华为公司员工在危险没有消除的情况下，仍然进入灾区抢修被地震损坏的通信设施的行为。

除了华为之外，还有很多科技巨头在日本地震灾区有大量投资，英特尔就是其中的一家。当时，英特尔在日本的芯片制造厂投资额高达

365亿美元。地震发生之后，英特尔训练有素、技术精湛的危机管理团队马上采取了行动。

英特尔在日本的灾难应对分为应急管理和业务连续两个部分（见图9-3）。在应急管理方面，英特尔应急团队要确保受灾地区的英特尔员工和设备的安全，地震当天即在日本成立了应急指挥部，第二天，位于英特尔总部的应急指挥中心也正式启动。同时，英特尔想方设法为筑波和东京的工作人员创造条件尽快恢复工作。

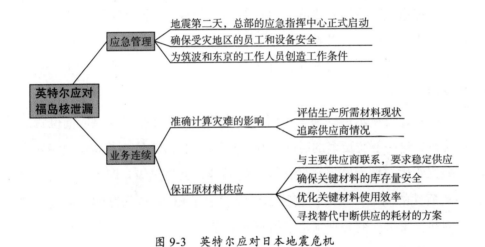

图9-3　英特尔应对日本地震危机

在业务连续性管理方面，英特尔首先做的是准确计算灾难的影响，其次是想方设法保证原材料供应。俗话说"福无双至，祸不单行"，灾难的发生往往是接二连三的。震级为9级的地震发生于当地时间2011年3月11日下午2时46分，震动停止半小时后，巨大的海啸冲垮了海防和堤岸，引发了火灾，直接造成接近2万人死亡，5万人受伤，40万人无家可归，120万栋建筑被毁。随后，距离地震中心大约180千米的福岛第一核电站发生了泄漏事故。发生海啸24小时后，氢气爆炸将1

号核反应堆炸得四分五裂。类似的爆炸在 3 月 14 日摧毁了 3 号核反应堆，在 3 月 15 日摧毁了 2 号和 4 号核反应堆。如果说地震和海啸所造成的损失是直接可见的以及可估算的，那么核泄漏事故所可能造成的损失则是难以估算的，而英特尔的业务连续性管理就是在这样的情况下展开的。

英特尔的业务连续性管理要保证所有的原材料物流、芯片制造以及与客户相关的活动不会停下来。业务连续性管理的第一步是准确计算出灾难对公司的商业运转及供应商的影响，其中，供应商是业务连续性的主要关注点。英特尔先评估了 365 种材料的现状。到了 2011 年 3 月 15 日，即震后第四天，英特尔知道它和一级供应商之间没什么大问题，充其量会有一些一级供应商出现几天停工，但是不会对英特尔的生产安排带来威胁。

接着，英特尔追踪那些更深层次的供应商，即给一级供应商供货的供应商，这需要花更多的时间。到 2011 年 3 月 20 日，英特尔已经知道有些二级供应商面临着一些比较小的问题，但是三级、四级供应商有更多实质性的问题。至此，英特尔已经确定了 60 家有问题的供应商，并针对每一家供应商分别制定了相应的措施。

在保证原材料供应方面，英特尔从四个方面着手。一是与主要供应商联系，要求稳定供应；二是确保关键材料的库存量安全；三是优化关键材料使用效率，尽量发挥现有材料的作用；四是想办法寻找能够替代中断供应的耗材的方案。

在日本地震发生后的头两个星期，英特尔的危机管理团队每天都开会讨论业务连续性问题。进入四五月份后，讨论频率降低到每周三次。进入 6 月份后，团队每周只开一次会议。英特尔针对日本地震的业务连续性工作一直持续了 6 个月，在此期间，英特尔在全球的芯片生产没有受到实质性的影响。

高韧性网络

从英特尔应对地震后供应链不连续性的经验可以看出，提高企业供应链连续性的核心方法是保证每一种核心产品都有多家供应商，并且这些供应商不会因为某次系统性风险同时受到冲击。如果我们把企业的供应链看作一张网络，那么具有高业务连续性的供应链网络可以被称作高韧性网络，反之为低韧性网络。

低韧性网络最突出的特点是，有一个节点是其他所有节点的中心，其他节点互不联结，只与中心节点单线联系。如果我们在这个网络里抹掉中心节点，剩下的所有节点将成为一盘散沙。低韧性网络的特点，存在像阿喀琉斯之踵一样的致命弱点，攻击这个点，就能轻易破坏掉整个网络。

那么怎么才能提高网络韧性呢？第一个办法是降低关键节点的重要性，比如英特尔降低从某个供应商那里采购关键部件的比例。第二个办法是增加冗余度，即在网络中有意保持功能相同的节点，比如英特尔寻找甚至培养另一家供应商提供关键部件。第三个办法是增强网络中各个节点自主运作的能力，例如英特尔在全球范围内布局供应商，而不是把生产关键部件的供应商集中到某一个地区。

想要在整体上提高一家企业的网络韧性，不仅需要从供应商方面入手，还要考虑用户、互补者、竞争者的网络韧性。简单来说，正如企业不能只有一家或一类供应商一样，企业也不能只有一个或一类用户、互补者或者竞争者。具有高网络韧性的企业应嵌套在多个价值网之中，同时面对具有差异性的供应商、用户、互补者和竞争者（见图9-4）。

2010年之前，华为的主要业务是生产运营商设备并提供相关服务，客户主要是电信公司等网络运营服务商，供应商主要是生产通信设备所需部件的提供方，互补者主要是能够帮助华为落地进行本地化服务的企业，而竞争者不外乎西门子、阿尔卡特、朗讯、中兴等企业。

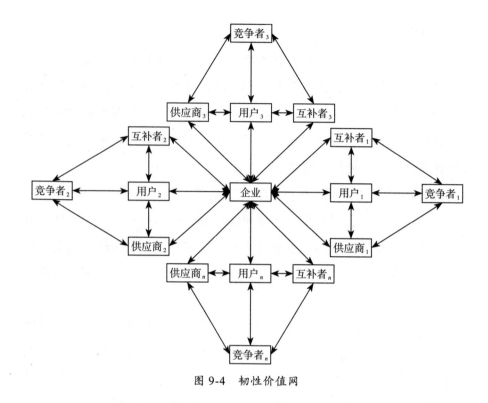

图 9-4 韧性价值网

2008 年金融危机对华为的运营商设备业务冲击很大，很多企业在金融危机之后放缓了投资电信设备的节奏，而华为必须找到新的价值网。于是，华为逐步进入手机终端行业、企业数字化行业，并于最近进入了云计算行业。在每一个行业内，华为都面对不同的用户、供应商、互补者和竞争者。各个行业的利益相关方一起构成了华为的价值网，提高了网络的冗余度和弹性。

2019 年 9 月，华为在遭遇"实体清单"后发布的旗舰手机 Mate30 系列，被外界视为重塑供应链的代表作。根据 Mate 30 Pro 5G 拆解报告，除滤波器使用日本村田的产品之外，PA、低噪放、开关等射频核心器件均采用华为自研产品。而在 Mate30 系列的其他产品中，国内厂商包括唯捷创芯（PA）、卓胜微（开关、低噪放）、信维通信（天线）、硕贝德（天线）等都已进入华为供应链。可以看到，华为（自研）+国内厂商+日本厂商构成了明显的"去美化"特征，在射频部分已难觅Skyworks、Qorvo等美国厂商的身影。

直面危机，绝地反击

业务连续性 6R 模型

无论是公共卫生危机还是地震、海啸等自然灾害，给企业业务连续性带来巨大冲击的往往都是突发事件。**面对突发事件，业务连续性管理可以从 6 个方面展开：**①减少或降低事件发生的可能性（Reduce）；②事件发生后快速响应（Respond）；③事件发生后尽快恢复运营（Recover）；④事件发生后重启关键业务（Resume）；⑤危机过去后重建原有结构（Restore）；⑥危机过去后重新回到危机前的状态（Return）。

如图 9-5 所示，危机中的业务连续性管理生命周期可以分为事前、事中和事后三个阶段，其中，事中又可以分为初期和中后期两个阶段。在危机发生之前，企业要做的业务连续性管理主要是进行预防，减少危机发生对业务的不连续性冲击。在危机发生的初期，企业通常要快速地在几分钟或几小时之内实现应急响应，随后开始进行运营恢复和关键业务重启。在危机之后，企业需要着重进行业务结构的重建，并力争早日恢复整体业务，返回危机前的状态。

在危机来临时，有业务连续性管理和没有业务连续性管理的企业，以及业务连续性管理得好和差的企业其表现往往差异很大。有业务连续性管理的企业以及业务连续性管理做得好的企业所面临的冲击相对较小，业务中断时间较短，且可以在较短时间内恢复运营（见图 9-6）。

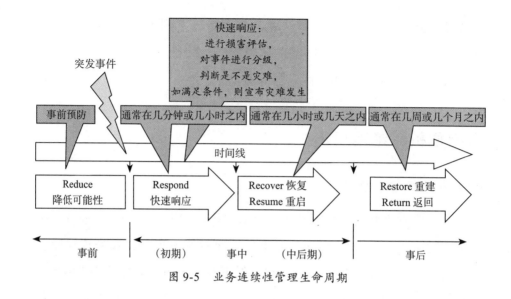

图 9-5　业务连续性管理生命周期

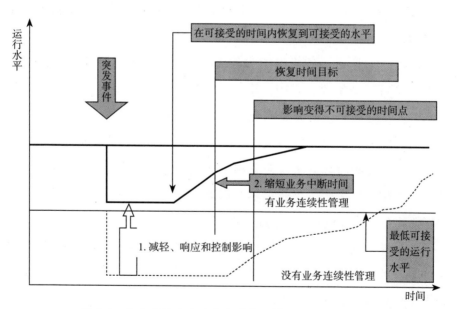

图 9-6　突发事件中有无业务连续性管理的企业的对比

营业还是歇业，这是一个问题

2020年1月23日，武汉"封城"。1月26日，全国旅行社团队游全部暂停，旅游业首先迎来"至暗时刻"。餐饮业也风声鹤唳，大量知名餐饮企业开始全面闭店，海底捞、九毛九、西贝、外婆家等餐饮企业相继宣布暂停门店营业。此时，木屋烧烤创始人隋政军面临一个艰难的选择：没有客人，停业还是不停业？

此时，木屋烧烤有150多家门店，5000多名员工，月营业收入1亿多元。疫情开始后就没有了客人，每天亏损150万元左右，一个月差不多亏损5000万元。疫情刚开始的时候走势非常不明朗，经营环境在持续恶化。虽然其账上资金维持三个月肯定没问题，但如果疫情真的持续三个月呢？真的要粮仓见底？

如果停业，那店面怎么办，员工怎么办？ 有三个问题摆在隋政军眼前。一是餐饮行业的团队不像其他行业的团队那么稳定，员工流动性很大。如果停业，以后把几千人召回来不是打一个电话、发一条微信那么简单。二是员工闲下来后再恢复到正常工作状态起码要10天的时间，这对企业、对员工都不好。**三是员工放假后，工资发还是不发？餐厅服务员没有上班，怎么发工资？不发工资，员工还能召回来吗？他们的生活怎么办？** 一系列问题……必须想好所有细节，才是真正对员工、对企业负责。

"哪怕让大家在店里扫扫地、搞搞卫生、做做培训，只要人在一起，心就在一起，团队就不会散，团队才是最重要的。"基于这样的思考，木屋烧烤选择了"逆行"，宣布要坚持营业，"做冬日的一点暖阳"。面对恐慌，似乎"不动如山"也是一个不错的应对路径。对此，有的消费者也给出了好评——在大众点评上，就有消费者写道："凌晨三点，华强北一座空城，看到木屋的招牌，一股温暖迎面而来。"

春节期间，隋政军还比较乐观。他平日是个"朋友圈狂人"，每天都要发好几条信息来鼓舞士气，他有 2000 多名员工的微信，通过这种方式可以让他们看到老板有多关注工作，看到企业始终在前进。

"2 月 1 日，我转发了西贝贾总的文章，说西贝的现金流撑不过 3 个月，没想到多年来一直跟随我的员工很快就发来信息，表示自愿薪酬减半。我当时真的不是这个意思。我在朋友圈里发过很多餐饮行业多苦多不容易的文章，只是为了分享，也为了时刻加强团队的学习，让大家更具有经营意识。"隋政军表示："没想到，没有几天，各大区的'减薪联名信'就送了过来，而且都按了手印。我当时想，是不是该学老乡鸡的老板，手撕这些联名信。"

隋政军此时一方面手握现金，心中有底；另一方面对于多年来通过多次组织升级、组织重塑所打造的木屋团队也较有信心。他通过 IT 部门发起了一次真正匿名的调查，想知道到底员工对减薪怎么看：是自愿的还是因为压力而被迫摁手印的？

在收回的 3000 多份问卷中，有约 76% 的员工表示自愿支持减薪，约 16% 的员工表示不反对，其余的员工表示不情愿。隋政军说："这是完全不记名的调查，这样的结果让我很欣慰，但我还是没有下定决心到底该如何做。"

经过综合考虑，隋政军推出一项政策：从 2 月份起，木屋烧烤管理层的薪资全部下降一半，一线员工的工资适当调整，⊖但同时定下了一个目标，如果在 3 月 28 日前，日营业额达到去年同期的水平，那么所有员工的薪酬将全部恢复。也就是说，在 3 月 28 日前，只要有一天的营业额突破 500 万元就可以。

危机来袭，氛围很重要。在绝望中寻找希望，有目标就有方向。

⊖ 一线员工的工资普遍为计时工资+计件工资，所以该政策对各区域员工的收入影响不同，而且木屋烧烤设置了各类突破奖，并利用后期减免的房租补发了工资，所以一线员工的工资收入实际上并没有下降。

500万元营业额,这个目标怎么实现?此时全国实体商业一片"肃杀",堂食已无可能,必须拼外卖。木屋烧烤作为餐饮业头部KA商户,对外卖平台具有一定吸引力;在疫情期间,美团等外卖平台也举行各种活动,助力餐饮业的正常运转。但烤串对温度要求极高,根据木屋烧烤以往的经验,使用锡纸包裹,可以保证出品餐食半个小时后还是温热的,不过以前外卖销售额占比只有不到5%,木屋烧烤对如何做"外卖"并不熟悉。

外卖怎么做能扩大收入规模?隋政军当时并没有好的思路,但员工根据新的目标,开始全面行动,给出了答案。据隋政军介绍,北京一家店的员工发红包求人把自己拉到社区群、妈妈群里,然后在群里发木屋烧烤店的优惠券、促销广告,"只要拉进群就给介绍人三五十元红包,钱都他们自己掏的"。靠这股拼劲,这家店原本外卖每天只有1000元营业额,用10天时间做到了17 000元,增加了16倍。

还有一家店,年前线上销售许可证没有办下来,做不了平台外卖。他们就依托公司刚上线的小程序,组织员工打印传单到社区去发放。"100多栋楼,挨家挨户去发。"这个店连续13天外卖业务增长超过10%,后来拿到了公司的"突破纪录奖"。

还有一些员工在宿舍里进行隔离,出不来,但也没闲着,他们和店里协同好,给外卖客户打电话进行回访,收集客户意见;还有把外卖经验编成"天龙八部"口诀内部分享的;平台运力不够时,甚至还有员工自掏腰包买电动车,主动当配送员。"做这些都没有奖励,头上还顶着减薪的压力,但他们都自愿去做",为了那个500万元的目标,全力拼搏(见图9-7a)。

除了各地员工以外,木屋烧烤总部也没有闲着,各类营销活动轮番上阵。木屋烧烤认为,一定要推出新菜品,目标就是兼容"烧烤"和"外卖"。2月24日,木屋烧烤以烧烤食材推出串串香火锅,用于烧烤的"烤串"都变成了用于火锅的"串串",套餐价98元,配合特价潮牌啤酒，支撑销售业绩。以此为思路，"蒸生蚝""烧烤半成品"也陆续推出，便于宅在家里的消费者自己动手享受烧烤生活。

与很多餐饮企业相比，木屋烧烤因拥有自己的供应基地而相对"较重"，但这也使其能够控制供应链，具备较强的应急能力。因此在 2020 年 3 月初，其紧急研发的"烤饭"系列能够快速上市——新鲜烤制的猪蹄、海鲜、酱茄子等食材，盖在米饭上，用锡纸餐盒包装，配合 9.9 元、19.9 元、29.9 元等价位，立刻将木屋烧烤推上外卖平台热门榜单。同时总部也将各地促销活动中涌现出的感人事迹，通过公众号文章或其他的公关文章进行广泛宣传，一波又一波地进行品牌营销，隋政军本人也在各大媒体讲述木屋烧烤的奋斗故事……

言而总之，全员行动，"抗疫救亡"，一番操作下来，木屋烧烤的销售额同比增幅每天都在横坐标以下艰难地向上攀登。隋政军每天都将数据图表公布在朋友圈里，全体员工时刻与老板并肩作战，看到自己贡献了一份力量。

2020 年 3 月 23 日，木屋烧烤当日营业额突破 500 万元，同比恢复到了去年同期的水平，同时深圳等地的门店陆续恢复堂食，人头攒动的景象再次出现（图 9-7b）。

从减少或降低事件发生的可能性（Reduce）而言，疫情对木屋烧烤来说完全是外部事件，无法避免。除此之外，木屋烧烤还做到了在事件发生后做出快速响应（Respond）；不关门、不放假继续运营（Recover）；在维持堂食的基础上重点推出外卖等关键业务（Resume）；在危机中重新激发出员工的奋斗精神（Restore）；在短期内使收入从"地下室"爬回到"地面"，重新回到危机前的状态（Return）。由于木屋烧烤的用餐场景更专注于聚会休闲，相比于那些正餐或快餐企业而言，恢复正常经营更为困难，因此其所表现出的解困突围的能力以及背后所体现出的团队与组织的活力，更值得人们从在危机中保持业务连续性的角度借鉴。

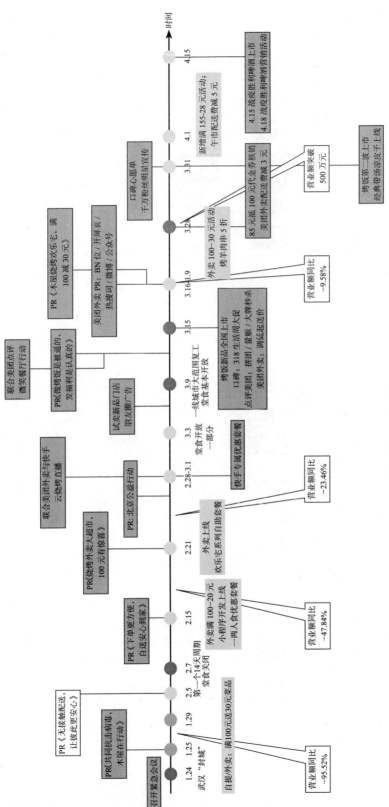

图 9-7 a) 木屋烧烤业务连续性管理动作

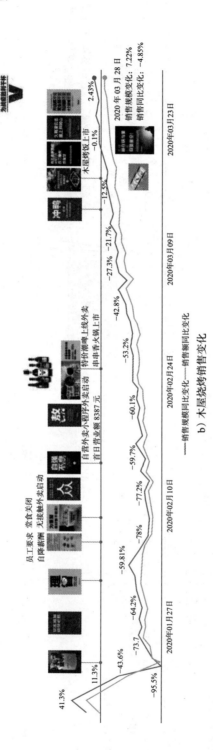

图 9-7（续）

b）木屋烧烤销售变化

资料来源：木屋烧烤。

流动的营盘,铁打的兵

与企业在危机中的业务连续性管理密切相关的是组织管理。木屋烧烤创业 16 年来先后经历了 6 次"重大"危机,一路走来,组织不断重塑,形成了独特的"创业伙伴"计划。以深圳为例,其员工在达到一定入职年限后,可以获得入股资格。2015 年 3 月 1 日以后深圳与广州区域新开门店,均纳入员工持股门店范围,每个门店有 5 个股东名额。员工出资后,按月参与分红,如亏损则挂账,待下月补亏后再分红。每五年为一轮持股周期,期间如持股者离职,需先扣除之前的分红再退还股金……

木屋烧烤的"创业伙伴"计划和华为的员工持股计划异曲同工,在业务正常运营、企业经营环境稳定的时候,能够激发员工的创造力,减少企业的"熵增"现象;在企业面临危机的时候,"创业伙伴"或员工持股计划可以增加企业组织结构的灵活性,帮助企业迅速打破常态模式组织架构(见图 9-8a),形成应对危机的应急模式组织架构(见图 9-8b)。

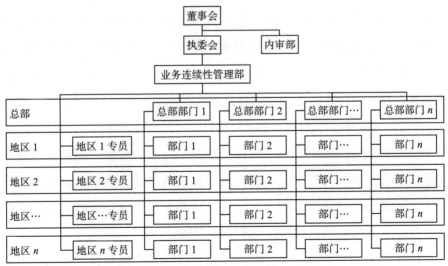

a) 常态模式组织架构

图 9-8

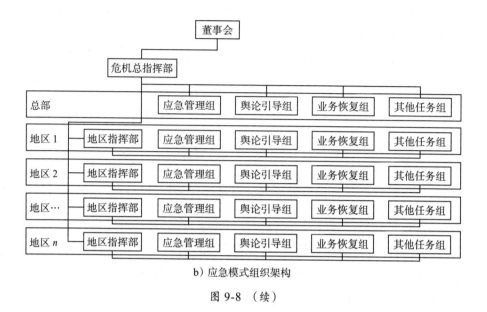

b）应急模式组织架构

图 9-8 （续）

对比图 9-8a 和 9-8b 可以看出，在常态模式组织架构中存在一个业务连续性管理部，位于董事会的执行委员会之下，与总部各部门以及各地区、各业务相联系收集相关的信息，工作重点是事前预防，降低危机发生的可能性（Reduce）。当重大危机出现后，组织架构可以迅速转变为应急模式组织架构，成立直属董事会的危机总指挥部，并在总部形成应急管理组、舆论引导组、业务恢复组和其他任务组等专业小组。此模式可以在各地区进行复制，直线沟通。

2020 年 2 月，华为大学发布《春风行动：华为如何防疫复工》指南，该指南分为防控机制篇、人员管理篇、行政后勤篇、员工沟通篇和安全施工篇五部分。其中，防控机制篇涉及危机管理的组织架构，要求各地公司成立疫情防控组织，结合当地要求制定本地针对性的措施。由属地行政主管任疫情防控总指挥和副总指挥，人力资源主管和行政主管任现场执行指挥，下设人员防疫保障组、通勤防疫保障组、办公环境防疫组、餐饮保障防疫组和宣传保障防疫组等专业小组。

正如任正非所说，面对前所未有的重大危机，华为未来的发展有三大"坚实基础"：员工持股结构、研发投资和业务连续性规划。员工持股结构决定了华为作为一个"铁打的营盘"，能够保证营盘里面"流水的兵"都是能够直面危险、冲锋陷阵的兵。

华为在基础科学研究方面的投资，可以保证华为在技术日新月异的行业里方向大致正确，能够应对未来发展道路上基础科学发展的不确定性。而华为在应用技术方面的投资，可以帮助华为跨越技术发展道路上的不连续性。

近十年来，在全球许多重大自然灾害以及政治和经济方面的风险事件发生后，华为还能够持续保障供应连续性和客户产品、服务的及时交付，充分表明华为建立的业务连续性管理体系和管理机制是行之有效的。

从疫情到增长放缓，从黑天鹅到灰犀牛，所有危机都有不确定性和不连续性的特点。危机到来之前最大的问题是不确定性，危机到来之后最大的冲击是不连续性。从高科技行业的华为、英特尔，到餐饮行业的木屋烧烤，每一家企业都需要建设和完善业务连续性管理体系。

总之，业务可连续，才能活下去。

| 第十章 |

危机公关策略
危机重重，公关冲冲

十六字令（三首）

毛泽东

山，快马加鞭未下鞍。惊回首，离天三尺三。
山，倒海翻江卷巨澜。奔腾急，万马战犹酣。
山，刺破青天锷未残。天欲堕，赖以拄其间。

———

大多热点，都是危机

2020年4月14日，危机公关题材的英国电视剧《公关》（*Flack*）第二季开播，一周之内即在豆瓣上获得近500个评价，评分为8.8分。一年前播出的《公关》第一季则在豆瓣上获得了超过24 000个评价，评分为8.5分，算得上一部口碑尚佳的英剧了。

《公关》说的是一家公关公司为一些名人提供危机公关服务（也就

是帮客户平事儿）的故事。作为一部电视剧，《公关》的剧情自然有很多夸张的成分，其中需公关的危机事件也主要是名人吸毒、出轨之类的丑闻，而主人公的工作则是以最快的速度和最妥当的方法帮助客户掩盖丑闻，收拾残局。正如在第一季的海报上所写的："没人知道，就不是丑闻。"

《公关》第二季开播之前，另一部危机公关题材的电视剧《完美关系》在各大平台更新完毕。虽然观众对《完美关系》的编剧和演员的演技水平颇有微词，且豆瓣评分仅为 4.0，但剧情中的明星离婚、企业家失踪、员工过劳死、富二代撞人逃逸、互联网公司裁员等危机公关场景和我们的生活更加贴近，能让我们看到每天出现在头条新闻背后的危机公关的影子。

以 2020 年 4 月 23 日百度热搜榜的"七日热点"为例，排名前 20 的热搜关键词中有 9 个和民生有关，另外 11 个和娱乐相关。在 9 个和民生相关的热搜关键词中，大多数与疫情有关；而 11 个和娱乐相关的热搜关键词中，大多讲的是名人的纠纷、诉讼、绯闻、去世等事件。

俗话说，"好事不出门，坏事传千里"。为什么上热搜的新闻往往和公关危机有关呢？有位神经学家曾做过一个实验，让一组实验对象观看能够激起正面情绪的照片，而让另一组实验对象观看能够激起负面情绪的照片。实验通过对比两组人员的脑部活动，发现观看能够激起负面情绪的照片的人情绪变化更为强烈。

科学家认为，与处理正面信息相比，人们的大脑会以一种不同的方式处理负面信息，并且会更容易记住那些负面信息。负面消息比正面消息更容易引起关注的情况在互联网时代很常见，负面消息的持续出现和迅速传播，会引发人们的愤怒、恐惧和挫折感，这些负面情绪的释放进一步加剧了负面消息的传播。

在新闻界有这么一句话，"无流血，不头条"，意思是媒体都会争相报道那些爆炸性的新闻。媒体之所以更倾向于传播负面消息，是因为人类的大脑在进化过程中，出于自我保护的本能，往往会对坏消息更敏感。这一点经常被媒体有意识地加以利用，通过传播"坏消息"来吸引人们的注意力，提高点击率。

所以，《公关》和《完美关系》这两部电视剧的情节也都是能够引起负面影响的危机公关事件。同理，在现实中无论是民生还是娱乐，无论是明星还是名企，想上头条都不容易，但因为负面消息上了头条可能就更不容易了。实际上，在这个信息爆炸的时代，没有消息往往就是最好的消息。

昔日秘密，今日危机

近年来，公关危机和危机公关越来越频繁地走入人们的视线，成为新闻头条的内容或者头条新闻背后的推手。我们可以从移动互联网时代信息传递的 5 个特点来理解"危机年年有，没有今年多"的现象，**这 5 个特点即公关危机的"信息五星模型"，或称"5S 模型"**（见图 10-1）。

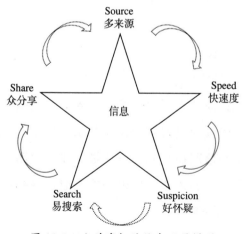

图 10-1　公关危机的信息五星模型

第一，信息来源多（Source）。在互联网和移动互联网产业经过20多年的发展后，人们获取信息的渠道早已从传统的报纸和广播电视扩展到了互联网时代的新闻门户网站和搜索引擎（如搜狐、新浪、百度等），进而又演变为手机端令人眼花缭乱的各种App。最近两年，随着音频服务、短视频、直播等信息传播手段的爆发，人们获取信息的渠道也更丰富了，感官负担强度也更大了。

第二，信息传播速度快（Speed）。每年的4月23日都是读书日，但现在人们已经不太习惯通过阅读"十年磨一剑"的书籍，甚至通过阅读每月或每日出版的杂志和报纸来获取信息了。人们随时可以打开头条、微信、微博等客户端，让信息扑面而来，之后随风而去。人们因为信息过载而更容易忘记去年、上个月甚至昨天发生了什么事情。所以，热点总是一个接一个，而人们有时好像丧失了记忆能力。

第三，信息获得者好怀疑（Suspicion）。信息来源过多和传播速度过快，造成了现代人的信息过载。《未来的冲击》作者阿尔文·托夫勒曾指出："在信息重荷下，人类行为的崩溃可能在某种程度上与精神疾病有关。"有一句话很形象地描述了互联网对人类获取信息方式的影响："10年前，你需要一片森林，在网络上却找不到一片树叶；10年后，你需要一片树叶，网络却给你一片森林。"在信息过载的情况下，人们很容易对信息产生怀疑，甚至是焦虑。

第四，信息寻求者主动搜索（Search）。面对信息过载，人们往往会采取普遍怀疑的态度，通过主动搜索获取信息，并过滤掉有害信息，以解决自身的信息焦虑问题。我们经常看到，当一个消息刚开始在网络上传播的时候，一些关键信息还非常模糊，但很快就会有"好事者"对当事人进行"人肉"搜索，并把自己发现的新情况发布到网络上。这些"好事者"的积极参与极大地加快了信息的传播速度，增加了信息的多样性。当然，这背后也不乏"黑公关"或"水军"的影子。

第五，信息分享渠道众多（Share）。在传统的 PC 互联网时代，搜索是人们获取信息的主要渠道。但进入移动互联网时代以后，当 Facebook、微信、今日头条等信息渠道利用大数据和 AI 技术把源源不断的个性化信息推送到每个人面前的时候，人们可以更容易地一键转发或者分享信息。社会关系网络的数字化使信息来源的多样性和信息传播的速度呈指数级上升，并促使不同人群形成了具有差异化偏好的群体。不同群体往往彼此怀疑甚至形成敌对关系，相互"人肉"搜索甚至攻击，强化了不同群体间的矛盾甚至是撕裂。

最近几年，以谍战、宫斗为主题的影视剧尤其火爆。观众喜欢这样的主题，可能不仅是因为谍战剧和宫斗剧的情节比较紧张，还可能是因为与这些影视作品中的情节相似的场景经常在现实生活中出现，而我们每个人都可能是谍战剧中的特工或宫斗剧中的主角。那么，面对信息爆炸所带来的重重公关危机，企业或个人应该如何做好危机公关呢？

危机重重，如何能"赢"

韦尔奇的危机管理五假设

2020 年 3 月初去世的有"全球第一 CEO"之称的杰克·韦尔奇，特别重视企业的危机公关管理，他在畅销书《赢》中提出了以下关于危机管理的五个假设。

（1）假设问题本身要比表现出来的更糟糕。意思是凡事预则立，不预则废。面对危机，要事先预想危机可能会引发的一系列连锁反应，并做出预案。

（2）假设这个世界上并不存在秘密，每个人最终都会知道事情的真相。这强调的是，要想人不知，除非己莫为。面对危机，千万不要刻意掩盖真相。

（3）假设你和自己的组织对危机的处理，将被别人以最敌对的态度描述出来。害人之心不可有，防人之心不可无，当你身处危机时，谨防对手趁你病要你命。

（4）假设在危机处理过程中，有关的人和事会产生变化。没有一次危机，不是以付出血的代价而告终的，这提醒我们，面对危机，要时时刻刻战战兢兢，如履薄冰。

（5）假设你的组织将从危机中挺过来，而且会因为经历了考验而变得更强大。这应了那句俗话：没有一场危机不会过去，没有一个春天不会到来。

2020年的这场突如其来的公共卫生危机，让我们每个人都认识到了危机管理的重要性，我们可以从中体会到韦尔奇危机管理五个假设的作用。所谓"战略上藐视敌人，战术上重视敌人"，说的是我们在战略上要假设自己将从危机中挺过来，而且"那些不能杀死我们的，都会让我们更强大"。

同时，我们要在战术上假设问题本身要比表现出来的糟糕，从而进行认真的战术准备。也就是说，虽然我们有充足的信心战胜疫情，但在取得完全胜利之前，我们绝对不能放松，对可能的风险点必须严防死守。

由于每一场危机都是一个更大系统的一部分，所以应对危机时，要谨防危机蔓延到更大的系统中。当前，疫情的全球防控还存在巨大的不确定性，我们必须假设有关的情况还会出现变化，要时时刻刻保持警惕。

此外，虽说在这次危机中有很多谣言，但真相必有大白于天下的时刻。在危机中，我们还需要谨防别有用心的人利用疫情危机做出对中国的国际地位和国际形象产生不利影响的事情。

大数据时代危机管理四信条

在《赢》出版的2005年，世界还处于PC互联网时代，可以说，韦尔奇关于危机公关的见解具有超前的远见。到了《商业的本质》一书出版的 2015 年，世界已进入了移动互联网时代，而韦尔奇在书中升级了危机公关的原则，他指出："《赢》那本书里讲的关于危机的五个假设仍然成立，只不过危机往往来得更快更猛烈了。当今世界危机频发的一个重要原因是数字化时代已经到来，企业内部和外部的利益相关方以前所未有的更紧密的方式联结了起来，一个传统意义上的小危机，可能会因为数字化传播演化成一次大危机。"

针对大数据时代危机管理，韦尔奇又提出了四个新的原则（见图 10-2）。

（1）在卷入危机之前就积累商誉，以备不时之需。

（2）利用"多渠道"向公众发出响亮的声音，即便没有紧急的事情要讲，也要这么做。

（3）善待离职员工，不要让自己的愚蠢之举引发危机。

（4）相信一切终将过去，事情还会好起来的。

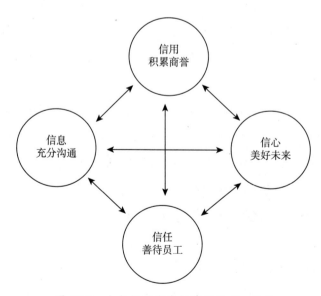

图 10-2 大数据时代危机管理的"四信"

我们可以从信用、信息、信任和信心四个方面来理解大数据时代公关危机的四个要点。首先是"信用"。信用不是一朝一夕就能够拥有的，而是通过企业或个人的一举一动长期积累出来的。每一家企业或每一个人的公关危机在本质上都是对他们长期积累的信用的一次集中检验。例如，武汉红十字会在疫情初期表现出来的管理低效对其在公众心目中的信誉产生了进一步影响，但这也是之前几次信誉危机积累的结果。

其次是"信息"。持续不断地发出自己的声音是危机公关的一个关键手段。美国总统特朗普是一个非常善于利用自媒体发声的人。据统计，从2016年1月1日到2019年12月31日，特朗普发布17 603条推特，平均每天12条。2016年是特朗普的竞选年，他发推特非常活跃。2017年是特朗普执政的第1年，他发推特的数量比上一年减少了1518条，但这个数字在2018年开始增加。面对2019年全球局势的变化，特朗普发推特的数量比上一年翻了一番。当然，不断发出信息也可能造成信息混乱，甚至酿成新的公关危机。公共卫生危机以来，特朗普的一些说法和做法不仅造成了美国公众的认知混乱，而且对美国的国际关系也造成了重要影响。

再次是"信任"。韦尔奇说的善待离职员工在信息传播手段异常发达的今天变得尤其重要。近两年，华为、百度、阿里巴巴等多家企业都因离职员工对公司的不满遭遇了一定程度上的公关危机。所谓善待离职员工，不是说要无条件甚至无底线地满足离职员工的要求，而是要在法律规定范围内和公司能力基础上公平公正地对待所有离职和在职员工。特别是在经济增长放缓的大环境下，很多企业可能不得不裁员，此时谨慎处理离职员工可能带来的公关危机就成为企业赢得在职员工、离职员工乃至社会公众信任的重要方法。

最后是"信心"。无论是企业还是个人，不管之前是否有危机公关的经验，或是否有专门的危机公关部门，每次危机公关都是前所未有的挑战。同时，危机终将过去，生活还会继续。所以，信心是面临危机公关的企业或个人赢得公关并走出危机的重要因素。虽然特朗普给人的印象往往是口无遮拦的，甚至是前后矛盾的，但他往往能表现出充足的信心。例如在美国总统的首场辩论会上，特朗普和希拉里唇枪舌剑、相互指责，最后特朗普宣称："我有赢的气质。我知道怎么赢。(I have a winning temperament. I know how to win.)"而希拉里则反唇相讥："一个会被一条推文激怒的人，不应该让他的手指接近核武器密码。(A man who can be provoked by a tweet should not have his fingers anywhere near the nuclear codes.)"然而我们知道，最终还是更充分地表现了信心的特朗普赢得了大选。

连续且确定：信则有，不信则无

我们进一步分析大数据时代危机管理的四个"信条"，不难发现这四个信条与不确定性和不连续性也有密切的关系。所谓"信"，就是在未来方向不确定的情况下选择相信某个方向，"因为相信，所以看见"。因此，"信"和未来方向的不确定性高度相关。面对危机，除了"信"之外，我们还需要"韧"。所谓"韧"，指的是面对未来发展路径的不连续性要有韧劲和韧性。面对前方巨大的鸿沟，要能够大步跨越；面对前方阻挡的高山，要有坚韧不拔的意志和愚公移山的精神。所以，我们可以用"信"和"韧"来分析大数据时代危机领导力的四个"信条"（见图10-3）。

首先，我们来看一看信息的质量在什么时候最高，换句话说，在什么时候仅仅有信息就足够了。在图10-3左下角的象限，未来发展方向的不确定性低，发展路径的不连续性也低，这个时候信息质量最高，我们基于信息就可以做出高质量的决策。例如在日常的经营管理中，企业沿着已有的发展方向前进，并且在持续经营的假设下运行，这些时候企业的管理需要更多地依靠企业的信息化系统做出科学决策。

图 10-3 不确定性和不连续性与"四信条"

其次,我们看一下信用在什么时候开始起作用。在图 10-3 左上角的象限,未来发展方向的不确定性提高了,但未来发展路径的不连续性仍比较低。由于未来发展路径的不连续性较低,我们在很大程度上还可以依赖过去积累下来的信用。换句话说,企业或者个人在过去一段时间内持续积累的信用仍然可以在未来发挥较大价值。例如,在宏观经济整体保持持续发展的情况下,企业能否获得信贷资金在很大程度上取决于它们的信用等级的高低。假设两家企业都要进入新的行业,面临同样的不确定性,其中信用等级高的企业获得信贷资金支持的可能性会更大,原因就在于稳定的宏观经济保证了未来发展路径的连续性。

再次,我们看一下信任在什么时候作用更大。在图 10-3 右下角的象限,未来发展方向的不确定性低,但发展路径的不连续性提高了。在这种情况下,个人和企业过去积累的信用的价值会下降,其原因在于,未来的发展路径不再是过去发展路径的延长线,而是会出现断点和波折。在信息和信用的作用下降的情况下,我们往往更多地依赖信任。例如我们信任一个领导,通常会相信他选择的方向,并和他一起克服这个方向上的各种阻碍，降低路径的不连续性。

最后，我们看一下信心在什么情况下至关重要。在图10-3右上角的象限，未来发展方向的不确定性和发展路径的不连续性都很高。这个时候，因为无法获得充足信息，所以仅仅靠信息是不够的。同时，我们也无法仅仅依靠信用或者信任来克服所面对的不确定性和不连续性。在高度不确定性和不连续性的环境中，人们在信息、信用和信任之上，还要有信心。

和其他类型的危机一样，公关危机造成的影响也主要是增加了当事人（或企业）的生活和工作（或企业经营）的不确定性和不连续性。例如明星的绯闻会影响到当事人粉丝的态度、影视作品受欢迎的程度，甚至使作品存在被禁播的可能性；而企业高管的公关危机不仅会影响到当事人个人的生活，还会不可避免地影响到相关企业的信誉和经营。

因此，我们可以从不确定性和不连续性两个方面来理解公关危机造成的影响（见图10-4）。在公关危机来临之前，当事人（或企业）的生活（或生产）处于平静状态，未来方向的不确定性和路径的不连续性都较低（左下角象限）。在公关危机来临之初，当事人（或企业）处于舆论旋涡的中心，成为新闻的热点，在极大程度上影响了他们的生活（或生产）的连续性（右下角象限）。

随着公关危机的演进，各种声音、各种证据甚至各种谣言纷纷出现，事态发展的方向出现了很大的不确定性（右上角象限）。最终，由于当事人或企业进行了某种恰当的公关危机工作，或者更大可能是因为公众的注意力转移到了其他热点事件上，当事人（或企业）从旋涡之中解脱出来，回归到平静的生活（或生产）中去（左上角象限）。

面对公关危机可能带来的不确定性和不连续性，危机当事人或者企业应该怎么做呢？是任由事件发展和发酵，还是主动管理不确定性和不连续性，及时降低公关危机带来的影响和损失呢？实际上，**当事人或企**

业面对公关危机可以采取息事宁人、因势利导、力排众议和善罢甘休四种方式来降低公关危机带来的不确定性和不连续性。

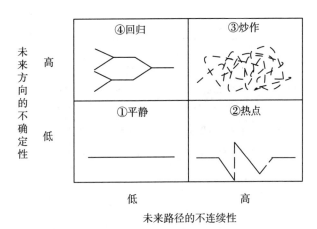

图 10-4　公关危机引发的不连续性和不确定性

息事宁人，从热点恢复平静

息事宁人，是在公关危机还没有全面爆发前，通过对危机的快速反应，迅速把当事人或企业从舆论旋涡中拉出来，降低危机给生活或生产带来的不连续性（见图 10-5）。**息事宁人的关键在于"息"和"宁"，有三种恰当的做法，包括坦然承认错误、诚恳表明态度和马上进行整改；其也有三种不恰当的做法，包括简单直接否认、态度遮遮掩掩和做事拖拖拉拉。**

2020 年 4 月，海底捞和西贝莜面村等餐饮企业复工后的涨价和道歉一时成为热点，这也从一个侧面体现了公关危机引发不确定性和不连续性的过程。4 月初，部分消费者在网上爆料海底捞涨价，称"小酥肉 50 元一盘，米饭 7 块钱一碗，过分了""什么都在涨，工资不涨，让我们这些百姓的基本生活都成了问题""这个时候涨价就是趁火打劫"。随后几天,微博话题"海底捞复工后涨价约 6%"的阅读量达 4.9 亿次。

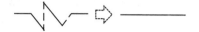

恰当做法
1. 坦然承认错误
2. 诚恳表明态度
3. 马上进行整改

不当做法
1. 简单直接否认
2. 态度遮遮掩掩
3. 做事拖拖拉拉

图 10-5　息事宁人,从热点恢复平静

4 月 10 日,海底捞官方发出一封致歉信,称"此次涨价是公司管理层的错误决策,伤害了海底捞顾客的利益,海底捞对此深感抱歉,决定从即日起,所有门店的菜品价格恢复到 2020 年 1 月 26 日门店停业前的标准"。据统计,微博话题"海底捞道歉"的阅读量很快达 5.2 亿次。

海底捞官方致歉信的第一段,就非常符合"息事宁人"的三种恰当的做法。第一句话是"此次涨价是公司管理层的错误决策",坦然承认了错误;第二句话是"伤害了海底捞顾客的利益,海底捞对此深感抱歉",诚恳表明了态度;第三句话是"决定从即日起,所有门店的菜品价格恢复到 2020 年 1 月 26 日门店停业前的标准",表示马上会进行整改。

因势利导,从大混乱到单热点

因势利导,强调在公关危机全面爆发后,通过管理危机相关信息的多样性和一致性,解决危机中的主要矛盾,防止危机变得越来越复杂甚至不可收拾的地步(见图 10-6)。**因势利导的关键在于"因"和"导",有三种恰当的做法,包括多方口径一致、解决主要矛盾和消除潜在隐**

患；其也有三种不恰当的做法，包括信息矛盾混乱、忽视主要矛盾和恶化次要矛盾。

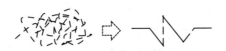

恰当做法
1. 多方口径一致
2. 解决主要矛盾
3. 消除潜在隐患

不当做法
1. 信息矛盾混乱
2. 忽视主要矛盾
3. 恶化次要矛盾

图 10-6　因势利导，从大混乱到单热点

2020 年的疫情，迫使全国 2 亿多学生在家里上网课。一夜之间，幼儿园、小学、中学、大学以及学生、老师、家长，大多都成了钉钉的新用户。有数据显示，全国共有 2 万多所学校的 1200 万人通过钉钉学习。2020 年 2 月 5 日，钉钉的下载量首次超越微信，跃居苹果 App Store 排行榜第一位。随之而来的一幕则更具戏剧性：被迫在家用钉钉上网课的中小学生为了发泄不满，呼朋引伴涌进各大应用市场集体给钉钉打一星，试图令其下架。钉钉 App 评分从最初的 4.9 分，连续 5 天下滑，降到了 1.3 分。

从 2 月 14 日开始，钉钉进行了一系列公关活动，先是在微博上贴出图片求放过，"前世 500 次回眸，才换来你我今世相逢""我还是个 5 岁的孩子，求求手下留情""我知道，你们只是不爱上课，但别伤害我，拜托拜托"。随后，其他阿里家族成员倾巢出动前来声援。淘宝直言，"大家看在我的面子上给小钉多打两颗星吧"；支付宝帮忙求情，"网络一线牵，珍惜这份缘！5 星好评就别分期了，一口气整上吧"；天猫也表达了对钉钉的同情，"心疼我家钉钉，抱抱"。

在微博上打完求情牌之后，钉钉转战 B 站开始打人情牌。先是把压题图片上的文字换成了"生活不易，钉钉叹气"；接着，钉钉的程序员在 2 月 15 日模仿李佳琦，发布了短视频——"所有男生女生们注意了，这些单词，你们都给我背下来好吗！""所有同学注意喽，这道题一定会考，给我背它，背它！"短短 21 秒，惟妙惟肖，笑果十足。

至此，钉钉已经彻底摆脱了之前严肃、高冷、木讷的官方账号形象，成功转型为弱小无助的人设。2 月 16 日晚上，钉钉在 B 站和微博同步发布了一条在线求饶的视频"钉钉本钉，在线求饶"，随后钉钉更是连续放出一大波鬼畜视频，让小朋友们觉得非常亲切和讨喜。

钉钉的这次公关危机来势凶猛，如果不能妥善应对，必然导致严重后果。但钉钉的一系列危机公关操作，短短几天内就把这次危机从大混乱的状态中解救了出来，体现了因势利导的原则。首先，阿里家族各个产品口径一致、方法统一。从微博到 B 站，钉钉每一次发声时，都会出现阿里系其他产品的身影。淘宝、天猫、盒马、阿里云，甚至阿里巴巴都亲自上阵，和钉钉进行个性化和人格化的互动。其次，钉钉用卖萌求饶的方法，把自己拟人化成一个 5 岁的小孩，拉近了和小学生的距离，解决了小学生通过给钉钉打低分发泄怨气的问题，让小学生不忍对自己下手。最后，钉钉通过这次公关危机，增强了产品的易用性，提高了在不同类型用户中的接受度，消除了系统不稳定等潜在的隐患。

力排众议，从混乱到有序

力排众议，指的是通过管理信息传播过程，降低危机对个人或企业连续性的冲击，使纷乱复杂的信息逐渐进入有序状态（见图 10-7）。**力排众议的关键在于"力"和"众"，有三种恰当的做法，包括前后信息一致、统一内部意见、寻找外部联盟；其也有三种不恰当的做法，包括**

前后自相矛盾、持续自曝家丑、激化外部矛盾。

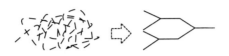

恰当做法
1. 前后信息一致
2. 统一内部意见
3. 寻找外部联盟

不当做法
1. 前后自相矛盾
2. 持续自曝家丑
3. 激化外部矛盾

图 10-7　力排众议，从混乱到有序

截至 2020 年 4 月 23 日，携程集团联合创始人、董事局主席梁建章已经进行了 6 场直播，带货总成绩超过 1 亿元。严格来说，梁建章的直播并不是为了应对公关危机，而是为了应对疫情对旅游行业带来的巨大冲击。

3 月 25 日，随着携程"复兴 V 计划"预售的开启，梁建章也开启了他人生的第一场带货直播。不到 1 个月，梁建章跋涉 9000 多千米，在三亚、西江苗寨、湖州、深圳、溧阳、腾冲直播 6 场，为 111 家高星酒店带货超 1 亿元。

拥有斯坦福大学经济学博士学位的梁建章，在业内以冷静分析和果敢行动著称。在 2003 年的非典疫情中，同样是他的力排众议带领携程迅速走出低谷。当时，梁建章预计非典在两三个月就会过去，而且非典过后旅游业一定会迎来报复性的反弹。很多董事并不同意梁建章的判断，认为情况要严重得多，但梁建章坚持自己的意见，力排众议采取了一系列积极的应对措施。

（1）通过内部信的形式指出"非典过后，携程会更好"，大大鼓舞了员工的士气。

（2）在同行纷纷裁员的情况下，携程坚决不裁员，为疫情后的业务恢复做好了人员储备。

（3）对管理部门和非一线部门的人员适当减薪，降低人力成本。

（4）向银行出租闲置的呼叫中心，帮助银行销售信用卡，增加业务收入。

（5）在疫情期间做好人员培训，提升业务能力，培养业务骨干。

不难看出，携程在非典疫情期间的很多做法，成了一些行业领军企业应对疫情的范本。这次疫情给旅游业带来的冲击显然大于非典疫情，为此，梁建章力排众议"粉墨登场"，先后身穿苗族服装、古汉服、晚礼服、藏族服装甚至扮成唐伯虎进行直播，其要表达的是"远方是炽烈的夏天，充满复苏希望"的信心。

善罢甘休，从多声音到单旋律

善罢甘休，是说通过官方及时发声和做出承诺，让公众有所期盼并保持克制，从而降低事件传播的范围和冲击力（见图10-8）。从表面来看，**善罢甘休的关键在于"罢"和"休"，有三种恰当的做法，包括官方权威发声、有意保持沉默和逐步淡出视野；其也有三种不恰当的做法，包括发出不同声音、冲动盲目应对和持续引起关注。**

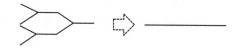

恰当做法
1. 官方权威发声
2. 有意保持沉默
3. 逐渐淡出视野

不当做法
1. 发出不同声音
2. 冲动盲目应对
3. 持续引起关注

图10-8　善罢甘休，从多声音到单旋律

2020年4月17日，微博爆出涉及淘宝天猫总裁蒋凡和网红主播张大奕的事件。第二天，蒋凡即在阿里巴巴内网发声说，因为家人在微博上的言论和一些网络传言给公司带来了非常不好的影响，为此深表歉意，恳请公司对自己展开相关调查。随后，阿里巴巴首席人才官童文红回复说，对于相关网络传言，公司会正式进行调查。

阿里巴巴通过内网发帖加传统媒体发布的方式，及时表明了官方的态度，让外界公众有所期待，避免公众胡乱猜测和盲听盲信。随后，阿里巴巴就可以利用内部调查的这段时间保持沉默，并使事件逐渐淡出公众视野。和阿里巴巴官方态度一致，所有当事人也都调低了音量，暂时消失在公众视野之外了。

有两句俗话，一句是"民不举，官不究"，另一句是"清官难断家务事"。当名人面临公关危机时，如果当事人有了息事宁人的态度，那些互联网清官们也就无从着力，只能善罢甘休了。

阿里巴巴毕竟是有担当的企业，最终没有选择息事宁人，而是在2020年4月27日公布了处理结果：取消蒋凡合伙人身份；记过处分；降级；取消年终奖。

实际上，我们再深入考虑一下，善罢甘休的关键并不在于"罢"和"休"，而在于"善"和"甘"。企业只有坚守正确的价值观和底线，在危机处理过程中国因势利导，才能在遇到危机时做到真正的"善"和"甘"，最终能够使得危机"罢"和"休"。

| 第十一章 |

危机生态流变

天光云影，源头活水

观书有感

[宋]朱熹

半亩方塘一鉴开，天光云影共徘徊。
问渠那得清如许？为有源头活水来。

———

万物皆流变

流变，流变，万古不变

早在1869年，大物理学家詹姆斯·麦克斯韦就发现，材料既可以是弹性的，也可以是黏性的。对于黏性材料，应力不能保持恒定，而是以某一速率减小到零，其速率取决于施加的起始应力值和材料的性质，这种现象称为应力松弛。许多学者还发现，应力不变时，材料可随时间延长继续变形，这种性能就是蠕变或流变。

学者们在研究工业材料（如橡胶、塑料、油漆、玻璃、混凝土以及金属等）、地质材料（如岩石、土、石油、矿物等）以及生物材料（如血液、肌肉骨骼等）的性质的过程中，发现使用古典弹性理论、塑性理论和流体力学理论已不能说明这些材料的复杂特性，于是就产生了流变学的思想。经过长期探索，人们终于得知，一切材料都具有时间效应，于是在20世纪20年代出现了流变学，其在20世纪30年代后得到蓬勃发展。

流变学的发展同世界经济发展和工业化进程密切相关。现代工业需要耐蠕变、耐高温的高质量金属、合金、陶瓷和高强度的聚合物等，因此同固体蠕变、黏弹性和蠕变断裂有关的流变学迅速发展起来。

在地球科学中，人们很早就知道时间过程这一重要因素。流变学为研究地壳中极有趣的地球物理现象（如层状岩层的褶皱、造山作用、地震成因以及成矿作用等），提供了物理－数学工具。对于地球内部过程，如岩浆活动、地幔热对流等，可利用高温、高压岩石流变试验来模拟，从而发展出了地球动力学。

"流变"一词在我国的文字记载中可以追溯到《后汉书》。《后汉书·张曹郑列传》有云："况物运迁回，情数万化，制则不能随其流变，品度未足定其滋章，斯固世主所当损益者也。"结合上下文，这段的大意是：汉朝初定的时候，国家没有成文法度，于是结合周朝礼仪和秦朝法律制定了汉初的法令。然而，过了很多年之后，形势和事物不断变化，情况和现实也和以前大不相同，制度并不能根据形势变化，法令无法达到惩戒恶行的目的，等等。

可见，与自然科学不同，在社会科学中，流变指事物在社会环境中发生性质、表征上的发展变化，多用于描述社会现象、文化元素的变迁。流，意为传播、扩散。变，指变化、衍变、变迁。两个字综合起来，就是指事物在社会环境中随着广泛的流传、散布，发生性质、表征上的变异。

看一下社会科学各分支学科中和"流变"有关的出版物，可以更好地了解"流变"在社会科学中的含义。例如文学领域的《中华文明的核心价值：国学流变与传统价值观》《新文学现实主义的流变》，艺术领域的《百年衣裳：20世纪中国服装流变》《华语电影工业：历史流变与跨地合作》，社会学领域的《中国人的关系原理：时空秩序、生活欲念及其流变》《消费文化与当代中国人生活方式流变》等。

赫拉克利特的告白

赫拉克利特是历史上第一个用朴素的语言提出辩证法的人。黑格尔曾说："没有一个赫拉克利特的命题，我没有纳入我的逻辑学中。"**赫拉克利特的基本思想可以被概括为如下四点。**

（1）万物处在流变之中；但是，

（2）变化是根据一种不变的逻各斯（logos）发生的；并且，

（3）这种逻各斯包含了对立面的相互作用；

（4）这种对立面相互作用的方式，作为一个整体创造出了"和谐"。

赫拉克利特有句名言："一切皆流，无物常驻。"他说："我们不能两次踏进同一条河，它散而又聚，合而又分。"他还说："太阳每天都是新的，永远不断地更新。"

听到赫拉克利特的这些名言，你可能会以为他强调的是变化，但实际上，他强调的是变化之后不变的逻各斯。逻各斯大致上是原则、规律、理性的意思，非常接近于《道德经》里的"道"。

赫拉克利特说："这逻各斯虽然万古长存，可是人们在听到它之前，以及刚刚听到它的时候，却对它理解不了。"他还说："因此应当遵从那个共同的东西。可是逻各斯虽然是大家共有的，多数人却自以为是地活着，好像有自己的见解似的。"

如果说，赫拉克利特的第一个观点强调的是变化（"万物处在流变之中"），第二个观点强调的是不变（"变化是根据一种不变的逻各斯发生的"），那么，他的第三个观点强调的就是辩证（"逻各斯包含了对立面的相互作用"）了。

赫拉克利特说，"在神看来人是幼稚的，正如在成人看来儿童是幼稚的。人们不了解如何相反者相成：对立的统一，如弓和竖琴"。赫拉克利特的意思是，拉开弓的时候，我们感受到的恰恰是它返回的力量，拉开和返回之间的力量被称为张力。这就是相反者相成，矛盾的对立统一。

赫拉克利特的辩证法初看起来是违反逻辑和常识的，比如他说："我们踏进又不踏进同一条河，我们存在又不存在。"那么，一个事物可不可能既是黑的又是白的，一个人可不可能既是好的又是坏的呢？赫拉克利特说："相反的东西结合在一起，不同的音调造成最美的和谐，一切都是通过斗争而产生的。"

赫拉克利特认为："世界是一团不断地转化的活火。"这里的重点就是在强调火的本质特点是不停顿的变化和运动。火作为火，只要还在燃烧，就在不停地运动，一旦熄灭，停止运动，火也就不成其为火了。火的另一个特点就是极大的破坏性，即"斗争性"。所以，赫拉克利特一方面讲对立面的统一，也就是和谐，另一方面还强调对立面的斗争，也就是所谓的"不明显的和谐"。

赫拉克利特的哲学思想可以概括为"变与不变的对立统一和动态转化"，这个思想和中国人"危机"的概念异曲同工，如图11-1所示。首先，"危机"包含危和机两个方面，危机本身意味着变化，但一定会出现危机这

图11-1　危机流变

个事情是不变的。其次，危和机之间是对立统一的，是一体两面的和相互伴生的。最后，危和机之间是动态转化的。

我们甚至可以借用赫拉克利特对世界的描述，把世界描绘为一场不断转化的危机。一方面，世界是在不停顿地变化和运动的，只要世界还存在，危机就会不停地发生，一旦危险没有了，机会也就不存在了。另一方面，危机具有极大的破坏性，如果不能把握好危和机之间的平衡，就可能造成难以在短期内恢复的破坏。

综上，简单来讲，世界是"危与机的对立统一和动态转化"，而危机的一个重要特征就是"流变"。

公司生态，人事内外

我们讨论自然科学和社会科学中的"流变"的概念，是为了更好地把它应用到企业管理中，特别是应用到企业的危机管理中。对于每一个物种而言，生态就是物种存在的空间环境。对于每一家企业而言，其生态就是企业相关活动的空间范围。毋庸置疑，无论其生态如何开放，也必然可以分为与企业密切相关的"内部"生态，以及与企业松散耦合的"外部"生态。从另一个方面来看，公司生态也可以分为与"人"（Actor）相关的和与"事"（Activity）相关的两个部分。

所以，我们可以按照图 11-2，**从"内""外""人""事"四个方面分析公司生态，把公司生态中的要素分为员工（内部的人）、产品（内部的事）、客户（外部的人）和环境（外部的事）四个方面。相应地，公司生态的构成也就分为组织生态、业务生态、产业生态和宏观生态四个部分。**

这里需要解释的是，从严格意义上讲，企业内部的人虽不限于员工，但主要是员工，因此可以以员工为主体讨论企业的组织生态。类似地，与企业业务相关的不仅仅是产品，业务也不仅限于企业内部的事，但为简化讨论，这里以企业为核心讨论业务生态。同时，我们之所以认为产业生态与企业外部的人密切相关，主要是基于产业划分是为了完成客户的任务并为客户创造价值的考虑。而以宏观生态指代企业外部的环境，目的是把除了组织生态、业务生态和产业生态之外的其他生态要素都包括进来——这里的"宏观"和"宏观经济"的"宏观"不完全同义。

	人	事
外	产业生态 Industrial ecosystem 客户	宏观生态 Macro ecosystem 环境
内	组织生态 Organizational ecosystem 员工	业务生态 Business ecosystem 产品

图 11-2　公司生态中的"人""事""内""外"

组织生态、业务生态、产业生态和宏观生态构成了公司生态的四个部分，也形成了公司生态的层次结构（见图 11-3）。在整个公司的生态分层结构中，组织生态居于核心位置，涉及公司的人员、人员完成的工作和决策等，是公司生态活力的来源。以华为为例，截至 2019 年底，华为约有 19.4 万名员工，分布在 170 多个国家和地区。华为是一家 100% 由员工持股的民营企业：公司通过工会实行员工持股，2019 年底参与人数为 104 572 人——参与人全部为公司员工，没有任何政府部门、机构持有华为股权。

在公司生态中，业务生态占据重要位置，业务生态以公司的产品为依托。华为的业务大致分为三类，即运营商业务、行业客户业务和智能终端业务。对此，华为的描述是：携手合作伙伴，为电信运营商提供创新领先、极简智能和安全可信的网络产品与解决方案；为政企行业客户提供开放、智能和安全可信的信息与通信技术（ICT）基础设施产品与服务；华为智能终端正在帮助人们享受高品质的数字工作、生活、出行和娱乐体验。

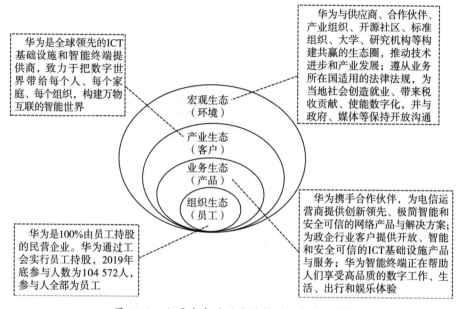

图 11-3　公司生态的层次结构（以华为为例）

如果说业务生态是以业务为核心构建的生态层次，那么产业生态就是以客户为核心构建的生态层次。传统观点认为，产业的划分是以产品和业务为划分标准的，例如工程机械行业就是制造工程机械的。以客户为中心的产业生态观点则认为，产业的划分是以客户任务和需求为划分标准的，按照这个思路，工程机械行业是解决客户在工程施工遇到的问题的行业。

以华为为例，从业务角度出发，华为就是运营商业务、行业客户业务和智能终端业务三类业务的组合。但从客户角度出发，华为就是全球领先的 ICT 基础设施和智能终端提供商，致力于把数字世界带给每个人、每个家庭、每个组织，构建万物互联的智能世界——这段话，正是华为的愿景。可见，从客户角度思考公司生态，可以为企业开拓更广阔的发展空间。

宏观生态是比组织生态、业务生态、产业生态范围更大的生态层次，主要关注公司如何与利益相关方合作共赢，以及公司应该如何遵守社会规范、法律法规、政府政策等生态约束条件的问题。华为对自己的宏观生态的表述大致是：与供应商、合作伙伴、产业组织、开源社区、标准组织、大学、研究机构等构建共赢的生态圈，推动技术进步和产业发展；遵从业务所在国适用的法律法规，为当地社会创造就业、带来税收贡献、使能数字化，并与政府、媒体等保持开放沟通。

生命在于运动，生态在于流动

物质流、能量流和信息流

生态系统是在一定的时间和空间内，由生命系统和环境系统组成，并通过二者之间不断的物质循环和能量流动的相互作用而形成的具有一定结构和功能的有机整体，包括物质流、能量流和信息流三大功能循环。

物质流是物质的流动，指物质实体从供应者到需求者的物理运动，由一系列涉及时间和空间改变的活动组成。比如二氧化碳到了植物里面变成碳水化合物，然后植物被食草动物吃掉，然后食草动物又被食肉动物吃掉，然后食肉动物死掉，其尸体腐烂之后又被分解成二氧化碳。

能量流是伴随物质流动过程的能量流动，能量在转换、利用和回收过程中会产生贬值和损耗，能量会在化学能、热能、机械能和电能等形式之间进行转换。比如太阳能在植物里面变成化学能，然后通过食物链传递下去。

信息流是依附于物质流和能量流传递的信息流动，信息流的传递包括信息收集、分类和加工等过程，形成有用或无用的信息。信息传递的方式和介质有很多，比如植物之间通过化学物质相互影响，而昆虫通过激素，动物通过声音和气味，人通过语言文字，等等。

在企业管理理论中，与物质流对应的是资源基础观，资源基础观强调资源的价值性、稀缺性、无法模仿性和难以替代性。资源基础观与物质是构成宇宙间一切物体的实物和场这一观点相一致，物质是整个生态系统的基础。

在企业管理理论中，与能量流对应的管理理论是企业能力理论。企业能力理论强调企业内部因素的差异性，尤其是企业核心能力的运用对企业获得超额利润的影响，这一点与物质质能转换关系相类似，即能量不仅取决于物质的质量，更取决于物质的运动速度。

在企业管理理论中，和信息流对应的管理理论是知识基础观。知识基础观认为，企业核心能力的来源是企业内的隐性知识，通过各种信息手段，如文本、信息系统等实现部分和完全共享，产生带来经济价值的新知识。

从物理学来讲，物质、能量和信息三者之间的关系是：信息不能独立存在，信息的存在必须以物质为载体，信息的传递需要能量，但是信息本身并不具有能量。

就企业管理而言，资源、能力和知识三者之间的关系是：知识不能独立存在，知识的存在必须以资源（人力或实物）为载体，知识的创造、传播和运用需要能力，但是知识本身并不直接代表能力。

从资源、能力和知识这三个管理学基础理论与物质、能量和信息这三个物理学基础概念之间的对应关系，我们可以看出，物质流、能量流和信息流是理解公司生态的重要概念。

图11-4展示了公司生态中物质流、能量流和信息流的基本情况。物质流、能量流和信息流除了在每个生态层次内部流动外，也在各生态层次之间流动。每个公司生态层次的物质流、能量流和信息流的具体内

容将在下文展开讨论。

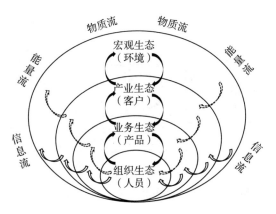

图 11-4　公司生态中的物质流、能量流和信息流

流而不存与存而不流

关于公司生态中的流变，可以从"流"和"变"两个方面进行理解。从"流"的方面来看，公司生态中包括物质流、能量流和信息流这三种基本的流，而"流"可以从"流量"和"流向"两个方面理解。流量指的是一个生态体系内部各要素之间以及生态之间物质流、能量流和信息流的规模，而流向指的是这些"流"流动的方向。

有流就有存，流和存共同作用形成了变。我们可以从"存量"和"存活"两个角度来理解"存"。在公司生态中，存量指的是生态作为一个整体其内部所储存的各种要素的数量和质量，存活指的是生态中这些要素的活跃程度和交互关系。

"流量""流向"和"存量""存活"等概念可以帮助我们理解危机对生态的影响（见图 11-5）。我们可以假设一种情况，某个公司的生态在危机前是开放的，以虚线的正方形表示，危机前流入这个生态圈的物质流、能量流和信息流的流量都是比较充足的，可以用一个较宽的箭头表示，而流出这个生态圈的各种流量都是比较少的，用一个较窄的箭头表示。

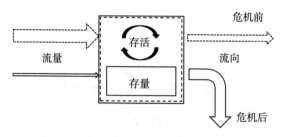

图 11-5　企业公司生态的"流"和"存"

在危机来临后，流入生态圈的物质流、能量流和信息流等的流量显著下降，而流出生态圈的各种流量明显上升。从流向来看，危机后的物质流、能量流和信息流的流向与危机前相比发生了改变，用一个弯曲的箭头表示。同时，生态圈的开放性在危机前后也发生了变化。和危机前的生态圈相比，生态圈的开放程度在危机之后明显下降了，虚线正方形变成了实线正方形。

在生态圈中，物质、能量和信息的存量也会随着危机的发生而下降。伴随着存量一起下降的，还有物质、能量和信息的存活程度。换句话说，生态圈在危机之后流入量下降、流出量上升，且流向发生了变化。同时，生态圈从开放转向封闭，而且生态圈内部的物质、能量和信息的数量和活跃度都下降了。

当然，这个假设的情况只是危机对于生态影响的一种可能性，生态圈完全可能在遇到危机之后变得更加开放，生态圈内部要素的活跃度也可能会上升，而生态圈与外部的交换也可能增加。

不过，我们可以用这个模型简要理解一下 2020 年前后发生的逆全球化危机。如果我们假设图 11-5 中的生态是我国某个对外依赖度较高的制造行业,那么,这个行业在危机发生之前的开放程度应该是比较高的,伴随着外商投资和国际订单进入这个生态圈的物质、能量和信息的总量是比较大的,而流出这个生态圈的流量是相对较少的,因此这个生态圈可以从全球化中获益。然而,随着逆全球化危机的到来,这个行业中的一些外资开始撤离,国际订单也开始减少,这就造成了生态中物质、能量和信息的存量和存活开始下降,生态也开始逐渐封闭起来,这个生态圈将由于逆全球化危机而受损。

增减、出入和升降

我们可以从流量的增和减以及流向的出和入两个维度来分析危机对公司生态中的客户、业务、组织和环境等要素的影响(见图 11-6)。

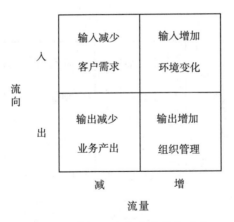

图 11-6 危机下生态的流量和流向

首先,危机会造成公司生态中物质、能量和信息的输入量减少。例如,危机会减少企业客户的数量,降低客户对企业服务的需求,破坏企业和客户之间的价值交换过程。

其次，危机会造成公司生态中物质、能量和信息的输出量减少。例如，危机会减少企业所能提供的商品和服务的数量，相应降低企业收入和支出的水平，并影响到企业赖以生存的现金流。

再次，危机也可能造成公司生态中物质、能量和信息的输出量增加。例如，企业为了应对危机，必须加强组织管理，调整人员分工，进行员工培训，改变工作结构和流程，提高决策效率等。

最后，危机也可能造成公司生态中物质、能量和信息的输入量增加。例如，危机会加剧企业外部环境的变化，而环境变化会给企业带来更多的要求，包括改变与企业相关的政策，影响企业发展的外部趋势和企业获取外部资源的方式、方法，等等。

我们知道，危机不仅会影响生态中要素的流量和流向，还会影响生态中要素的存量和存活。图 11-7 以企业业务为例，分析了危机对业务的规模（存量）和价值（存活）的影响。

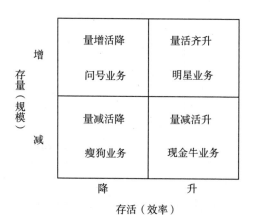

图 11-7　危机下生态的存量和存活

第一，危机会使某些业务"量减活降"，这些业务通常是企业的"瘦狗业务"。在没有危机的时候，这类业务的规模不大，增长也非常缓慢，更关键的是不符合企业业务发展的方向和市场的需求，在危机到来之后受的影响最大。例如，课外培训机构的线下大班业务在过去几年的增长就非常缓慢，客单价也在逐步下降，而这类业务受疫情等危机的影响最大。

第二，危机会使某些业务"量增活降"，这些业务往往是企业的"问号业务"。遇到危机时，此类业务的规模可能在短期内增加，但创造和获取价值的效率不一定能够相应提高。例如，在疫情期间，很多课外培训机构积极开展线上直播业务，短期内流量较大，但直播课程大多以公益形式出现，后续如何实现收入甚至盈利都面临很大的不确定性。

第三，危机会使一些业务"量减活升"，这些业务一般是企业的"现金牛业务"。波士顿矩阵对现金牛业务的定义是：能够带来大量现金但未来增长前景有限的业务，往往是成熟市场中的领导者，是企业现金的主要来源。应该说，危机对现金牛业务也有影响，可能会降低现金流业务的市场规模，但在一段时间内，现金流业务仍然是企业主要的现金来源，这个作用在危机中可能更加明显。

第四，危机会使另一些业务"量活齐升"，这些业务可能是企业未来的"明星业务"。之所以说危机是危中有机，就是因为危机有时会促进企业某些业务的快速成长。例如，在疫情期间，一些课外辅导机构的线上1对1课程无论是需求量还是相对于其他课程的效率都明显上升。类似地，阿里巴巴旗下的钉钉量活齐升，成了阿里的明星业务。

危机中的生态流变

在前面，我们从"内""外""人""事"等四个方面分析了公司生态，把公司生态分为组织生态、业务生态、产业生态和宏观生态等四个层次。接下来，我们分析每个生态层次的物质流、能量流和信息流，并把整个公司生态解构为"十二流"（见图11-8）。

	人	事
外	产业生态 客户流 价值流 需求流	宏观生态 资源流 创新流 趋势流
内	组织生态 人员流 工作流 决策流	业务生态 商品流 现金流 收支流

图 11-8 公司生态中的"十二流"

首先，在组织生态层次，组织是由人员构成的，包括组织的创始人、高管团队和员工等，人员在组织中的流动构成人员流。如果我们把人员看作构成组织生态的物质元素，那么这些人员所做的工作就构成了组织生态的能量流，而与工作相关的各种决策则构成了组织生态的信息流。

其次，在业务生态层次，其物质基础是企业提供的产品或服务，可以称之为商品流。企业因提供产品或服务的效率不同而产生不同的资金流转速度，可以被看作企业业务生态的能量流。支撑企业业务的收入和支出等行为产生的信息则可以作为业务生态层次的信息流。

再次，在产业生态层次，客户是企业服务的对象，可以被看作产业生态的"物质"基础。企业存在的目的是为客户创造价值，而价值的创造、传递和获取构成了产业生态的能量流。对于产业生态而言，影响产业发展动向的是客户需求，因此，需求变化可以被看作产业生态的信息流。

最后，在宏观生态层次，资源是外部环境给企业提供的物质基础，应如何更高效地与外部环境进行资源交换，构成了宏观生态层次的物质流。如果说资源是外部环境中促进公司生态发展的有形的物质，那么创新就是无形的能量，是宏观生态层次中的能量流。此外，政策环境、国际关系等方面的趋势性变化构成了宏观生态层次中不可忽视的信息流。

在定义了公司生态中的12种物质流、能量流和信息流之后,我们接下来逐一讨论这些要素流在近些年来发生的变化,并借此理解在危机情况下可能出现的新趋势。

组织生态

组织生态之人员流(见图11-9a)。近年来,企业作为一种组织,其组织形式发生了很多方面的变化,其中的一个显著特征是人员与组织关系的变化。在传统组织中,员工和组织之间存在着基于劳动合同的较为稳定的雇用关系,一名员工通常会在一家公司全职工作,或者在多家公司兼职。近年来出现的一个趋势是,越来越多的人利用现代信息技术充分发挥个人特长,成为自由职业者。最近十几年来,全球发生的经济波动让很多人改变了对职业的看法,一些人成为雇用职业和自由职业的自有职业者,即在从事一份相对稳定的工作的同时,还有一份自己说了算的职业。

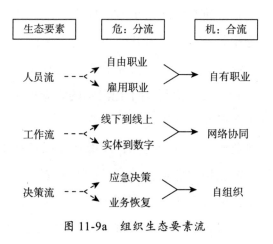

图 11-9a　组织生态要素流

组织生态之工作流。传统组织往往把人员聚集在一个地方,通过地理位置的集中，实现工作的协同。然而，随着企业业务不断线上化，同时企业的工作方式不断数字化，组织生态的工作流呈现出两个显著的特征：第一是工作流实现了网络化，减少了传统方式造成的工作断流、截流等现象；第二是由于工作流数字化程度的提高，得以更好地实现了协同和管理效率的提升。

组织生态之决策流。在组织生态环境相对稳定的情况下，企业的决策重点是业务增长，而在组织生态环境危机四伏的情况下，组织的决策重点则会转移到危机管理方面。危机管理中组织的决策流主要包括应急决策和业务恢复两方面，而传统的组织形式在应对危机中的不确定性方面效率相对较低，为此，很多企业在组织生态中引入了自组织的组织结构，依靠自组织的涌现性，及时发现危机，并快速采取应对措施。

业务生态

业务生态之商品流（见图11-9b）。工业化大生产的一个最基本的特征是规模化，企业通过组织的规模化实现业务的规模化，从而降低成本提升竞争力。然而，随着生活水平不断提高，人们开始越来越追求个性化，反映在企业业务上就是最近几年出现的去规模化趋势。一些小而美的企业依托大企业建立起来的业务生态提供定制化的服务。例如，海尔的卡奥斯Cosmoplat平台就致力于把海尔的大规模生产能力和创客的个性化服务能力结合起来，实现大规模定制。

业务生态之现金流。最近十几年，随着风险投资在中国的发展，出现了很多通过融资补贴用户取得快速增长的业务模式，这些业务模式的经营现金流往往是负的，靠正的融资现金流来补贴。前几年参与百团大战的企业和共享经济等领域的企业大都采取这种形式。然而，随着经济增长速度放缓，更多企业经开始重视通过经营盈利，通过提高经营现金流效率来推动企业发展，回到商业的本质上来。

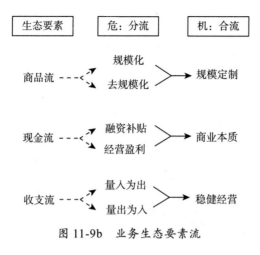

图 11-9b　业务生态要素流

业务生态之收支流。企业的收支管理和个人的收支管理有类似之处，存在两种基本的模式：量入为出和量出为入。比较而言，量入为出的模式基于过去和未来短期的收入制定支出计划，更加稳健；量出为入的模式基于未来短期的支出和较长期的收入制定收支计划，利用信用等方式获得短期融资，弥补短期支出的缺口。不难预见，近年来频发的经营不确定性将使更多的企业从量出为入的模式转为量入为出的模式，提高经营的稳健程度。

产业生态

产业生态之客户流（见图11-9c）。中国在过去的几年中已经形成了线上线下融合的消费模式，从几年前的"O2O"发展成了"O+O"。如果说2003年SARS疫情让企业看到了个体消费从线下到线上的趋势，那么2020年的公共卫生危机就让我们看到了企业经营从线下到线上的明显趋势。然而，绝大多数企业都很难做到纯粹在线下或线上服务客户。随着人们消费习惯和企业管理方式的改变，无论是服务个人的企业还是服务企业的企业，都将经历一个从线下到线上，再从线上到线下的融合过程。在这个融合过程中，最重要的是形成正向的反馈机制，即线上和线下的服务内容互补、形式互促、效果互助。

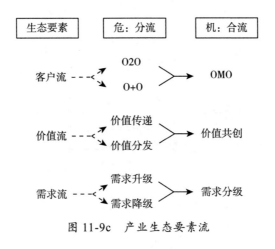

图 11-9c　产业生态要素流

产业生态之价值流。传统商业模式是从生产厂家开始的，由生产厂家生产产品发给中间商，然后由中间商负责送达最终消费者，即 M2B2C 模式。在过去的十几年中，企业的价值创造模式发生了很大的变化，最终消费者更多地参与到价值创造过程之中。消费者把自身需求传递给中间商，然后由中间商把需求传递给生产厂家，即通过 C2B2M 模式实现价值共创。例如，海尔在过去几年中一直强调与用户的交互，通过自建的平台与终端用户进行零距离的互动并获得需求信息，然后把需求信息同步给自己的生产车间，快速生产出用户需要的产品，送到用户手中。

产业生态之需求流。近几年的需求流向有两个基本的趋势，一是需求升级，二是需求降级。在稳定发展的经济环境中，需求升级是主流；然而在不稳定的经济环境中，人们面临未来生产、生活的不确定性，可能会减少消费、压缩需求。相应地，企业在快速发展的经济环境中，会不断地升级产品以满足不断升级的需求。然而，如果所有的企业都沿着需求升级的方向发展，那么将会有一些无法迅速升级的客户的需求不能得到满足，形成新的市场空间。在经济增长趋缓的情况下，此类能够帮助企业和竞争对手形成差异化竞争的需求显得尤其宝贵。

宏观生态

宏观生态之资源流（见图11-9d）。在互联网刚刚兴起的时候，有两个理论预测未来的企业分布形态，一个理论是赢家通吃，另一个理论是长尾理论。前者说的是行业的发展趋势是市场份额会集中于几家头部企业，后者说的是行业内会存在众多蚂蚁雄兵。经过多年发展，很多行业既没有出现赢家通吃局面，也没有出现众多的蚂蚁雄兵，而是形成了生态整合的模式。几家大企业扮演生态主的角色，主要负责产业和宏观生态环境的建设，打造生态所需的基础设施，而众多的中小型企业则在生态中寻找适合自己的生态位，形成了共演共赢的生态模式。

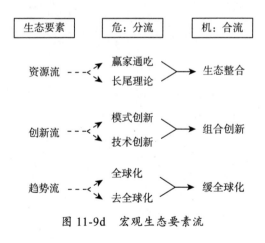

图 11-9d　宏观生态要素流

宏观生态之创新流。创新是推动经济和企业发展的重要力量，是社会长期持续发展的能量来源。我国企业的发展有两种基本的创新模式，一种是模式创新，另一种是技术创新。过去一段时间内，模式创新成为推动我国企业创新发展的主要力量，而随着未来经济增长进入中速增长阶段，单纯依靠模式创新已经不够了，需要结合技术创新形成组合创新模式。

宏观生态之趋势流。社会环境（尤其是经济和政治环境）与自然环境的变化趋势是影响企业长期发展的重要外部生态环境。企业的稳定发展必须顺应趋势，不能逆势而为。当前全球经济已进入一个调整期，在过去几十年间占主导地位的全球化趋势正受到各种挑战，去全球化趋势虽然尚不是主流，但已逐渐汇聚成蔓延在各个领域的一股逆流，全球化进程出现明显的放缓趋势。

| 第十二章 |

危机周期思维

周期危机，危机周期

山坡羊·潼关怀古

[元] 张养浩

峰峦如聚，波涛如怒，山河表里潼关路。
望西都，意踌躇。

伤心秦汉经行处，宫阙万间都做了土。
兴，百姓苦；亡，百姓苦！

———

2020年5月初的一天，一位50多岁的中年男人在B站视频中喊出"奔涌吧，后浪"，并表达了满怀的羡慕、敬意和感激。

差不多整整376年前的1644年4月25日，明朝的崇祯皇帝逃至煤山，自缢而亡，留下"朕自登基十七年，逆贼直逼京师，虽朕谅德藐躬，上干天咎，然皆诸臣误朕。朕死无面目见祖宗，自去冠冕，以发覆面,任贼分裂,无伤百姓一人"的遗言。

崇祯皇帝是一位勤勉的皇帝,一心要复兴大明,不分昼夜地处理公文,吃喝用度都相对节俭,像极了对后浪谆谆教诲中的前浪,像极了为后浪日夜打拼的中年人。但崇祯皇帝终成亡国之君,无脸面对列祖列宗,尤其是那位终结了元朝的明朝开国洪武大帝朱元璋。

面对汹涌而来的农民起义大军和伺机而动的八旗大军这些"后浪",不知作为"前浪"的崇祯皇帝有何感想。

明朝那些危机周期的事儿

元朝天历二年(1329年),关中大旱,张养浩被任命为陕西行台中丞,负责赈济灾民。张养浩目睹了人民的深重灾难,感慨而愤愤不平,遂散尽家财,尽心尽力去救灾,终因操劳过度而殉职。他写下这首《山坡羊·潼关怀古》,抚今追昔,感叹历代王朝的兴衰和人民百姓的苦难,表现其对历史的思索和对人民的同情。

读过《明朝那些事儿》等描述元末明清农民战争著作的读者都会对那段惊心动魄、荡气回肠的历史印象深刻。**元末明初的历史进程体现了政权危机从一统到动荡,再到混乱,最后重新统一的过程,涉及军事、政治、经济、文化等各个方面,不仅可以帮助我们理解政权危机的周期,也可以让我们以此为基础更好地理解企业发展的周期性危机**(见图12-1)。

元武宗(1308~1311年)以后,元朝的政治日趋腐朽。从武宗至大元年(1308年)至顺帝元统元年(1333年)的25年间,元朝换了8个皇帝。由于频繁争夺帝位,蒙古贵族之间长期相互倾轧,往往演变成内战,比如元英宗时的"南坡之变"和元文宗时的"两都之战""天历之变"等。

第十二章 危机周期思维 231

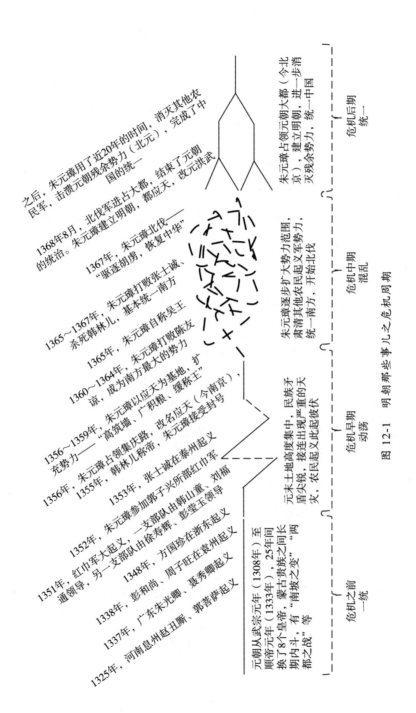

图 12-1 明朝那些事儿之危机周期

元朝末年，土地高度集中，蒙古贵族已完全成为封建大地主，各自占有大量的田土。元末吏治腐败，横征暴敛，苛捐杂税名目繁多，全国税额比元初增加了20倍，大批蒙古贵族抢占土地，社会动荡，民不聊生，而中原连年灾荒，更使得百姓破产流亡，无计为生。

元政府还推行严厉的民族压迫政策，将民分为四等，民族矛盾尖锐。除了残酷的剥削，还接连出现严重的天灾。元统元年（1333年），京畿大雨，饥民达40余万。元统二年江浙水灾，饥民多至59万。至元三年（1337年），江浙又发生水灾，饥民40余万。至正四年（1344年），黄河连续决口三次，饥民遍野。在天灾人祸的迫害下，大批农民离开土地，武装起义相继而起。

早在泰定二年（1325年），河南息州赵丑厮、郭菩萨的起义，揭开了元末农民起义的序幕。至元三年（1337年），朱光卿、聂秀卿在广东起义。紧接着，至元四年（1338年），彭和尚、周子旺在袁州起义。至正十一年（1351年），红巾军大起义爆发，主要分为两支，一支起于颍州，领导人是韩山童、刘福通；一支起于蕲州，领导人是徐寿辉、彭莹玉。次年，朱元璋参加了郭子兴所部红巾军。

除红巾军起义之外，至正八年（1348年）方国珍在浙东起义，至正十三年（1353年）张士诚在泰州起义。至正十五年（1355年），刘福通拥立韩山童之子韩林儿在亳州称帝，朱元璋也接受了韩林儿封的官职和封号。朱元璋军纪严明，且知人善任。至正十六年（1356年），朱元璋占领集庆路（今江苏南京），改名应天。

从至正十六年至十九年间（1356～1359年），朱元璋以应天为根据地，不断向外扩充其势力。朱元璋进一步取得了东南地主阶级的支持，巩固了他对这一地区的统治。他还接受了朱升的"高筑墙、广积粮、缓称王"的建议。

此后十年间，朱元璋越战越勇，先后灭陈友谅、平张士诚、杀韩林儿、进占大都（今北京）、改元洪武，一统天下，史称明太祖。

我们可以把红巾军大起义之前的时期看作元末政权危机之前的阶段，在此之前元朝还处在"一统"江山的阶段，几次农民起义的规模都较小，但元朝政权内部的危机已经酝酿很久了。我们可以把从红巾军大起义到韩林儿称帝这段时期看作元末政权危机的早期阶段，在这段时间农民起义此起彼伏，社会进入"动荡"状态，但起义军内部还是比较团结的。

从朱元璋占领集庆路并改名应天开始，农民军的内部斗争开始激化。朱元璋凭借"高筑墙、广积粮、缓称王"战略扩大了自身的势力，逐渐打败了陈友谅、张士诚等武装力量，结束了元末政权危机中期的"混乱"状态，并于1367年开始北伐。北伐军迅速占领了元大都，1368年朱元璋在应天建立了明朝。他还给元惠宗加号"顺帝"，称其"知顺天命，退避而去"。随后的20年，明朝军队消灭了其他农民军，击溃了元朝残余势力（北元），完成了中国的统一。

从元末明初的政权危机和政权更替中，我们可以总结出一个在历史上不断重复的规律：一个一统天下的政权经历多年稳定之后，先是内部各种势力相互斗争出现动荡，再是经受外部势力的冲击，随后进入混乱状态，最终有一方势力获胜，形成新的统一，进入下一个一统天下的循环（见图12-2）。

把朝代兴亡和更替看作危机周期，可以帮助我们从一统、动荡、混乱、统一的过程理解历史车轮滚滚前行的逻辑。然而，"危机周期"侧重于从危机开始到危机结束的阶段，着眼于历史车轮所要碾过的"坑坑洼洼"，只是理解历史发展趋势的一个

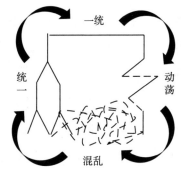

图12-2 化身危机周期的历史车轮

侧面。要想更好地理解危机在历史发展中的作用和机制，还需要从"周期危机"的角度审视历史进程。

历史车轮之周期性危机

气候变化

气候变暖是人类当前面临的一场全球性危机。导致全球变暖的主要原因是人类在近一个世纪以来大量使用矿物燃料（如煤、石油等），排放出大量的二氧化碳等多种温室气体。这些温室气体导致全球气候变暖。1981～1990 年全球平均气温比 100 年前上升了 0.48℃。

为阻止全球气候进一步变暖，1992 年联合国专门制定了《联合国气候变化框架公约》，依据该公约，发达国家同意在 2000 年之前将他们释放到大气层的二氧化碳及其他"温室气体"的排放量降至 1990 年时的水平。

然而，气候变暖问题在近年来仍然持续恶化，20 世纪 90 年代成为自 19 世纪中期开始有温度记录以来最温暖的 10 年，而在记录中最热的几年都晚于 1990 年，依次是 1998 年、2002 年、2003 年、2001 年和 1997 年。

2020 年 2 月底，在南极的乌克兰科考站附近出现了粉红色的"西瓜雪"现象。科学家表示，这是因为雪中含有一种叫极地雪藻的微生物，它们适合在寒冷气候中生存，并在低温下保持"休眠"状态。但当温度升高时，就会开始迅速生长。因为其含有虾青素（类胡萝卜素）防止紫外线辐射，所以呈现红色。

"西瓜雪"现象的出现绝非偶然。2020 年 2 月 9 日，巴西科学家在南极西摩岛监测站测得气温高达 20.75℃，打破了 1982 年 1 月监测到的 19.8℃的纪录。而在南极大陆的另一个监测点埃斯佩兰萨研究站，阿根廷科学家观测到了 18.3℃的高温，也打破了 2015 年创下的 17℃的纪录。

朝代更替

气候变化不仅是人类当前面临的危机,而且一直以来都深刻地影响着人类发展的历史。以中国为例,在这片土地上,过去3000年的平均气温为23℃,最高为25℃,最低为21.5℃。从图12-3中,**我们不难发现一个明显的规律:从西周到清朝,每一次朝代更替大致都发生在这个阶段气温最低的时候,几次有名的中兴时期则大多发生在朝代中间气温最高的时候。**

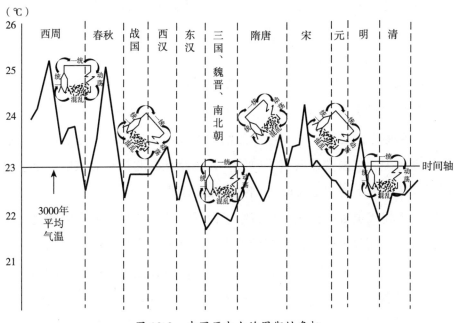

图 12-3 中国历史上的周期性危机

例如,西周末年自然灾害严重;西北关中一带连年干旱,同时岐山一带发生了地震和地崩灾害。此外,周都城镐京临近西北游牧部落,经常遭到游牧部落的侵扰。公元前771年,申侯与犬戎进攻幽王,诸侯都不来救驾,这就是著名的烽火戏诸侯的故事。自然灾害和外敌入侵迫使周平王迁都洛阳，史称"平王东迁"，而在干旱和游牧部落入侵背后的根本原因都是气温下降。

再如，东汉末年土地兼并现象严重，人民不堪其苦，加上天灾与瘟疫的双重打击，他们于是纷纷起来造反，发动大规模的叛乱，最著名的是黄巾起义。从图12-3中可以看到，东汉末年的气温处于近3000年来的最低点，其所造成的影响也是巨大的。据历史学家葛剑雄的《中国人口史》统计，东汉中期的人口大约为6500万人，而三国初年的人口估计为2300万人，损失了近60%的多达4200万的人口。到了三国后期，人口进一步下降，郡县编户人口总计不到800万人。

前面说的元末明初，也是气温的一个低点，而另一个更低的点发生在明末清初。明末最后几十年，正好赶上世界范围的小冰河期，从1626年开始，天灾接连出现，先是华北大旱，然后是江南下冰雹，反常的天气导致农业收成大幅下降。而且，由于冰冷干旱，降水线南移，北方的草原也退化了。在草原上生活的游牧民族只好南下抢东西，努尔哈赤就是因为气候变冷没有了收成，才一路从东北打到北京的。至于他起兵前昭告天下的"七大恨"，不过是借口而已。

关于朝代更替的讨论，可着眼于西周末期、东汉末期和明清之交的气温低点，而气温好像也和朝代的中兴，甚至是中华文明发展的程度有些关系。图12-3中气温的第一个高点是西周成立之后的一段时间。武王克商以后，基本上控制了商朝原来统治的地区，又征服了四周的许多小国。周武王死后，其子成王继位，因其年幼，由周公摄政。管叔、蔡叔对周公不满，发动叛乱。周公调大军东征，用了三年时间，终于平定了叛乱。成王和后来即位的康王昭的统治时期被后人称为成康之治，是西周安定时代的开始。成康时代，周王实行赈济贫困民众、授田于民、明德慎罚的政策，因而农业生产颇有起色，人民生活相对改善。

图12-3中气温的第二个高点是春秋中期的一段时间，而春秋五霸的

齐桓公、晋文公、宋襄公、楚庄王和秦穆公，大体上都生活在这段时间。公元前685年，齐国齐桓公继位，以管仲为相，实施变法，废除井田制度，按土地的肥瘠确定赋税，设盐、铁官和铸钱，增加财政收入，寓兵于农，将基层行政组织和军事组织合为一体，增加了兵源和作战能力，齐国迅速成为华夏各国中最富强的国家，齐桓公成为春秋五霸之首。齐桓公去世之后，公元前636年，晋献公之子重耳成为晋文公。他改革政治，发展经济，整军经武，取信于民，安定王室，也成为春秋五霸之一。

图12-3中气温的第三个高点是西汉末期之前的一段时间，大致上与昭宣中兴重合（约为公元前87年至前48年）。汉武帝末年，由于长时期攻打匈奴以及严刑峻法，阶级矛盾日益尖锐，农民起义不断。汉武帝之后，昭宣二帝在位期间，励精图治，任用贤能，贤相循吏辈出，注意减轻人民负担，恢复和发展农业生产。

图12-3中气温的第四个高点是唐朝末期之前的一段时间，大致上与元和中兴重合（约为公元805年至820年）。唐天宝十四年（755年）11月，安禄山趁唐朝政治腐败、军事空虚之机，和史思明发动叛乱，史称"安史之乱"。安史之乱本质上是藩镇造反——唐玄宗为了对外扩张在西北边境设置了好几个军区，他觉得胡人勇猛善战，就任命胡人做藩镇的统帅，安禄山就是中亚粟特人和突厥人的混血儿，而史思明是粟特人。安史之乱的发生有很多原因，而天宝年间超常的寒冷气候是主要原因之一。安史之乱平息之后，唐王朝陷入了持续数十年的分裂局面，到唐宪宗时期气候有所回暖，政府财政情况有所好转，同时吐蕃势衰。各地藩镇在长时间的战乱中，实力也有所削弱，借助此时的大好形势，唐政府"以法度裁制藩镇"，陷于强藩多年的河南、山东、河北等地区又归中央政府管辖，唐王朝复归于统一，史称"元和中兴"。

如果把图12-2中的"历史车轮"放在图12-3中，中国的历史就好像一辆在崎岖不平的山路上颠簸前行的小推车，每个朝代都会经历一统、

动荡、混乱、统一的过程，循环往复。当然，历史这辆小推车显然不只有"气候变化"这样一个推进器，政权结构的演化是另外一个重要的推动力量。

政权结构和政权生命周期

政权结构

从结构上看，任何一个古代政权都可以比作一座金字塔，塔尖上是高高在上的王权，塔身和塔基是不同层级的政权组成要素。用金字塔表示政权，主要是考虑到金字塔有良好的稳定性。古埃及有一句俗语，"人们害怕时间，但时间害怕金字塔"。人害怕时间，是因为时间往往代表着死亡；时间害怕金字塔，是因为埃及人看重金字塔的稳定性，认为金字塔代表着永恒。

图12-4用顶部是平面的玛雅金字塔表示政权，而不用埃及的锥形金字塔形，是因为位于政权顶端的王权（皇权）往往不是一个人，而是一个族群。每个政权在建立的初期，有点类似合伙制企业。虽然有个名义上的老大（王或皇帝），但对于开国功臣来说，他们和"老大"之间，往往首先是兄

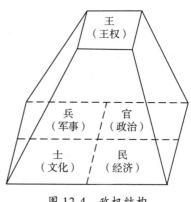

图12-4 政权结构

弟关系然后才是君臣关系。随着政权的巩固，王或皇帝会逐渐用赎买或杀戮的办法，攫取开国功臣手中的权力，形成唯我独尊之势。

除了王权之外，政权的组成要素主要包括政治、军事、文化和经济等方面。如果进一步简化，政治指代官僚体制，可以用"官"来表示；军事指代国家机器，可以用"兵"来表示；文化指代社会规范，可以用"士"来表示；经济指代财富基础，可以用"民"来表示。于

是，政权就由位于金字塔顶端的"王"和位于金字塔塔身和塔基的"官""兵""士""民"构成。

理解政权结构的一个要点是，虽然政权结构在一个政权发展不同阶段的基本形状都是金字塔形，但在政权建立初期、中期、晚期和灭亡期的形状和构成比例有所不同（见图12-5）。

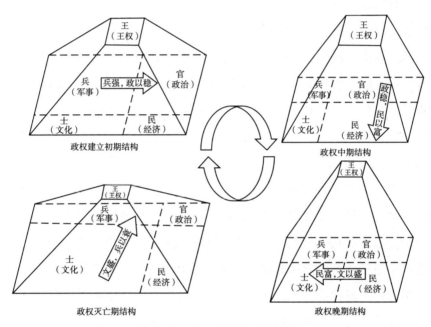

图12-5　不同时期的政权结构

从形状上看，政权建立初期的结构比较扁平，在改朝换代中形成的王权和军队、官僚、士族、百姓之间的距离还比较近。例如，刘邦立国初期王权根基尚不稳固，于是结合了春秋战国的分封制和秦朝的郡县制，把天下分成62个郡，自己留了15个，其他的都分封出去了。在受封的11个诸侯中，7个是武将出身的功臣，刘邦的亲戚只有4个。

刘邦在夺取政权过程中对功臣依赖度很高，所以在夺取政权之后需要倚重这些功臣手中的兵权来稳定政治局势。同时，刘邦采取各种措施，逐渐增强自己的军事实力和政治掌控力，达到"兵强，政以稳"的目的。例如，刘邦知道这些被分封的异姓王在忠诚度方面是有问题的，其中韩信和彭越都曾在刘邦被项羽围困的时候，要挟刘邦封王，否则就不肯出兵。所以刘邦在称帝后的第一年，就把韩信的封国从齐国改到楚国，把他与之前的手下分开了，夺取了韩信的兵权。

随着政权的确立，政权结构逐渐从扁平化的状态变成更加"立体化"的形状，也就是说，王权和军队、官僚、士族和百姓之间的距离被有意地加大了。取得王权的家族往往通过分封等形式让自己的家族成员直接掌控地方政权，以达到巩固政权的目的。例如，周朝分封时，71国里有53个是姬姓。再如，刘邦在废掉韩信和彭越的王位后，很快就废掉了韩王信、赵王、淮南王和燕王等异姓王的王位，而且还以"白马之盟"的方式确保只有刘姓可以为王，让功臣们一起宣誓"非刘氏而王，天下共击之"。

当然，同姓王也不能保证忠诚。汉景帝时的七国之乱就是汉朝皇帝进一步强化王权的过程中出现的波折。汉景帝听从晁错的建议，在削藩这件事情上过于激进，导致七个同姓王联合反叛。在七国之乱被平定之后，汉景帝一下子还不敢把这七国一步到位设为郡县，而是进行了新一轮的分封，但新封的国就小多了，而且经济收入的大头归于中央。后来，汉景帝的儿子汉武帝进一步通过推恩令，把仅剩的封国进一步缩小，最终消除了封国对中央王权的威胁。至此，王权已成为高高在上的态势。

然而到了政权灭亡的前夕，王权的权威又会受到巨大威胁，被严重削弱。例如，东汉末代皇帝汉献帝先是被董卓挟持，后被曹操"挟天子以令诸侯"，最后被曹丕胁迫禅让帝位。所以，到了政权灭亡时期，帝国的王权结构又成为扁平化的形态。

政权生命周期

在政权发展的不同阶段，军事、政治、文化和经济之间的关系也在不断变化。政权建立初期，军事是绝对的重点，政权运行的基本逻辑是"兵强，政以稳"。帝国的统治者会通过各种手段把兵权握在自己手中，并且加强官僚体制的制度化建设，实现从军事政权向政治政权的转变。

例如，宋朝开国皇帝赵匡胤"杯酒释兵权"之后，希望军人们放弃权力，享受荣华富贵，就推出了很多政策，鼓励大家做生意，营造了自由的商业环境，把人民调动起来了，使宋朝的经济水平达到了高度发达的程度，实现了从"兵强，政以稳"到"政稳，民以富"的转变。

随着政权的发展和稳固，军事和政治的重要性相对下降，而经济和文化的重要性随之上升，政权运行的逻辑从"政稳，民以富"扩展到"民富，文以盛"。网上曾有人发帖讨论："如果真能穿越，去哪个朝代好？"网友的回答中排在前两位的是唐朝和宋朝。

唐代是中国历史上的鼎盛时期，更是中国文化的繁荣时代。唐代的科举制度已基本成型，读书人可以找到很多机会展示自己，取得较高的社会地位。宋代的城市发展水平程度很高，北宋都城汴梁和南宋都城临安都是当时世界上最繁华的城市，商业和娱乐业非常发达，加之宋太祖"不得杀士大夫和上书言事人"和"子孙有渝此誓者，天必殛（音"即"，杀）之"的训诫，宋朝文人的社会地位是非常高的。

然而，文化昌盛的一个可能的后果是军事衰落。唐朝和宋朝的文化高度繁荣，唐诗宋词不仅是世界文化长河中的瑰宝，也是中华文化巅峰时期的代表。但唐朝中后期的藩镇格局、唐宋之间的五代十国以及南宋的偏安一隅，都从一个侧面反映了古代社会"文盛，兵以衰"的规律。

通过上述分析，我们可以从政权结构的形状以及政权内部要素构成比例的角度来理解政权的生命周期（见图12-6）。在政权建立初期，政权结构是扁平化的，军事所占比例最大，并且随着"兵强，政以稳"政策的推行，逐渐建立稳定的官僚体系；在政权发展中期，政权结构层级化程度上升，王权得到加强，如果没有外部威胁则军事被削弱，且通过"政稳，民以富"实现经济的进一步发展；在政权发展晚期，王权得到进一步加强，甚至与官僚体系相脱离，同时由于"民富，文以盛"使得文化取得较好的发展；当政权进入灭亡期，政治、经济、军事都严重萎缩，只有文化可能呈现出一种繁荣的状态。

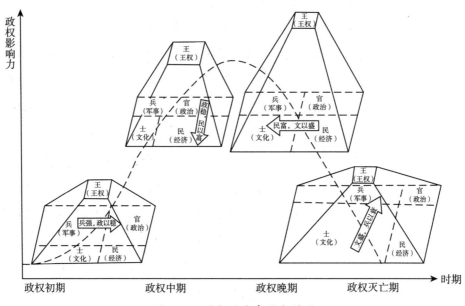

图 12-6　政权的生命周期模型

企业结构和企业生命周期

企业结构

以上对政权的结构和生命周期的分析，是为了帮助我们更好地理解企业结构和企业生命周期。**企业和政权可能具有类似的结构，都是金字塔形。在金字塔的顶端是企业的领导者，金字塔的塔身和塔基是构成企**

业的用户、业务、组织和环境等要素。和政权生命周期类似，企业也有自身的生命周期，可以简要分为创业阶段、成长阶段、成熟阶段和衰退阶段，且在不同的阶段有不同的特点（见图12-7）。

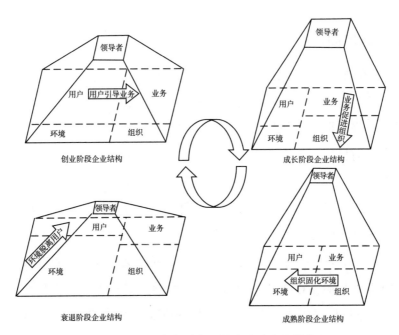

图12-7 处于生命周期不同阶段的企业结构

处于创业阶段的企业，其领导者就是企业的创始人和创业团队，领导者与企业员工之间的关系非常紧密，离一线业务和客户也非常近，领导者还必须非常熟悉企业的外部环境，这些要素集中表现为一个非常扁平的企业结构。进入成长阶段的企业，其层级化程度开始上升，业务和组织规模不断扩大。与处于创业阶段的企业的"用户引导业务"的逻辑不同，处于成长阶段的企业的基本逻辑是"业务促进组织"。

随着企业业务的不断发展和组织规模的持续扩大（进入成熟阶段），企业结构的层级越来越多，领导者与一线业务、用户、基层员工的距离越来越远，企业从创业初期扁平的金字塔结构变成层级化程度较高的金字塔结构，组织发展越来越依赖外部环境和资源。当企业进入衰退阶段后，企业自身的业务能力和组织能力都相对减弱，而对环境和资源的依赖程度则显著提高，并可能因此忽视用户的需求。

企业生命周期

根据伊查克·爱迪思的企业生命周期理论，企业生命周期可以分成十个阶段，即孕育期、婴儿期、学步期、青春期、壮年期、稳定期、贵族期、官僚早期、官僚期和死亡（见图12-8）。"企业生命周期"曲线的横轴是时间，纵轴是企业价值。在孕育期和婴儿期，企业价值比较低、成长比较慢。进入学步期、青春期、壮年期之后，企业价值快速成长，并达到峰值。从稳定期开始，企业价值在贵族期、官僚早期和官僚期持续下降，并最终在死亡时清零。

为了便于理解和分析，可以把这十个阶段合并成四个主要阶段：把孕育期和婴儿期合称为"创业阶段"；把学步期和青春期合称为"成长阶段"；把壮年期和稳定期合称为"成熟阶段"；把贵族期、官僚早期、官僚期和死亡合称为"衰退阶段"。

爱迪思把组织的管理功能分为四个方面，分别是目标管理、行政管理、创业精神和整合。由于这四个管理功能英文单词分别是以P、A、E和I开头的，这一框架也被称为PAEI。需要注意的是，这四个字母出现在企业生命周期不同阶段时，是区分大小写的，大写的意思是说在某个阶段这个管理功能的重要性高，小写的意思是重要性低。

其实，目标管理、行政管理、创业精神和整合这四个管理功能和产品、组织、用户、市场这四个要素是一一对应的。目标管理（也就是字母P）对应的是产品要素，行政管理（也就是字母A）对应的是组织要素，创业精神（也就是字母E）对应的是用户要素，整合（也就是字母I）

对应的是市场要素。

在孕育期，在"PAEI"这四个要素中"E"的作用最突出，所以"E"大写而其他字母小写，表示为"paEi"。之所以说"E"也就是创业精神的作用最突出，是因为孕育期的企业其实还是创始人头脑中的一个创业想法，这个创业想法的来源非常重要。

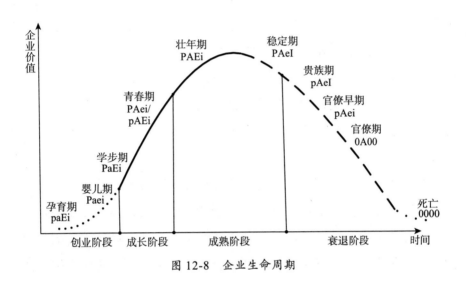

图 12-8　企业生命周期

这个想法从哪里来呢？答案是从用户那里来。实际上，创业精神回答了创业中"Why"的问题，而产品、组织和市场等几个要素分别回答了创业中的"What""Who""How"的问题。总之，对于孕育期的企业而言，创业精神（也就是"E"）最重要。

进入婴儿期，在"PAEI"这四个要素中"P"的作用最突出，所以"P"大写而其他字母小写，表示为"Paei"。之所以说"P"也就是产品或业务的作用最突出，是因为婴儿期的企业需要专心打磨产品，这就好比婴儿出生的前几个月里，别的事情都不做，只是专心吃奶一样。在婴儿期的企业需要注意的是，在打磨产品时需要和用户密切互动。

婴儿期之后，企业进入学步期。在"PAEI"这四个要素中"P"和"E"的作用最突出，所以"P"和"E"两个字母大写，而其他字母小写，表示为"PaEi"。之所以说"P"和"E"都很重要，是因为企业需要把产品功能和用户需求匹配起来。

处于学步期的小孩子需要让头、手、躯干、腿和脚协调起来，如果不协调，一定会摔跤。实际上，在学步期摔跤还不可怕，可怕的是企业进入青春期后产品和需求还没有匹配好，这就好比小孩子没有学会走之前就开始跑，跑不了几步就会摔倒。

实现了用户和产品匹配的企业就进入了青春期，青春期是企业快速成长的阶段。企业有两种快速成长的方式，一种是产品驱动，另一种是用户需求驱动，这在企业生命周期理论中分别用"PAei"和"pAEi"来表示。

在实践中，产品驱动成长的企业往往拥有更具创新性的技术，而用户需求驱动成长的企业往往拥有更具创新性的模式。值得注意的是，无论是产品驱动还是需求驱动，两种方式中字母"A"都是大写的。大写的"A"说明，企业在进入青春期后，就不能像前面的阶段那样不注重内部管理了。

这就好比青春期的孩子，要想健康成长，就必须立规矩，知道哪些事能做，哪些事不能做——这一点可以叫作"自律"。运动 App 创业公司"KEEP"的口号"自律给你自由"很好地诠释了这一点。

度过青春期的企业就进入了壮年期。对于人来说，壮年期是个人状态最好的时候，是肌体功能最强的时候。对于企业也一样，壮年期的企业产品、组织、用户都很重要，所以"P""A""E"三个字母都是大写的。由于壮年期是企业练好内功的关键时期，所以爱迪思认为，壮年期的"i"应该是小写，合起来是"PAEi"，也就是说，不要过早强调企业的市场整合能力。

由于企业在创业阶段和成长阶段的失败率很高，所以进入壮年期很难，但是留在壮年期更难。壮年期的企业开始失去创业精神和远离客户时，就会结束壮年期。结束壮年期的企业就进入了稳定期。在稳定期，创业精神减少，同时企业的整合能力上升。

这里说的整合能力主要是企业在市场中整合资源的能力，是企业通过对资源的获取和运用去竞争、合作取得市场地位的能力。所以，在稳定期，"PAEI"中的"P""A""I"三个字母大写，而字母"e"小写，合起来是"PAeI"，表示创业精神或用户导向在稳定期开始衰减。

随着企业所处生命周期的变化，创业精神是最先衰减的，其他要素也会随着创业精神的衰减而变弱。在贵族期，首先减弱的是企业的产品能力和创业精神，所以用"pAeI"四个字母表示。说明企业只强调组织管理和市场整合，而开始忽视产品创新和用户导向。

如果说企业在贵族期还能保持一定程度的产品创新、用户导向以及市场整合的话，进入官僚早期/官僚期的企业则几乎完全失去了产品能力和用户能力。进入官僚早期的企业，市场整合能力下降，用字母表示为"pAei"。完全进入官僚期之后，企业的能力表达式中仅仅剩下大写的"A"，其他三个字母都变成了"0"，合起来是"0A00"。这表示企业只剩下了强大的官僚体制，而产品能力、用户能力和市场整合能力都消失了，或者失去竞争力了。

"PAEI"这四个字母代表的产品、组织、用户和市场能力在企业发展不同阶段的变化，很好地展示了企业各种能力的产生、增强、减弱和衰亡的过程。当企业的产品、组织、用户和市场能力统统消失的时候，企业的死亡也就到来了，用这个字母体系表示的话，就成了"0000"。从孕育到死亡，企业生命周期实现了一个轮回（见图12-9）。

值得注意的是，在企业生命周期的各个阶段中，除了在官僚期这个阶段和死亡这个时点上，有些要素的作用基本或完全消失之外，在其他阶段，每个要素都在发挥作用。如果某些要素在应当发挥作用的时候缺席，就可能造成企业危机。

例如，在孕育期，"PAEI"这四个要素应当表示为"paEi"。但如果仅仅有大写的"E"，而其他要素都变成了"0"的话（"00E0"），孕育期的企业就会成为创始人的空想。同理，在婴儿期，产品的作用最大，也就是说，字母"P"是大写的，其他字母是小写的。但如果其他要素都变成了"0"的话（"P000"），婴儿期的企业就早早夭折了。

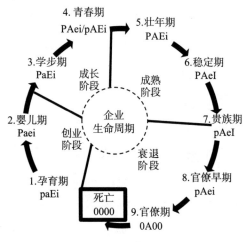

图 12-9　企业生命周期的循环

还有，在学步期，虽说产品和用户的匹配最重要，但如果组织和市场的作用缺失的话，企业就会陷入创始人跟不上企业成长的困境。在这里之所以只举孕育期、婴儿期和学步期的三个例子，是因为在企业发展的早期阶段，一些重要的战略要素往往会被忽视，而忽视这些要素，往往会导致创业失败。

最后，可以把企业结构模型和生命周期模型结合起来，形成企业生命周期中的结构模型（见图 12-10）。在创业阶段，企业结构扁平，关注用户，重视业务，以用户需求引导业务发展。在成长阶段，企业开始层级化，通过业务发展推动组织成长。进入成熟阶段后，组织规模不断扩大，层级持续增加，对环境和资源的依赖度提高。最后，企业因为过度依赖外部资源和环境，日益忽视用户需求，业务萎缩，组织活力下降，不可避免地进入衰退阶段。

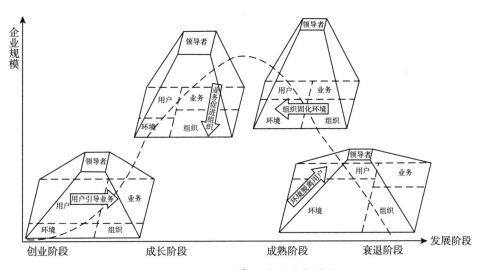

图 12-10　企业生命周期的结构模型

不尽长江滚滚流

公元 1140 年（宋高宗绍兴十年），辛弃疾出生于济南府历城县。此时的济南已属金国，而南宋朝廷早已建都临安。绍兴三十一年（1161 年），金国大举南侵，在其后方的汉族人民由于不堪金人严苛的压榨，奋起反抗。21 岁的辛弃疾也聚集了 2000 人，参加了起义军。

辛弃疾惊人的勇敢和果断，以及在起义军中的表现，使他名重一时。宋高宗任命他为江阴签判，从此他开始了在南宋的仕宦生涯，这时他年方 25 岁。嘉泰三年（1203 年），已 64 岁的辛弃疾被重新启用，任知绍兴府兼浙东安抚使。第二年阳春三月，辛弃疾被改派到镇江去做知府。多次登上北固亭，他写下了《南乡子·登京口北固亭有怀》和《永遇乐·京口北固亭怀古》等千古名篇。

南乡子·登京口北固亭有怀

[宋] 辛弃疾

何处望神州？满眼风光北固楼。

千古兴亡多少事？悠悠。

不尽长江滚滚流。

年少万兜鍪，坐断东南战未休。

天下英雄谁敌手？曹刘。

生子当如孙仲谋。

永遇乐·京口北固亭怀古

[宋] 辛弃疾

千古江山，英雄无觅孙仲谋处。舞榭歌台，

风流总被雨打风吹去。斜阳草树，寻常巷陌，

人道寄奴曾住。想当年，金戈铁马，气吞万里如虎。

元嘉草草，封狼居胥，赢得仓皇北顾。四十三年，

望中犹记，烽火扬州路。可堪回首，佛狸祠下，

一片神鸦社鼓。凭谁问：廉颇老矣，尚能饭否？

彼时，困守江南的辛弃疾，梦想能出现东吴孙仲谋那样的英雄，使南宋政权强大起来！然而，历史车轮滚滚而过，纵使个人英武如曹刘，也不过"风流总被雨打风吹去"，起承转合，时代更迭，成住坏空，周而复始。聚焦当下则危机周期，放眼历史则周期危机，周期律原本如此，正如在同一首词里，他道出的感慨："千古兴亡多少事？悠悠。不尽长江滚滚流！"

辛弃疾说得不错。虽然是"长江后浪推前浪"，但毕竟"不尽长江滚滚流"。停不下的是后浪，躲不过的是周期。历史大潮，浩浩荡荡，文明演讲，波澜壮阔，一浪接一浪。

所以，"奔涌吧，后浪"。

| 附录 A |

评估工具

说明

　　管理学是一门实践的学科，危机管理是与每个人和每家企业都相关的重要话题。本书的第一部分和第二部分，分别讨论了危机共存的理念和实践，然而怎样才能把理念和实践很好地结合起来，用于我们的工作和生活中呢？我们需要工具！

　　所以，本书的附录部分为大家提供了一系列的危机管理分析工具。这些工具（见表 A-1～表 A-31）都是我基于本书中的危机共存管理理念和企业实践总结出来的，与第一部分和第二部分中的关键概念、方法相互对应、彼此衔接，能够帮助企业管理者以及希望利用危机共存理念分析生活和发展中相关问题的每个人澄清事实、厘清思路，更高效地抓住机会、避免危险。

　　因此，我希望你拿起笔来，在工具篇的表单里写写画画，圈圈点点。我更希望你和团队、家人一起，利用这些工具，分析你们面对的共同挑战，群策群力，群智共享，解决你们在工作和生活中的重要难题。你也可以扫描这个二维码，关注我的公众号"共演"，回复"危机共存工具"，下载工具表单。

最后，请你把"危机共存工具"分享给你的家人和朋友，大家一起面对变局，危机共存。

表 A-1　危机各阶段不确定性与不连续性核查清单　参考：《危机共存》第一章图 1-1

危机阶段	分类	具体描述	应对措施	使用方法
危机之前	不确定性			1. 分析企业正身处其中或刚刚经历的一次危机。
	不连续性			2. 每个小组成员简要描述危机各阶段的不确定性和不连续性，并写下应对措施。
危机早期	不确定性			3. 小组内部讨论，列举各种可能出现的情况，并进行排序。
	不连续性			4. 进行全体分享，找出最需要重视的问题。
危机中期	不确定性			
	不连续性			
危机后期	不确定性			
	不连续性			

表 A-2 历史危机回顾表和未来危机展望表

参考：《危机共存》第一章图 1-3

使用方法

1. 每个小组成员简要写下自己经历过的本单位历史上一次最重要危机的相关信息，然后在小组内部进行讨论，最后进行全体分享。
2. 每个小组经过讨论，简要写下本单位未来可能发生的一次最重要危机的相关信息，然后全体进行分享。

a) 历史危机回顾表

事项	描述
危机名称	
危机时间	
危机类型	
危机影响	
应对措施	
习得经验	
取得教训	

b) 未来危机展望表

事项	描述
危机类型	
可能的时间	
影响的范围	
影响的强度	
发生的原因	
预防措施	
应对准备	

附录 A 评估工具

表 A-3 危机中的黑天鹅效应和灰犀牛效应分析

参考：《危机共生》第一章图 1-5

使用方法

1. 分析企业未来一段时间内可能发生的一次危机。
2. 每个小组成员列举不同类型的危机，标注可能性和影响力，并预计危机发生的时间点。
3. 小组内部讨论，列举各种可能出现的情况，并进行排序。
4. 进行全体分享，找出最需要重视的危机。

危机分类	危机描述	发生的可能性（分值为 1～10）	危机的影响力（分值为 1～10）	可能的时间点（_个月内）
低不确定性的小危机				
低不确定性的大危机				
高不确定性的小危机				
高不确定性的大危机				

表 A-4 危机中的现金应对策略分析表   参考：《危机共存》第一章图 1-7

现金应对策略	具体措施	预计对现金流的影响
减法：减少现金支出		
除法：避免资金断裂		
加法：增加现金来源		
乘法：放大现金乘数		

使用方法

1. 分析企业正在经历或可能发生的一次危机。
2. 每个小组成员列举不同类型现金应对策略的具体措施，并预计对危机对现金流的影响。
3. 小组内部讨论，列举各种可能情况，并进行排序。
4. 进行全体分享，找出最需要重视的因素。

表 A-5　危机各阶段管理重点分析表

参考：《危机共存》第一章图 1-8

使用方法

1. 分析企业正在或曾经历过或可能发生的一次危机。
2. 每个小组成员列举不同类型发展策略的具体措施，并给出实施顺序和时间点。
3. 小组内部讨论，列举各种可能出现的情况，并进行排序。
4. 进行全体分享，找出最需要重视的问题。

发展策略	具体措施	实施时间点
抓执行		
抓使命、愿景、价值观		
抓战略		
抓组织		

表 A-6　全面理解"危"之下的四大挑战分析表　参考:《危机共存》第二章图 2-2

使用方法

1. 分析"危"之下的认知挑战——写出应对要点。
2. 分析"危"之下的空间挑战——写出应对要点。
3. 分析"危"之下的实践挑战——写出应对要点。
4. 分析"危"之下的时间挑战——写出应对要点。

"危"的挑战		"危"的描述	应对要点
认知挑战	危难		
	危机		
空间挑战	危局		
	危地		
实践挑战	危言		
	危行		
时间挑战	危急		
	危重		

附录 A 评估工具 259

表 A-7 "危"的凹函数(危难)与凸函数(危机) 参考:《危机共存》第二章图 2-3

函数指标	指标描述	指标值
变量 X		
X 的当下位置		
收益		
损失		
最大可能收益		
最大可能损失		

使用方法

1. 分析危机的核心变量 X 及其可能的变化趋势(横轴)。
2. 定义危机可能引发的损失和收益(纵轴)。
3. 分析危机引起的最大可能收益和最大可能损失,尽量做到量化。
4. 绘制危机函数曲线(见图 A-1),并根据此思考应对措施。

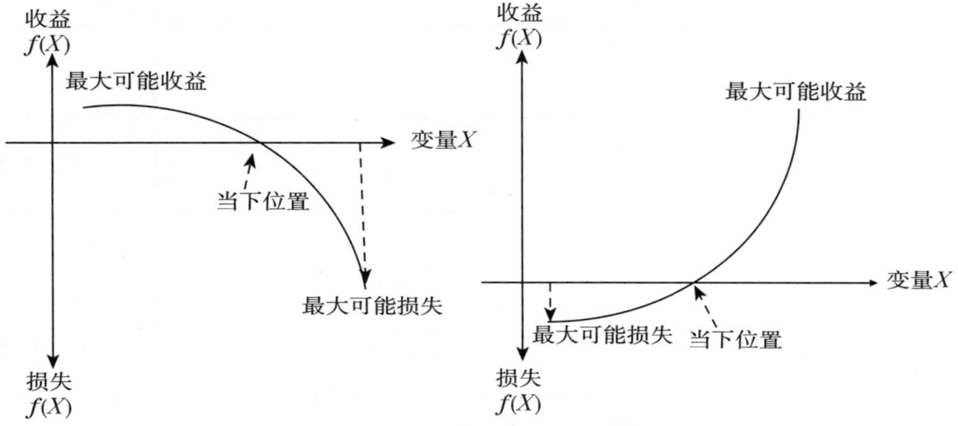

图 A-1

表 A-8　危机中可能受损企业的 SWOT 分析表　　参考：《危机共存》第二章图 2-4

使用方法

1. 为在危机中可能受损的企业进行 SWOT 分析。
2. 分析企业面对威胁时怎样能避免自身的劣势带来更大损失。
3. 考虑如何利用企业自身的优势缓解危机带来的威胁。
4. 考虑能否利用危机带来的机会弥补企业自身的劣势。
5. 考虑如何把优势和危机带来的机会结合起来。

危机下的 SWOT	描述	重要性/优先度
劣势 (W)		
威胁 (T)		
机会 (O)		
优势 (S)		
W-T		
S-T		
W-O		
S-O		

表 A-9 危机中可能受益企业的 SWOT 分析表

参考:《危机共存》第二章图 2-4

使用方法

1. 为危机中可能受益的企业进行 SWOT 分析。
2. 分析企业面对危机时如何更好地发挥自身的优势。
3. 考虑如何利用企业自身的优势帮助自己甚至合作伙伴应对危机带来的威胁。
4. 考虑如何利用危机带来的机会弥补企业自身的劣势。
5. 考虑如何应对危机带来的威胁和企业自身的劣势的双重影响。

危机下的 SWOT	描述	重要性/优先度
优势 (S)		
机会 (O)		
劣势 (W)		
威胁 (T)		
S-O		
S-T		
W-O		
W-T		

表 A-10 危机下的"言"分析表

参考：《危机共存》第二章图 2-6

使用方法
1. 列举企业在危机中在"对内说"方面应采取的具体措施，以展示决心、稳定人心、重塑文化，等等。
2. 列举企业在危机中在"对外说"方面应采取的具体措施，以保持关系、响应变化、争取支持，等等。
3. 给具体措施排序，以决定实施的优先顺序。

类别	作用	具体措施	优先级
对内说	①展示决心		
	②稳定人心		
	③重塑文化		
	……		
对外说	①保持关系		
	②响应变化		
	③争取支持		
	……		

参考:《危机共存》第二章图 2-6

使用方法

1. 列举企业在危机中在"对内做"方面应采取的具体措施,以稳定运营、提高效率、降低风险,等等。
2. 列举企业在危机中在"对外做"方面应采取的具体措施,以把握机会、争取资源、同舟共济,等等。
3. 给具体措施排序,以决定实施的优先顺序。

表 A-11 危机下的"行"分析表

类别	作用	具体措施	优先级
对内做	①稳定运营		
	②提高效率		
	③降低风险		
	……		
对外做	①把握机会		
	②争取资源		
	③同舟共济		
	……		

表 A-12　危机中四种"信"的运用分析表　　参考：《危机共存》第二章图 2-7

使用方法

1. 列举企业在危机中应获得信息、展示信心、赢得信任和运用信用的具体措施。
2. 给具体措施排序，以决定实施的优先顺序。

类别	具体措施	优先级
获得信息		
展示信心		
赢得信任		
运用信用		

附录A 评估工具 265

表 A-13 危机中的轻重缓急分析表

参考：《危机共存》第二章图 2-8

使用方法
1. 列举企业在危机中应处理的重要且紧急的事情，如维持现金流、维护团队信心、维系核心客户等。
2. 列举企业在危机中应处理的事情，如员工优化提升、组织结构调整、把握新的需求等。

分类	作用	具体措施	重要性（分值为 1～10）	紧急性（分值为 1～10）
重要且紧急	①维持现金流			
	②维护团队信心			
	③维系核心客户			
	……			
重要不紧急	①员工优化提升			
	②组织结构调整			
	③把握新的需求			
	……			

危机中的轻重缓急分析表（续）

参考：《危机共存》第二章图 2-8

使用方法

3. 列举企业在危机中应处理的紧急不重要的事情，如客户流失、员工离职、非核心业务中止等。
4. 列举企业在危机中应处理的不紧急不重要的事情，如改善办公条件、扩大业务范围、打败竞争对手等。
5. 标出具体措施的重要性和紧急性，并进行优先级排序。

分类	作用	具体措施	重要性（分值为1～10）	紧急性（分值为1～10）
紧急不重要	①非核心客户流失			
	②非核心员工离职			
	③非核心业务中止			
	……			
不紧急不重要	①改善办公条件			
	②扩大业务范围			
	③打败竞争对手			
	……			

表 A-14　危机中四种"局"分析表

参考：《危机共存》第二章图 2-10

使用方法

1. 分析企业所面临危机最终可能出现的情况（见终局），如结束时间，造成的影响等。
2. 分析企业所面临危机的全局情况（揽全局），如影响范围，利益相关方等。
3. 分析企业所面临危机的局部情况（如时局），如企业自身当下面临的挑战等。
4. 分析企业应对危机应采取的当下和未来的对策（应变局）。

类别	描述情况	制定对策
见终局		
揽全局		
知时局		
应变局		

表 A-15　企业长寿基因分析表

参考：《危机共存》第三章图 3-5、表 3-1

管理要素	企业现状	改进方式	使用方法
使命			1. 分析企业应如何预防短期行为偏离企业使命。 2. 分析企业应如何重视持续快速的成长而非快速的成长。 3. 分析企业应如何建立完善的接班人制度。 4. 分析企业应如何重视与利益相关方的关系。 5. 分析企业应如何持续构建和强化自身优势。 6. 分析企业应如何实施稳健的财务成策。
成长			
传承			
责任			
优势			
风险			

附录 A 评估工具　269

表 A-16　打造企业的越野能力分析表

参考：《危机共存》第三章图 3-8

使用方法
1. 列举本企业所在行业内具有"拖拉机""家庭轿车""超级跑车"和"越野车"特点的企业。
2. 描述这些企业的特点。
3. 讨论值得本企业借鉴的经验和教训，对危机的应对危机的特点，能力等情况。

企业类型	行业内代表性企业及其情况描述	值得借鉴的经验和教训
拖拉机		
家庭轿车		
超级跑车		
越野车		

表 A-17 本企业经历危机的类型分析表

参考：《危机共存》第三章图 3-9、图 3-10

使用方法
1. 回顾本企业所经历的客户危机、业务危机、组织危机和环境危机。
2. 列举企业当时的应对措施。
3. 讨论值得借鉴的经验和教训，以及未遇到类似危机时应采取的措施。

危机类型	危机情况描述	企业当时的应对	经验和教训
客户危机			
业务危机			
组织危机			
环境危机			

表 A-18 "危、机、领、导"力分析表　　参考：《危机共存》第五章表 5-2

分类	关键词	情况描述	改进方法	使用方法
危	不惧风险			1. 从不惧风险的角度分析对象面对危险的领导力。
危	永不言弃			2. 从永不言弃的角度分析对象把握机会的领导力。
机	自信坦诚			3. 从自信坦诚等角度分析对象引领方向的领导力。
机	保持积极			4. 从彼此尊重等角度分析对象疏导矛盾的领导力。
领	树立榜样			
领	牢记使命			
导	彼此尊重			
导	兼容并包			
导	苦中作乐			
导	团队一体			

表 A-19 危机领导力测量表

参考：《危机共存》第五章表 5-2

使用方法：
1. 回答表格中问题时，想一想你在特定情景下的行为方式。可供参考的情景包括以下几种：
   （1）个人生活或工作中遇到困难时，你的自我领导和自我激励方式。
   （2）作为团队或组织的领导者，你的领导方式。
   （3）作为团队的成员，你发挥的领导作用。
2. 将每组问题的分数加总，得出相应元素的总分。

元素	表述	判断（1=从不，2=很少，3=有时，4=常常，5=总是）				
		1	2	3	4	5
不惧风险	你善于表达出适度冒险的意愿	☐	☐	☐	☐	☐
	你善于鼓励人们勇敢实践新想法	☐	☐	☐	☐	☐
永不言弃	你善于从错误中总结学习	☐	☐	☐	☐	☐
	你面对逆境不屈不挠	☐	☐	☐	☐	☐
	你善于传达出对未来充满希望的信念	☐	☐	☐	☐	☐
自信坦诚	面对难题，你善于鼓励人们回顾并调动他们的创造力	☐	☐	☐	☐	☐
	你向他人灌输乐观和自信的感受	☐	☐	☐	☐	☐
	你会实事求是地评估自己的处境	☐	☐	☐	☐	☐
保持积极	你善于考虑矛盾或负面观点的好处	☐	☐	☐	☐	☐
	你通过良好的习惯来保持精力旺盛	☐	☐	☐	☐	☐
	你善于摆脱所犯错误带来的内疚感	☐	☐	☐	☐	☐
树立榜样	你在日常生活中懂得放松自己，以恢复精力	☐	☐	☐	☐	☐
	你善于用象征符号和画面来交流需要做的事	☐	☐	☐	☐	☐
	你以身作则来强调关键举措的重要性	☐	☐	☐	☐	☐
	你善于用比喻和故事交流想法	☐	☐	☐	☐	☐

附录A 评估工具　273

(续)

元素	表述	判断（1=从不，2=很少，3=有时，4=常常，5=总是）				
		1	2	3	4	5
牢记使命	你对组织的未来方向有清晰的勾画	□	□	□	□	□
	你能清楚地和他人沟通组织未来发展方向	□	□	□	□	□
	你善于调动他人的精力去实现短期目标	□	□	□	□	□
彼此尊重	你表达出愿意做初级工作的意愿	□	□	□	□	□
	你善于尽量缩小会造成地位差距的标志和特权	□	□	□	□	□
	你真诚地关心和尊重他人	□	□	□	□	□
兼容并包	你善于通过一点点地解决冲突来缓解紧张局面	□	□	□	□	□
	你善于对事不对人，避免无谓的权力斗争	□	□	□	□	□
	你善于和麻烦制造者或持异议者保持联系	□	□	□	□	□
苦中作乐	你会找一些值得庆祝的事情来庆贺	□	□	□	□	□
	你善于用幽默化解紧张局面	□	□	□	□	□
	你善于让自己有机会进行定期的社交活动	□	□	□	□	□
团队一体	你经常强调团队一体的重要性	□	□	□	□	□
	你经常证明人人都可以为团队做贡献	□	□	□	□	□
	你善于将整个团队凝聚到一起（开会或进行其他活动）	□	□	□	□	□

表 A-20 危机领导力曲线

参考:《危机共存》第五章表 5-2

使用方法

1. 将《危机领导力测量表》中的得分标注在相应空格处,并绘出危机领导力曲线。
2. 在你的危机领导力曲线中,是否有某些方面出乎你的意料?
3. 如果有,思考一下相应的问题。
4. 你最擅长的是哪些项目,如何更好地发挥自己的作用?
5. 你最不擅长的是哪些项目,如何弥补?

15	14	13	12	11	10	9	8	7	6	5	4	3	2	1

不惧风险 | 永不言弃 | 自信坦诚 | 保持积极 | 树立榜样 | 牢记使命 | 彼此尊重 | 兼容并包 | 苦中作乐 | 团队一体

表 A-21　危机中不同来源的领导力分析表　　参考：《危机共存》第五章图 5-3

领导力来源	危机前领导力情况	危机后领导力情况	领导力提升措施
法定权力			
奖赏权力			
强制权力			
感召权力			
专家权力			

使用方法
1. 分析法定权力等五种领导力来源在危机前的情况。
2. 分析危机后五种领导力来源的情况。
3. 讨论如何通过调整、配比五种领导力来源，整体提升危机领导力。

表 A-22　用六顶思考帽提升组织可靠性分析表　　参考:《危机共存》第六章图 6-4

思考帽	要点	企业现状	改进方式
黑帽	关注失败事件		
蓝帽	拒绝简化解释		
白帽	对一线敏感		
黄帽	保证组织韧性		
绿帽	重视专业人才		
红帽	提倡正念文化		

使用方法

基于对企业现状的反思,讨论如何利用六顶思考帽提升组织可靠性。

表A-23 危机过程中六顶思考帽的运用表　参考：《危机共存》第六章图6-5

危机阶段	思考帽	危机具体事项	思考帽应用过程	使用方法
危机之前	白帽 蓝帽 黑帽			1. 在危机之前，运用白帽、蓝帽和黑帽，提高预警能力。
危机早期	白帽 蓝帽 黑帽 红帽			2. 在危机早期，运用白帽、蓝帽、黑帽和红帽，应对危机的不连续性。
危机中期	白帽 蓝帽 黑帽 红帽 黄帽			3. 在危机中期，运用白帽、蓝帽、黑帽、红帽和黄帽，应对危机的不确定性。
危机后期	白帽 蓝帽 黑帽 红帽 黄帽 绿帽			4. 在危机后期，运用六顶思考帽，把握危机带来的机会。

表 A-24　企业家的危机英雄之旅记录表

参考：《危机共存》第七章图 7-3

使用方法
1. 分析自己所经历的一次危机之前的情况。
2. 分析危机之中的各种变化和过程。
3. 分析危机之后的收获和感悟。

危机阶段	英雄之旅	情况，思考，启发
危机之前	经营顺风顺水	
	收到危机信号	
	拒绝相信危机	
危机之中	遭到当头棒喝	
	迈出应对第一步	
	考验、伙伴、对手	
	至暗时刻	
	磨难	
	光明	
危机之后	业务重回正轨	
	团队能力得到提升	
	企业家个人感悟	

附录 A 评估工具　279

表 A-25　危机中的 U 型思考分析表

参考：《危机共存》第七章图 7-6、图 7-8

使用方法
1. 获得危机信息，暂悬解决行动。
2. 找到问题的关键点。
3. 放下纠结，稳定心神。
4. 专注核心问题，方案自然流现。
5. 不追求完美，接纳现实方案。
6. 方案具体化，考虑行动方案。
7. 稳步实施，获得结果。

U 型思考步骤	待解决的问题	得出的方案
暂悬（知）		
转向（止）		
放下（定）		
自然流现（静）		
接纳（安）		
具化（感）		
实施（得）		

表 A-26　危机下的双环回路学习表

参考：《危机共存》第七章图 7-9

PDCA	复盘	本步骤的内容	双环回路学习收获	使用方法
P 计划	总结经验 更新计划			对照表中 PDCA 和复盘的相应步骤，写下内容并讨论收获。
D 行动	分析过程 找到原因			
C 检查	对照目标 评估结果			
A 调整	澄清目的 回顾目标			

参考：《危机共存》第九章图 9-1

使用方法

1. 分析企业自身业务不连续性因素，并提出应对措施。
2. 分别分析用户、供应商、互补者、竞争者的业务不连续性因素，并提出应对措施。
3. 综合考虑上述五类价值网要素的业务不连续性因素，并提出综合应对措施。

表 A-27　价值网与业务连续性分析表

价值网要素	不连续性因素	应对措施
企业		
用户		
供应商		
互补者		
竞争者		

表 A-28　业务连续性管理生命周期分析表

参考：《危机共存》第九章图 9-5

使用方法

1. 从 6R 框架入手，把业务连续性周期分为六个阶段。
2. 列出每个阶段的主要措施（不限于 2 条）。
3. 制订具体方案，以提高业务连续性管理水平。

生命周期阶段	主要措施	具体方案
减少、降低 (Reduce)		
应急响应 (Respond)		
恢复 (Recover)		
重启 (Resume)		
重建 (Restore)		
返回 (Return)		

表 A-29　应急模式组织架构分析表　　参考：《危机共存》第九章图 9-8

应急组织	主要职责	具体方案	使用方法
危机总指挥部			1. 在总部层面建立危机总指挥部。 2. 成立应急管理组、舆论引导组、业务恢复组和其他任务组。 3. 在各地区成立承担相应职能的部门。 4. 明确各应急组织的主要职责，制订具体方案。
应急管理组			
舆论引导组			
业务恢复组			
其他任务组			
地区指挥部			

表 A-30　公关危机信息管理五星模型分析表　参考：《危机共存》第十章图 10-1

使用方法
1. 分析公关危机的信息来源、传播速度、可信度、搜索渠道和分享方式。
2. 挖掘出应对先处理的危机节点。
3. 制定可以采取的应对措施。
4. 评估危机信息管理的效果。

信息管理要点	当前和可能的危机节点	可以采取的应对措施
信息来源（Source）		
信息传播速度（Speed）		
信息可信度（Suspicion）		
信息搜索渠道（Search）		
信息分享方式（Share）		

表A-31 "公关危机十二计"分析表　　参考：《危机共存》第十章图10-5～图10-8

公关思路	公关重点	具体公关措施	使用方法
息事宁人	坦然承认错误		1. 确定公关思路，包括息事宁人、因势利导、力排众议和善罢甘休。 2. 确定公关重点方法。 3. 确定具体公关措施。 4. 检查公关思路、重点和措施之间的一致性，评估整体效果。
息事宁人	诚恳表明态度		
息事宁人	马上进行整改		
因势利导	多方口径一致		
因势利导	解决主要矛盾		
因势利导	消除潜在隐患		
力排众议	前后信息一致		
力排众议	统一内部意见		
力排众议	寻找外部联盟		
善罢甘休	官方权威发声		
善罢甘休	有意保持沉默		
善罢甘休	逐步淡出视野		

| 附录 B |

读前思考题答案

第一部分
1. AB 2. ABCD 3. ABCD

第二部分
4. ABC 5. AB 6. ABCD 7. ABCD
8. ABCD 9. ABCDEF 10. ABCD 11. ABCD
12. ABCD

| 附录 C |

三个月打造一支高水平危机管理团队

进入后红利时代,企业发展不再单纯依靠对机会的把握,而是要同时考虑机会和危险,只有与危机共存,才能持续发展。这本《危机共存》可以帮助组织快速提升团队成员的危机意识和危机管理能力。

领导者可以组织团队成员,基于《危机共存》的内容,每周学习和讨论一章的主题,用 12 周时间,帮助团队成员提升危机意识和危机管理能力。

第一,领导者可以要求团队成员利用周末时间阅读书中的一章内容,并写下自己对相关内容的思考。例如,本书第一章讨论了危机的本质,团队成员读后可以写下本单位未来发展面临哪些不确定性和不连续性,以及过去经历了哪些不确定性和不连续性。

第二,在周一上班时,领导者可以组织团队成员,利用白板或者张贴墙等工具,把每个成员写下来的思考张贴出来,并做简要讨论。每位团队成员可以简要介绍一下自己的想法。如果一个团队包括五六个人，这个过程大约可以在一个小时内完成。

第三，在一周的上班过程中，团队成员可以随时到白板或者张贴墙处进行讨论，深入沟通各自的想法。团队成员也可以为思考深入、能够启发其他成员的想法点赞。

第四，周末休息前，领导者可以组织团队成员回到白板或者张贴墙处，结合本周的工作，回顾本周讨论的主题在一周工作中有何体现，在今后工作中可以如何改进，并初步确定具体的改进方法。

第五，领导者请团队成员利用周末阅读本书中的另一章内容，并在下一周进行讨论和实践。领导者则可以利用周末总结团队一周以来学习的体会，形成对今后工作改进的指导意见。如果领导者有余力，除了阅读本书中对经典的解读，还可以阅读经典原著，以加深对管理问题的理解和思考。

利用上面的方法，一个团队可以在三个月内，基于《危机共存》里的理念、实践和工具，通过阅读、思考、讨论和实践的方式，提升团队危机意识和危机管理能力，做到思维同频，能力升级。

推 荐 阅 读

廖建文、罗振宇、刘俏、陈威如、陈明哲、陈春花等数十位企业家和教授鼎力推荐！

共演战略：重新定义企业生命周期

作者：路江涌 ISBN：978-7-111-59461-1 定价：99.00元

混沌时代，从创业到卓越的共同演化之路

"光华思想力"重磅作品，集国内外创业创新和战略管理思想之大成之作，光华管理学院MBA、EMBA、DBA、高管培训课程的浓缩精华，北京大学光华管理学院组织与战略管理系教授最新力作。

启发创业者和企业家，应对复杂环境中的不确定性和不连续性，找到创业的切入点，成长的突破点，扩张的发力点和转型的跨越点。

边读边听

"得到"App"每天听本书"为你准备了管理经典著作《创新与企业家精神》的听书产品，按照下列步骤即可免费领取并收听：

扫描二维码，下载"得到"App，点击右下角"我的"-"我的账户"-"卡券中心"，输入"创新管理经典"，即可免费领取。领取后在"已购"中下拉刷新即可查看。

推荐阅读

潘婕、曹仰锋、张家鹏、BBKinG、裴乐、WE俱乐部、钛度科技
鼎力推荐！

电竞生态：电子游戏产业的演化逻辑

作者：王萌 路江涌 李晓峰 ISBN：978-7-111-60023-7 定价：59.00元

**电竞产业新锐王萌、畅销书《共演战略》作者路江涌、电竞世界冠军SKY
联袂作品**

再现电竞端游世代，到电竞网游世代，再到电竞融合世代的历史变迁，
解析用户、游戏运营商和游戏开发商的电竞生态圈，
无论你是电竞从业者，还是电竞爱好者，
都将有所收获！